어린이 철학자

철학적 탐구와 대화를 통한 학습

Joanna Haynes 저

이경민 · 한석실 · 이정화 · 조부월 공역

학지사

Children as Philosophers 2E
by Joanna Haynes

역자 서문

역자들은 창의적 · 비판적 인재 양성에 대한 지속적인 사회의 요구, 그리고 예비교사 교육과정에 논리교육을 포함해야 한다는 최근의 움직임에 직면하여 이 책의 번역을 시작하게 되었다. 이른바 창의적으로 생각하기, 비판적으로 사고하기를 직접 체험하지 못했던 세대가 성장하여 어린이를 위한 교육자가 되었고, 시대적 요구에 발맞추어 사고와 토론 교육을 수행해야 하는 입장이 되고 보니 철학적 탐구교육의 기초라도 배우고자 하는 심정이 작용한 것도 사실이다. 이 책의 주제인 '생각하고 탐구하는 능력'은 사회의 한 구성원으로 살아가며 만나게 되는 다양한 문제해결에 필수 요소다. 사고 및 탐구 교과가 이제야 독립적인 교과로 교육과정에 포함된다는 것이 다소 늦은 감이 있지만, 앞으로 정규교육과정에 포함될 논리 · 논술 교육에서 다양한 어린이 철학자를 만날 수 있게 되었으니 반가운 일이 아닐 수 없다.

역자들은 이 책이 독자들에게 유아기와 아동기 어린이를 위한 탐구 및 사고 과정, 그리고 이를 교육과정에 어떻게 포함할 것인지에 대한 구체적인 이론과 실제를 살펴볼 수 있는 계기가 되길 기대했다. 그러나 이러한 기대는 책을 읽자마자 바로 허물어졌다.

이 책은 철학자들의 소개나 철학적 탐구를 위한 거창한 이론을 담고 있지 않다. 대신 우리가 교육현장에서 익히 알고 있던 사실을 토대로 어린이가 적극적이고 개방적이며 다양한 주제를 다룰 수 있는 철학적 탐구자가 되도록 도와야 한다는 사실을 확인시켜 준다. 다양한 유아교육기관과 초등학교 교실에서의 구체적인 사례들을 읽는 동안 어린이와 교육자는 사고 및 탐구교육 과정의 구체적인 내용과 방법을 자유롭게 탐구하며 찾아가야 함을 깨닫게 된다. 다시 말해, 이 책은 어린이가 스스로 다양한 답을 찾아가려면 어떤 환경과 마음의 준비가 필요한지를 함께 생각해 볼 수 있는 하나의 교육과정이다. 또한 이 책은 어린이 철학자가 문제를 선정하고 해결하기 위해 여러 가지 아이디어를 내는 것은 물론 서로의 의견에 질문하고 답하며 해결방안을 스스로 탐구해 가는 과정을 어린이들의 목소리로 재현하고 있다는 특징이 있다. 따라서 교사가 어떠한 환경을 제공하고 무엇을 관찰하며 어떻게 토론의 촉매 역할을 할 수 있는지에 관한 실천적 지식을 엿볼 수 있게 해 준다는 점이 이 책의 가치를 보다 높여 주고 있다. 아직 교육현장에 있는 우리 모두에게 어린이 철학자에 대한 영역이 익숙하지 않지만, 이 새로운 시도와 도전이 어린이 철학자의 멋진 출발이 되길 기대해 본다.

2012년 2월

역자 일동

저자 서문

2002년 *Children as Philosophers*의 초판이 출간된 이후, 유아기와 아동기 어린이를 대상으로 한 철학 탐구에 관한 관심이 급증하였다. 영국(UK)*에서는 이와 같은 관심이 교육기관, 지역 교육청의 연수 프로그램, 교육전문가 사이의 새로운 시도에 반영되어 나타났다. 학부와 대학원 교육과정에도 실생활 속의 철학과 대화에 초점을 둔 교과목, 탐구공동체와 가치, 사고교육 등 새로운 교과목으로 개발되고 운영되었다. 어린이의 철학적 탐구에 대한 관심으로 영국에서는 SAPERE(Society for the Advancement of Philosophical Enquiry and Reflection in Education 참조, http://www.sapere.org.uk)가 연수교육자들에 의해 운영되기도 하였으며, 다른 나라에서는 국가 차원에서 어린이 철학자 센터를 직접 운영하기도 했다. 또한 바르셀로나에 있는 동료의 관심과 열정 덕에 이 책은 2004년에 스페인어로 번역되어 출간되기도 하였다. 개정판을 출간하기까지 어린이를 위한 철학에 관심을 가져 준 동료들이 큰

* 역주: 이 책에서는 그레이트브리튼 섬과 북아일랜드를 포함하는 United Kingdom은 '영국'으로 표기하였으며 구분을 위해 원서의 England는 '잉글랜드'로 표기하였음.

힘이 되었으며 출간과정은 필자에게도 큰 즐거움이었다.

이번 개정판에서는 어린이들이 생활 속에서 겪는 다양한 경험의 장이자 교육과 사회의 공동체 기능을 하는 교육기관에서 이루어지는 어린이들의 참여와 목소리를 보다 구체적으로 포함하고 그 영향력에 대한 논의를 심화하였다. 교육실천가로서 필자는 어린이들의 학습 참여를 확장하는 데 가장 많은 고심을 했으며, 도움이 될 만한 논쟁과 문제를 유추할 수 있는 개념을 제공하고, 모든 참여자의 합의와 참여민주주의를 이끌어 낼 수 있도록 합리성 발달을 추구하는 데 깊은 고심을 하였다.

또한 교사의 역할을 이전보다 확장해서 논의하였다. 예를 들면, 교사의 눈치를 보지 않고 어린이들 스스로 판단하고 실제 문제를 해결할 수 있게 해 주었으며, 성인들에 의해 고정화된 교사의 권위에 대해 어린이들이 가질 만한 의문에 대처할 수 있도록 교사의 역할을 확장하여 논의했다. 아울러 매일 교실에서 이루어지는 교수과정에 대한 윤리적인 측면도 탐색하였다. 교실 안과 밖에서 질 높은 상호작용을 통해 사고하는 어린이가 될 수 있도록 교사가 내려야 할 의사결정과 활용해야 할 논의기술에 대한 논의도 포함되었다. 그리고 개정판에서는 어린이의 철학 탐구를 위해 잊히기 쉬운 정보를 소재로 선정하기보다 열린 탐구가 가능한 소재를 선정할 수 있도록 사고의 종류를 이전보다 더 강조했다. 교육과정과 학습에 관한 최근 생각에 대한 비판적 관점도 포함되었다. 필자는 철학적 탐구에 관한 문답의 기초가 교육목표에 관한 최근의 논쟁과 연관성이 있다고 주장했다. 개정판은 유치원을 포함하여 초등교육에서 철학 탐구의 교육적 효과를 확인할 수 있는 증거와 이에 대한 연구 결과들을 제시하고 있다.

Joanna Haynes

들어가며

일부 교육현장에서는 '좋은 교수법'과 '비판적인 사고교육을 위한 접근법'을 동의어로 생각한다. 사고능력을 학습하는 교육은 대학교육 수준이나 지적 학습을 강도 높게 추구하는 고등교육 수준에서나 하는 교육이라는 인식이 대부분이다. 지난 25년간 사고교육과 관련하여 생각하는 기술을 향상하고 연마하기 위해 교육현장의 프로그램이나 접근법을 개발하려는 여러 가지 시도가 있었다. 사고교육을 위한 대학의 연구센터와 출판부도 매우 많았다. 일부 연구자와 교육자에 의해 주창되었던 사고교육, 생각하는 기술을 위한 접근은 이제 전국의 모든 연령의 학생들을 대상으로 하는 공식적인 교육과정의 일부가 되었다.

교육현장의 정규교육과정에 생각하는 기술을 포함하는 현상에 대해, 사고교육을 적극적으로 옹호하는 교육자인 필자로서는 한편으로는 긍정적으로, 또 다른 한편으로는 우려의 관점으로 보게 된다. 학창 시절 필자는 운 좋게도 학습 주제에 대한 열정과 해박한 지식을 갖고 학생들이 의견을 내고 서로 논쟁하며 다양한 관점으로 생각하도록 격려해 주고 지도해 주신 훌륭한 선생님들로부터 교육받았다. 선생님들께서 제공해 주신 이러한 기회를 통해 스스로 생각하고 다른 동료 학생들의 견해를 들을 수 있었으며 유머러스함과 심오함이 균형을 이룬 교수를 받을 수 있었다. 이러한 경험은 내게 지속적으로 깊은 영향을 미쳤다. 내가 교사의 역할을 할 수 있게 되었을 때, 스승님이 그러하셨듯 학생들의 생각하는 기술에 대해 깊이 고민했던 것은 당연한 일일 것이다.

그렇다면 왜 사고교육에 대해 회의적인 관점을 갖게 되는 것일까? 나는 사고기술을 다양한 맥락에서 활용할 수 있는 하나의 '도구상자'로 인식하는 것에 대해 의문을 갖게 되었다. 사고능력 또는 사고할 수 있는 기술에 대한 이러한 비유는 사고기술이 중립적이며 적절하게 변형 가능한 포괄적인 용어로 사용된다는 느낌을 준다. 모든 교수법은 가치중립적일 수 없으며 특정한 맥락에 존재한다. 교수법은 비판적이며 민주적인 가치를 적극적으로 고양할 수 있는 상황에서 학생들에게 정신과 영혼의 독립성과 조화성 두 가지를 표현할 기회를 줄 수 있어야 한다.

학생들은 법적으로 학령기 연령이 되기 전까지 학교에 입학할 것인지 말 것인지에 대한 선택권이 없다. 영국의 경우 최근 의무교육기간이 연장되어 18세까지 교육현장에 출석해야 할 의무를 갖고 있다. 1989년 UN 총회에서 채택된 아동권리협약의 여러 조항에서는 의무교육, 평등교육, 그리고 개인의 교육선택권 간의 균형을 강조하였다. 12항과 13항은 어린이의 자기표현의 자유에 관한 것이었으며, 14항은 생각, 양심, 그리고 종교의 자유에 관한 것이었다. 기타 다른 조항들은 어린이의 차별금지, 사생활보호, 정보제공 및 이용의 자유에 관한 것이었다. 이와 같이 아동권리협약의 주된 의도는 어린이를 사회공동체의 일원으로 인정함과 동시에 독립된 인간으로서의 권리를 증진하기 위한 것이었다. 그러나 의무교육현장에서는 생각과 표현의 자유를 누리게 하는 데 장애가 있을 수 있다.

민주주의의 근본 원리가 되는 사회적인 합의 과정을 위해서는 교육을 통한 합리성 기르기가 전제되어야 한다. 민주주의하에서 모든 사회구성원은 교육받을 권리가 있다. 이러한 권리는 교사는 교육을 담당해야 하는 의무가 있으며 개인은 의무교육을 통해 긍정적인 개입을 받아야 한다는 것을 포함한다. 이러한 권위는 표면적으로(전통적인 교육 형식으로) 또는 잠재적으로(진보적인 교육 형식으로) 내재되어 있거나 교사가 교육현장에서 학생들에게 공개적으로 권위를 이양하는 교육적인 과정 자체(때로는 소위 변형적 또는 비판적인 교육목적으로)에서 표현되기도 한다.

학생들을 보호하고 통제해야만 하는 두 가지 관점의 이유로 학생들은 교사들이 가지는 만큼의 책임과 권리를 동등하게 누리지 못한다. 동의하지 않을 권리는 비판적인 사고의 기본이며 개인의 자율성 그리고 자유권과 함께 가는 개념이다. 학교 교실에서 교사는 학생들을 가르쳐야 할 뿐만 아니라 훈육하고 처벌해야 하는 입장이기 때문에 이러한 관점의 학교 체제에서는 학생의 비판적 사고를 제한할 수밖에 없다. 그렇다고 해서 이러한 관점 때문에 교사가 비판적 사고교육을 그만두어야 하는 것은 아니다. 다만 상반되는 입장 사이의 경계에서 나름의 가치가 있고 유익한 논쟁이 발생할 수 있음은 고려해야 할 것이다.

이와 관련하여 지적 자유와 도덕적 판단의 문제가 제기될 때 교사의 정치적 위치 역시 고려해야 한다. 대중은 흔히 교사의 권위에 대해 의구심을 가진다. 공공 서비스를 제공한다는 측면에서 교사는 주정부의 관리하에 있다고 볼 수 있다(Rosenow, 1993). 교사는 때로 정반대의 관점일 수도 있는 공공의 기대와 정치적인 요구 사이에 끼어 있는 대상이기도 하다. 대다수 공무원의 일처럼 교사가 가르치는 일은 고차원의 규제 대상이자 관리 대상이 될 수 있어서 학교체제 내에서 세세한 부분까지 평가 대상이 되기도 한다.

개인으로서 교사는 이러한 규제하에서 일하고 업무를 수행하며 살아간다. 교사들은 매일 학생들과 상호작용하는 데 있어 외부 세상의 요구에 부합하도록 중재하는 역할을 하게 된다. 어떤 때에 교사들은 이러한 그들의 한계와 모순점을 너무 잘 인식하고 있다. 생각하는 방법, 즉 사고교육과 시민의식 교육에 있어 이러한 모순점이 가장 극명하게 드러날 수 있으므로 교사들이 매우 걱정스러워하거나 피하고 싶은 화제가 될 수도 있다. 물론 교사의 입장에서는 이러한 도전은 해야 할 것, 할 수 있는 것을 구분해야 하고, 때로는 모호하고 복잡한 업무를 추가로 고려해야 하는 어려움이 있을 수밖에 없다. 이 책 제13장에서는 이러한 복잡성을 다룰 수 있는 방법을 모색한다.

이 책에 있는 사례들은 교실 내에서, 그리고 방과후 재량활동 등에서 어린이가 철학적 탐구를 하는 과정을 보여 준다. 이 사례들은 처방전이나 요리 레시피처럼 정해진 방법이 있다는 것을 제시하려는 것이 아니다. 다만 어린이들의 철학적 탐구과정을 그대로 보여 주는 것이며, 이러한 사례에는 성인의 역할과 권위에 대한 기존의 생각과 전제에 도전하는 어린이의 생각이 나타나 있다.

이 책은 4부로 구성되어 있다. 제1부에서는 어린이들이 선호하는 교실의 철학적 논의 주제와 학교에서 고려해 봐야 할, 탐구하는 학생들의 권리와 사고능력에 대한 우리의 기대를 확인해 볼 기회를 제공해 준다. 교사가 교실에서 소개하고 안내해 주는 철학적 탐구 접근은 어린이의 학교 경험에 영향을 주며 소속감과 자신의 영향력에 대한 만족감에 지속적으로 영향을 준다. 제2부에서는 사고의 교수법을 위한 다른 접근을 보여 준다. 즉, 어린이들이 철학적으로 탐구하는 과정을 설명하며 사고교육과 가치교육의 차이를 논의한다. 또한 어린이와 함께하는 철학적 탐구를 통해 사고교육을 할 때 나타나는 어린이들의 비판적이며 창의적인 측면뿐만 아니라 서로에게 배려하고 협동하는 다양한 측면을 탐색한다. 제3부에서는 학습자와 교사가 교실에서 철학적 탐구과정에 관여하는 데 필요한 요소들을 탐색한다. 교사는 어린이의 철학적 탐구과정을 도와주고 대화를 확장할 수 있도록 돕기 위한 방법을 모색하며 어린이가 표현하는 다양한 아이디어에 경청하는 데 값은 노력을 기울여야 한다. 제4부에서는 철학적 탐구과정을 통해 어떻게 교육과정이 개선될 수 있으며 교사와 학생 모두에게 도움이 되는 점은 어떠한 것들이 있는지를 탐구한다. 선행 연구 고찰 결과 철학적 탐구과정은 어린이의 인지발달, 사회적 상호작용, 자아존중감, 자기표현 능력과 의사소통 능력 향상에 긍정적인 효과가 있었다.

차례

제2부 생각에 대해 사고하기

제4부 철학의 긍정적 효과

제1장은 교사인 필자와 어린이가 교실에서 나누는 대화를 소개하고 있다. 즉, 학습현장에서의 어린이와 어린이, 어린이와 성인의 대화를 통해 교수와 학습과정의 고정관념을 넘어 다양한 가능성을 제시해 보고자 하였다. 또한 어린이들의 철학적 사고에 기반한 대화와 일반 학급에서의 소집단활동 시간의 차이점을 간략히 소개하면 다음의 두 가지 질문으로 요약할 수 있다.

- 학급에서 대화의 중요성은 무엇인가?
- 학급에서 어린이의 생각은 어떻게 수용되고 있는가?

제2장에서는 교실에서 어린이와 함께 철학적 탐구과정을 진행하는 교사를 위해 초등학생들의 대화, 그리고 대화에 참여하는 어린이의 권리를 소개하였다.

- 어린이의 대화 참여권에 대해 우리는 얼마나 이해하고 있는가?
- 어린이가 즐길 수 있는 권리를 보장하기 위해 학급생활의 어떠한 측면에 초점을 맞추어야 하는가?

01

어린이의 다양한 목소리

제1장

생각을 이끌어 내는 대화

1. 죽음과 상실에 대하여

어린이들은 지나칠 정도로 정직하고 자극적인 방법으로 자신의 경험을 이야기하곤 한다. 또한 자신의 개인적인 지식을 구체적으로 적절하게 설명할 방법을 찾는다. 죽음과 같은 주제를 다루는 대화에서도 어린이만의 두드러진 탐색방법을 확인해 볼 수 있다. 사례는 다음과 같다. 한 초등학교 학급에서 어린이가 『존 브라운, 로즈와 한밤중의 고양이(*John Brown, Rose and the Midnight cat*)』(Wagner, 1977)라는 이야기를 듣고 있었다. 애완견과 로즈 아줌마가 사는 평화로운 집에 어느 날 밤 고양이가 방문하는 내용의 책이다. 이 책은 상실, 변화 속에서 일어나는 질투와 소유욕에 관한

이야기를 다루고 있다.

이야기를 듣고 논의할 때, 8~12세 어린이들의 혼합 연령 학급에서 한 어린이가 한 가지 특별한 제안을 했다. 개가 아주머니의 죽은 남편을 대신한다거나 죽은 남편의 영혼이 어떤 사연으로 애완견에게 들어간 것으로 하자는 것이었다. 학급의 어린이들은 모두 개에게 남편의 영혼이 있는 것으로 하자는 데 합의해서 열띤 토론을 시작했다.

스티븐이 제일 먼저 다른 어린이들에 앞서 이야기를 시작했다. 학급의 토론 모둠에서 가장 나이가 어리긴 했지만 스티븐은 확신에 찬 목소리로 이야기했다. 스티븐의 아빠는 몇 년 전 돌아가셨는데 아빠의 영혼이 자신에게 들어온 적이 있다는 것이다. 스티븐은 이야기를 하면서 자신의 가슴을 두 손으로 두드리더니 아빠가 자신의 심장 안에 있다고 말했다. "난 아빠의 눈을 가졌어요. 그리고 아빠가 나에게 어떻게 할지 이야기하는 것도 들을 수 있어요."

학급의 어린이들은 그의 이야기에 신비감과 경외심으로 가득 찬 듯했다. 어떻게 보면 어린이들은 '부모님이 돌아가시면 어떻게 해야 하나.' 하는 충격을 받은 것 같기도 하다. 성인이 이런 대화에 참여하게 되었다면 어떤 행동을 취해야 할지 몰랐을 것이다. 스티븐처럼 가까운 사람의 죽음과 같은 큰 경험을 어린이 간에 논의하도록 하려면 어떻게 해야 할까? 스티븐의 이야기를 토대로 어떻게 죽음과 영혼에 대한 솔직한 우리의 심정을 이야기할 수 있을까? 학급의 어린이들은 이 이야기를 시작한 스티븐에게 많은 질문을 하고 싶어 했다. 스티븐 덕분에 우리는 그의 이야기에 반응하는 것으로 시작해서 우리가 죽으면 어떻게 될 것인지에 대한 보다 폭넓은 질문을 던지게 되었다. 스티븐은 최근 학급에 전학 온 학생이었으며 평소에는 다른 학생들과 잘 어울리지 않는 아웃사이더였다. 스티븐이 아빠의 죽음에 대한 논의를 했을 때, 학급의 다른 학생 중에 죽음과 삶에 대한 생각을 스티브만큼 이야기할 수 있는 사람은 아무도 없었다.

2. 갈등 해결에 대하여

어느 날 수업이 시작되기 전에 한 여학생이 다음과 같은 질문을 했다. "친구와 논쟁을 하다가 싸우게 되면 어떻게 하는 것이 좋을까요?" 놀이터에서 어떤 일을 겪고 나서 이 여학생은 자신과 가장 절친한 아이가 친한 친구로 계속 남을 수 있을지 의문을 갖게 되었다. 특히, 이번 싸움이 둘의 관계를 악화시켰다. 내게 이런 질문을 한 여학생은 친구에 대한 배신감과 혼란에 빠져 있었다. 교사로서 내가 즉각적으로 답변을 하거나 여느 교사들과 마찬가지로 서로 빨리 사과하고 다시 친하게 잘 지내라고 했을 수도 있다. 학교나 유치원 같은 교육기관에서 어른들이 유아기와 아동기 어린이에게 하는 충고가 친하게 지내야 한다는 것 아니겠는가? 어른들은 어린이들 사이에 일어나는 싸움은 쉽게 화해할 수 있는 것이라 생각한다. 교육현장에 있었던 교사인 나 역시 달리 생각하지는 않는다.

교사로서 그 여학생에게 뻔하고 즉각적인 충고를 하기보다 모든 게 잘 될 거란 이야기를 하면서 학급에서 다른 친구들과 이 문제에 대해 논의해 보자는 제안을 했고 그 여학생 역시 동의했다. 학급에서 어린이들의 반응은 다양했다. 바로 사과했어야 한다는 의견도 있었고 둘이 떨어져서 차분하게 생각해 봐야 한다는 의견도 있었다. 심지어 그런 애는 코를 납작하게 만들어 주었어야 한다는 남학생도 있었다. 과격한 이야기를 했던 그 남학생은 자신의 집이 이사하기 전에 동네에서 있었던 일을 이야기했다. 이전에 살던 동네에서 누군가 집 앞에 쓰레기를 자주 갖다 버렸던 적이 있었고 어떤 때는 창문이 깨진 적도 있었으며 집 앞에 주차된 아빠의 자동차가 부서져 있던 적도 있다고 했다. 그 남학생은 엄마가 누군가에게 괴롭힘을 당하지 않게 하려면 그 사람을 정말 아프게 때려 주면 된다는 말을 했다고 했다. 남학생의 이야기에 린다라는 여학생은 그렇게 싸우면 아무 의미 없이 사람을 죽일 수도 있다는 지적을 했다. 그 남학생의 과격한 이야기에 낄낄거리는 아이도 있었지만 학급에서 이러한 대화는 무척이나 진지하고 심각하게 받아들여졌다. 이상의 사례에서 알 수 있듯, 학교 밖에서 어린이들이 어떠한 일상생활을 하는지 우리가 상상하기는 어렵다. 사실 우리는 일반적인 상황에 대해서는 알고 있지만 구체적인 내용은 아는 바가 없다. 어린이들이 자신의 개인적인 경험 세계를 이야기하는 내용은 사회적 관점에서 논란의 여지가 있기도 하다. 어린이들의 가정과 학교생활은 대조적이거나 갈등을 겪을 만큼 차이가 있기도 하다.

교사의 관점에서 어린이들이 생생하게 설명하는 물리적인 충돌이나 상황이 충격적일 수도 있다. 타인에 의해 반복적으로 물리적 충돌, 즉 공격의 피해자가 되었을 때 어떻게 대처하는 것이 올바른 방법일까? 도저히 참을 수 없는 상황이 되었을 때, 당했던 것과 동일한 방법으로 복수하는 것은 무조건 나쁜 행동인가? 이런 문제에 놓여 있던 남자아이들의 부모는 자녀를 보호하기 위해 직접적인 폭력을 행사하기도 하는가? 린다의 명쾌한 반론은 우리로 하여금 가족의 개입으로 인해 발생할 수 있는 문제의 도덕적인 심각성과 복잡성에 대해 더욱 깊게 생각해 보게 하였다.

3. 학급에서 철학적 논의를 위해 적절한 대화 주제를 선택하기와 진도 나가기

학급에서 정기적으로 철학적 탐구와 논의를 할 때, 어린이들은 평소에 걱정되는 문제들이나 다른 학급의 친구들에게 중요한 의미가 있을 만한 문제를 가지고 교사에게 찾아와 사적인 조언을 구하기도 한다. 어린이들은 주제가 논의에 적합한지를 확인하거나 허락을 받기 위해 교사를 찾기도 하지만, 때론 모두에게 민감한 문제이거나 조심스러운 문제이기 때문에 교사를 찾기도 한다. 9세의 카렌이 학급에서 제기한 문제를 이와 같은 사례로 볼 수 있다.

카 렌: 선생님께 여쭤 보고 싶은 게 있어요.

교 사: 얘기해 보렴!

카 렌: 학급에서 논의를 할 때 꼭 손을 들고 이야기해야 하는 건 그다지 좋은 생각이 아닌 것 같아요. 할 말이 있을 땐 그냥 하면 어떨까 해서요. 제 경우엔 손들고 기다렸다가 이야기하려고 하면 뭘 얘기하려고 했는지 잊어버릴 때가 있거든요.

교 사: 그럴 땐 참 곤란하겠구나. 게다가 어떤 학생들은 손을 들어도 이야기할 순서가 돌아가지 않거나 기회가 없을 수도 있겠지. 그렇다면 다른 방법을 시도해 봐야겠구나.

카 렌: 다른 것도 여쭤 봐도 되나요?

교 사: 그럼.

카　렌: 철학적으로 신에 대해서 이야기해도 될까요? 선생님은 신이 있다고 생각하세요?
교　사: 글쎄 선생님은 잘 모르겠는데 너는 어떻게 생각하니?
카　렌: 저도 잘 모르겠어요. 이야기를 듣다 보니 신은 있다고 상상하기가 쉬울 것 같은데, 어떤 사람들은 신이 없다고 확신하는 것 같기도 해요.

카렌과 학급의 어린이들에게는 이러한 문제가 지속적인 대화거리로 보인다. 이 대화에서 카렌은 학급에서 논의할 때 다룰 이야기를 시작하기 전에 자신의 생각이 정말 중요한지 확인하고 주무 책임자인 교사의 입장도 고려해 미리 교사에게 질문했던 것임을 알 수 있다. 학급에서 어린이들이 무엇인가를 직접 조직하고 방법을 찾기 위한 다양한 제안을 할 기회는 언제인가? 교사는 얼마나 자주 학생들로 하여금 그들 자신의 질문을 내놓거나 중요한 의미가 있는 주제를 다시 논의하고 검토하도록 하는가? 일반적으로 교실에서 일어나는 대부분의 대화처럼 교사가 대화의 목표나 방향을 정한 채 질문을 하는 것이 꼭 필수적인 것인지 생각해 볼 필요가 있다.

학급의 어린이들에게 성인과 대화하며 질문할 수 있다는 자신감이 있어야 자발적 질문이 가능해진다. 그리고 이런 환경이 주어져야 어린이가 자신이 속한 모둠 또는 학급의 학생 모두에게 주요 사안에 대해 질문하는 것에 가치와 의미를 둘 수 있다. 이런 환경을 통해 어린이는 비로소 자신의 삶에서 발생하는 문제들에 대해 스스로 의문을 가질 수 있으며 성인에게 질문할 확률도 높아진다.

다음의 에피소드는 카렌의 경우와 같이 철학적 탐구시간이 시작되기 직전 발생한 일이다. 수잔은 그동안 정말 하고 싶었던 질문이었지만 혹시라도 다른 사람들을 기분 나쁘게 할까 봐 걱정스러웠다는 이야기와 함께 조심스럽게 이야기를 꺼냈다. 수잔이 꺼낸 이야기는 최근 스트레스 지수가 높거나 화가 많이 난 상태에서 학급에 들어오는 교사나 부모에 관한 것이었다. 신체적으로 부상을 입거나 눈에 띄는 곳을 다친 것은 아니지만 큰 상해를 입은 사람들처럼 스트레스에 찌든 표정과 행동을 하는 어른들을 보며 협박당하거나 공격당하는 것 같은 느낌을 받았다고 했다.

이런 유형의 이야기는 사실 학교 교실이 아닌 다른 곳에서도 흔히 발생되는 일이다. 어린이는 가정이나 교실에서 직접 경험하거나 목격하지 않아도 TV를 통해서 성인의 화난 행동을 간접적으로 볼 수 있다. 이런 행동을 하는 성인 대부분은 어떠한 이유로 좌절하거나 뭔가에 화가 난 상태일 때가 많으며, 어린이들이 보는 앞에서 쉽게 그런 행동을 하지 않는가? 어린이의 관점에서 이런 성인의 행동이나 상황을 이해하기란 쉽지 않다. 이러한 상황을 납득하기 위해서는 성인이 직접 그 상황을 설명하고 안심시켜 주는 역할을 해야 한다. 교사나 부모와 같은 성인은 어린이의 행동을 통제하고 조절하는 사람이므로, 예측할 수 없고 이해하기 어려운 성인의 이런 행동을 어린이 스스로 이해하게 할 수는 없다. 그렇다면 어린이가 주변의 어른들의 예측 불가능한 행동을 이해하는 데 도움이 되는 일과 방해가 되는 일은 어떤 것이 있을까? 수잔은 이런 이야기를 굳이 친구들과 교실에서 이야기하기보다 교사인 내게 개인적으로 물어보았다. 수잔에게 이러한 의문은 공공연하게 다룰 수 있는 것이 아닌 사적인 문제로 여겨졌기 때문이다. 화나거나 스트레스가 많은 주변의 성인들이 평소 어린이의 생활에 가장 큰 영향을 주는 사람들이기 때문에 더욱 그럴 수 있다.

나는 이러한 사적이고 비밀보장이 필요한 민감한 문제에 대한 철학적 논의를 학급 전체를 대상으로 다루어 본 적이 있다. 학급의 어린이들 역시 이러한 문제를 다룰 때 개인의 이름을 이야기하거나 구체적인 사례를 설명하지 않고 객관적으로 토의를 해 본 경험이 있다. 그래서 수잔에게 나는 이 주제를 가지고 특정한 사건을 이야기하지 않은 채 학급의 친구들과 함께 철학적 이슈로 다루어 볼 생각은 없는지 제안해 보았다. 수잔은 교실에 화를 내고 들어온 어떤 어른에 대해 친구들과 이야기한다면 너무 최근의 일이라 다들 누구 이야기를 하는 것인지 눈치를 챌 것이라고 했다. 그래서 수잔은 이러한 이야기를 학급 전체에 개방해 다루려면 시간을 두고 좀 더 기다렸다 하는 게 좋을 것이라고 답했다. 이때 교사들은 수잔에게 이러한 지혜가 있다는 것을 존중해야 한다. 수잔은 이런 이야기를 하면서 이러한 이슈를 발견한 것에 대해 생색을 내거나 기분 나쁜 일이라는 감정적인 동요를 보이는 일 없이 차분하고 현명하게 자신의 의견을 이야기했다.

4. 환상에 대하여

철학적 탐구를 위한 논의를 학급에서 시작하기 전, 나는 학급 어린이들에게 몇 분간 눈을 감고 조용히 명상을 하도록 한 적이 있다. 학급 분위기가 산만하고 학생들이 피곤해할 때, 이런 활동은 특히 효과적일 수 있다. 눈을 감고 이완하는 행동은 학생들이 다른 활동을 하다가 조용히 앉아서 집중하는 활동으로 전이할 때 특히 도움이 된다. 학생들은 자신의 생각이 얼마나 자주 방황하는 것 같은지 이야기하고 싶어 한다. 학생들이 했던 이야기 중 생각의 방황에 관한 좋은 예가 있다. 몇 분간의 명상활동 뒤 8세의 여학생이 명상을 하는 동안 떠올렸던 자신의 생각에 대해 이야기해 보고 싶어 했다.

여학생: 제가 소파에 앉아 있는데 멋진 사람이 들어와서 절 데리고 위층으로 갔어요. 그리고 저는 제 곰 인형을 안고 침

대에 누워 있었고 그 사람이 제 옆에 앉아 있었어요.

교　사: 그것 참, 멋진 이야기구나!

여학생: 그 사람은 흑인은 아니었어요.

교　사: 그 이야기는 왜 하지?

여학생: 왜냐하면 전 흑인이 좋거든요.

멋진 사람에 의해 침실로 옮겨진 어린 여학생의 이미지는 동화의 한 장면 같다. 이 짧은 대화에서 눈여겨볼 가치가 있는 부분은 무엇인가? 어린 여학생이 멋진 남성에 대한 동화 같은 환상을 갖고 즐거워하는 것이 놀라운 일인가? 이런 환상이 성인 세계에 대한 전형적인 고정관념을 반영하는 것인가? 이런 짧은 대화가 철학적 논의를 이끌어 갈 소재가 될 수 있을까? 교사로서 난 이런 상황에 어떤 반응을 할 수 있을까? 이런 이야기를 어떤 부분과 연관지어 이야기할 수 있으며 어떠한 교육 목적으로 활용할 수 있을까?

5. 학급 공동체를 구성하기 위한 접근

1) 모임시간에 어린이와 철학을 논하기

어린이 주변의 많은 어른들은 어린이가 흥미 있어 하는 이슈들을 탐구할 시간을 갖기 위해 노력한다. 초등학교 교실에서 그러한 탐구시간을 갖기 위해서는 전체 학급의 '모임시간(circle time)'을 일과운영에 포함하는 방법을 활용하는 것이 중요하다(Mosley, 2000). 모임시간에 강조해야 할 것은 효율적인 의사소통을 하는 것, 학급 내에서 좋은 관계를 형성하는 것, 그리고 건설적인 비판을 할 수 있는 공개토론의 기회를 제공하는 것 등 세 가지를 꼽을 수 있다. 학급의 토의 시간에는 학생들이 다양한 감정을 느낄 수 있는 기회를 제공해 주고 서로의 이야기를 경청하며 차례로 모두가 말할 수 있는 기회를 가지면서 동시에 해결점을 찾아갈 수 있는 분위기가 조성되어야 한다. 모임시간에는 실제로 친사회적인 행동을 할 수 있는 게임과 활동이 포함되어야 한다. 논의시간에 지켜야 할 규칙은 참여한 학생들과 서로 합의해서 만들도록 한다. 이러한 방법의 이름(circle time)에서 알 수 있듯이, 논의 및 활동 중에 어린이들은 주 책임자인 성인과 함께 서로 '둥글게' 모여 마주 앉는다.

학급에서의 철학적 탐구활동은 지난 30여 년간 여러 지역의 학교와 유치원에서 개방적 논의 형태로 다양하게 시도되었다. 어린이들이 철학 탐구를 위해 둥글게 앉고 규칙 있는 상호작용 형태를 취한다는 측면은 유사하지만, 모임시간을 이끌어 가는 방법과 과정은 다양하다. 철학적인 탐구를 하는 시간의 핵심은 학생들이 시나 동화를 읽거나 사진이나 그림을 본 것이 동기가 되어 스스로 질문을 만들고 논의하는 과정에서 토론의 주제가 선택된다는 점이다.

다양한 논의거리와 질문거리 중 첫 번째 논의는 즉각적인 혹은 명백한 답이 없고 어떠한 제약도 정해지지 않은 질문에서 시작된다. 질문 선택과정과 탐색을 해 나가는 과정은 민주적인 과정이다. 논의과정을 책임지는 교사는 있지만 미리 계획된 목적을 향한 논의가 아니라 어린이들 간의 제대로 된 논의과정을 돕기 위한 것이며, 전 과정은 민주적인 논의를 통해 이루어진다. 교사는 토론에 참여하는 학생들이 논리적 · 비판적 · 창의적 · 반성적으로 사고하고 개방된 마음으로 토론하도록 격려한다. 또한 교사는 어린이가 여러 가지 아이디어를 개발하고 개념을 확장할 수 있도록 철학적 논의를 유도하고 적절한 개념의 용어를 사용하는 모델이 된다.

토의과정에서 학생들은 모두가 합의할 수 있는 하나의 정답을 찾기보다는 특정 질문에 대해 다양한 관점을 이끌어 내고 보다 정교화해 갈 수 있는 논의를 한다. 토의과정에서 논의의 주된 동기는 수렴적인 답을 만들어 내는 데 있기보다 합리적인 진실을 찾는 데 있다. 반대되는 의견이나 관점, 그리고 발산적인 사고는 정상적이며 당연히 예상된 것이다. 토론하는 질문의 답은 찾아야 하지만 이것은 잠정적인 것이지 영구불변의 것으로 여겨지는 것은 아니어야 한다.

어린이에 대한 철학교육은 확실히 인지적 목적이 있다. 즉, 도전을 통해 정신과정을 연습하고 사고과정을 훈련하며 상호작용을 할 수 있도록 구성된다. 또한 철학은 민주적 의사결정과정을 배우게 되는 사회적 목적도 있다. 이러한 활동의 정기적인 참여는 확실히 개인의 자아 인식과 자아 탄성력을 개발한다.

2) 교사의 의무

아무런 자극 없이도 대부분의 어린이는 자발적으로 철학적 질문을 한다. 예를 들면, '내가 태어나기 전에는 어디에 있었나요?' '천당에 사람들로 꽉 차게 되면 어떻게 되나요?' 등이다. 어린이는 자신의 경험과 상상력을 동원해서 인간이라는 존재에 대한 질문과 의문들을 만들어 낸다. 우리가 어린이에 대해 지금까지 해왔던 생각을 완전히 바꾸어야 할 만큼 어린이들은 놀라울 정도로 질문에 개방적이며 탐구에 집요하다. 어린이의 이러한 특성은 즐겁고 학습적이며 도전적인 논의를 만들어 가게 한다. 어린이가 교실에서 자유롭게 이끌어 내는 질문들은 우리는 옛 선조들이 지식을 탐구했던 역사를 떠올리게 하며, 신선하고 새로운 발견을 할 수 있게 해 준다. 철학자이자 교육자인 보쉬(E. Bosch)는 다음과 같은 글을 남겼다.

> 어린이들이 철학적으로 심오한 이슈에 대해 질문하거나 논의할 때 교사, 부모, 그리고 주변의 어른을 포함하여 교육에 관여한 사람들은 마음에서 우러나는 응답을 자발적으로 하게 된다는 것이 가장 대표적이며 마술적인 상황이다. 어려운 부분은 어떻게 이러한 상황과 순간을 인식하고 그 안에서 학습이 이루어지게 할 수 있는가 하는 부분이다.
>
> (Bosch, 2005: 12–13)

철학적 논의과정에서 어린이들이 하는 질문들을 보면 앞서 논의했던 바와 같이 학급에 철학적 탐구를 가져오는 것 자체를 논의거리로 만들 수 있으며, 또한 교사들이 학교에서 당연시하는 권위조차도 어린이의 논의거리로 삼을 수 있다. 민주적인 참여자 접근은 본질적으로 큰 관점에서 보면 학교라는 비민주적 조직에 쉽게 맞출 수 있는 개념은 아니다. 아동기는 발달의 관점에서 지극히 경쟁적이며 전투적인 시기라 할 수 있다. 어린이의 정신세계에서 경쟁은 일종의 당연한 부분이다. 학교에서 어린이의 삶과 학습과정이 민주적일 수 있을까? 그렇게 되기 위해서는 프로젝트에 어떠한 철학적 과정이 필요한가?

무엇이 진실이고 현실인지, 무엇이 옳고 그른지, 그리고 무엇이 바람직하거나 불공평한 일인지에 대한 어린이의 판단과 '논의'는 교사가 제공하는 구조와 경계로 인해 확장되거나 제한될 수 있음을 고려해야 한다. 그러한 논의의 진전에 가장 중요한 것은 학급 내에서 권위와 권력이 행사되는 방식, 그리고 어린이가 알고자 하는 것에 대한 교사의 반응이다. 그러한 반응은 교사가 어린이의 관점을 경청하는 더 나은 방법을 찾았을 때, 그리고 어린이들이 학습과정과 일상생활에 참여할 수 있게 되었을 때 잘 나타난다. 경청하는 과정의 필요성과 그에 대한 철학적 접근에 대한 논의는 제3부에서 더욱 상세히 소개하고 있다.

인간사회에서 지식을 축적하는 데 어린이가 어떠한 공헌을 하였는가 하는 가치에 대한 관점은 법적 · 정치적 · 경제적 · 사회적으로 규정되는 아동기에 대한 신념에 의해 영향을 받는다. 아동기나 성인기에 대한 우리의 신념이나 관점이 무조건 보편적으로 수용되어야 하는 것은 아니다. 우리의 가치는 문화적이며 사회적인 기반에 의한 것이다. 따라서 아동기의 가치는 개방적인 관점에서 보면 지속적으로 변화하는 인간발달 주기의 한 유형으로 인식되어야 한다. 가치는 때와 장소, 문화, 가족생활, 직업배경에 따라서도 변화한다. 이러한 가치는 개인의 건강상태와 기분에 따라서, 그리고 이러한 문제를 논의하는 시기가 사회적으로 위기가 있는 시점인지 평화로운 시점인지에 따라서도 변화한다.

'아동기란 무엇인가?'라는 질문은 단순할 수 있지만 답은 간단하지 않다는 프라이퀴뇽(Friquegnon, 1997)의 주장과 같이 우리는 '아이들 같은(childlike)' 또는 '어린아이처럼 구는(childish)'이란 용어와 아동기를 혼동해서 사용하며 성인의 책임감에 비하면 아동기의 직관력은 질적으로 비교상대가 못되는 것으로 간주한다. 아동기를 불변의 개념이나 고정된 문구처럼 다룰 수는 없다. 오히려 아동기란 성인들이 했던 실수나 잘못을 반복하지 않게 하기 위해서 투자를 하고 싶은 우리의 낙관적인 관점으로 포장해 만든 용어일 수 있다. 우리가 했던 실수를 그대로 반복하지 않기 위해 우리는 어린이가 더 현명해지기를 바란다. 이런 것은 혁신적인 방법일까? 아동을 대하는 우리의 방식이 제안하는 것은 무엇일까? 중요한 것은 사회문화적으로 어떻게 논의되든 아동기가 단지 미래를 준비하기 위한 시기가 아닌 지금-현재 그리고 이 자리에 있는 그대로 고유의 권리를 가진 시기임을 인정하고 보호하는 것이다.

어린이와 함께하는 철학은 '어린이'라는 말에 대한 유연성 있는 이해를 함의한다. 어린이란 말은 인간의 초기 발달 단계 중의 특정 시기를 나타낼 뿐 아니라, 특별하며 때로는 예측할 수 없는 무한한 가능성을 가진 '그 자체로 만족스러운 존재'(Kennedy, 2006)를 의미하기도 한다. 철학 탐구과정 시간을 운영하는 교사는 어린이를 독립된 존재로 보고 그들의 안녕과 삶에 대한 만족도에도 관심을 가져야 한다. 이러한 환경에서 교사는 어린이가 철학적 모험을 안정적으로 풍부하게 할 수 있도록 도와주어야 한다.

제2장

어린이의 참여를 돕기

철학에 대하여 철학할 수 있다.

(루이스, 10세 소년)

지난 30년간 다양한 방식으로 이루어졌던 세계와 어린이에 관한 연구를 통해 어린이가 예상했던 것보다 훨씬 능력 있는 존재란 사실을 깨닫게 되었다. 어린이는 그들의 역량을 발휘할 수 있게 해 주고 격려해 준다면 매일의 일상생활에서 적극적으로 공헌할 수 있는 존재임을 증명했다(Nutbrown, 1996).

학교 정규교육과정에서 하루 일과를 운영하며 어린이에게 교육을 위한 공식적인 학습목표를 전달할 때 어린이 스스로의 생각을 논의할 수 있는 교육과정의 융통성이 있었던가? 교사 고유의 권한으로 여겨졌던 '무엇을 배울지'에 대한 생각이 진정 어린이들을 위한, 어린이들의 생각을 담아낼 수 있는 것이라 정당화할 수 있는가? 어린이들이 배우고 싶은 것, 이야기하고 싶은 것은 어떠한 것들인가? 정책적으로는 어린이를 자율적이고 독립적인 학습자로 보아야 한다는 원칙을 강조하면서도, 실제 교육현장에서는 어린이가 미래에 어떤 사람이 되어야 할지에만 초점을 두기 때문에 아동기를 제한되고 미숙한 시기로 간주하는 경향이 있다.

이러한 관점에 반해서 이 책은 어린이의 마음속에 있는 것을 공적으로 논의할 기회를 제공하는 방법을 제안한다. 어린이들이 자신의 목소리를 인정받을 때, 어린이들이 하는 사고와 대화는 학급을 단지 지식을 전수받는 곳이 아닌 교육이 이루어지는 곳으로 변화시킬 수 있다. 어린이와 함께하는 철학은 어린이가 지식을 구성하는 적극적인 역할을 하는 사람이란 것을 인식시켜 줄 뿐만 아니라 그들이 생각을 할 수 있는 능력을 갖춘 사람이란 것을 인식하게 해 준다. 어린이와 함께하는 철학에 관한 문헌들은 어린이가 공정한 사회에 대한 민주적 전망을 가지고 사회 내에서 교육의 역할을 아는 성인과 같은 권리를 향유할 수 있는 방법을 다양하게 논의한다(Lipman, 1993).

1. 어린이의 권리: 인간으로서의 어린이

성인과 어린이 간의 관계 구성에 있어 어떤 교사는 어린이의 권리를 논하기보다 어린이를 마주해야 할 교사의 책임과 의무를 강조한다(Archard, 1993). 이러한 관점에는 인간으로서의 존엄성과 가치를 우선으로 하는 인권에 대한 생각, 그리고 더 나은 삶과 자유를 추구하는 권리에 대한 생각을 하나의 사회를 판단하고 측정하는 기준으로 삼는 정치적인 논리와 근본주의 관점이 포함되어 있다. 어린이에게 적용되는 이러한 기준은 법적인 관점과 문화적인 관점에도 반영된다. 한 인간으로서의 기본적인 존중과 가치, 그리고 행복과 삶의 질에 대한 생각은 근본적으로 문화적인 요소를 반영하지만 사람들의 경험만으로 어린이에 대한 관점의 변화를 가져오기는 어렵다.

1989년에 채택된 UN 아동권리협약을 통해 어린이가 갖는 권리의 범주를 생존권, 보호권, 참여권, 그리고 교육 · 놀이 · 문화혜택을 받을 권리와 같은 발달권 등 크게 네 가지로 분류했다(UNICEF, 1995). 이러한 범주에 포함된 각 조항은 생각, 양심, 종교의 자유와 정보 등에 관한 어린이의 권리를 명시하고 있다. 보호권은 어린이가 폭력, 방임 및 학대나 착취로부터 안전하게 보호받을 권리를 의미한다. 참여권은 지역사회와 문화 속에서 어린이의 역할을 능동적이며 진지하게 받아들이게 하는 것을 의미한다. 이러한 권리에는 어린이의 말할 권리나 자신의 관점을 자유롭게 표현하며 집단에 참여하고 집회를 소집할 권리까지 포함된다.

어린이의 권리에 대한 공표는 '신체와 정신의 미성숙을 이유로 어린이는 특별 보호를 필요로 한다.'는 의미를 포함한다(UNICEF, 1995: 3). 어린이의 권리를 존중할 방법을 모색하는 사람들이 맞게 되는 전형적인 문제 중 하나는 이와 같은 '특별함'과 어린이가 성장하는 과정이라는 사실을 어떻게 반영할까에 대한 의미를 해석하고 생활에 적용하는 문제다. 아처드(D. Archard)는 가장 심각한 문제들을 다음과 같이 지적하였다.

> 개인의 능력을 인간발달의 신체적인 측면 또는 지식습득에 대한 인식론적 측면에 따라 어떻게 잘 설명하는가 하는 문제는 개인의 도덕적 · 정치적 · 법률적 지위를 보장하는 것과 관련된다. 특히 어려운 점은 어린이가 성장하는 과정은 점진적인 과정이지만 권리를 보장하는 일은 모든 권리를 보장하거나 어떠한 권리도 허용할 수 없는 전부인가 또는 전무인가의 문제라는 것이다. 이성적인 사람이 된다거나 지적인 사람이 된다는 최종 목적과 아동기의 과정은 점진적이며 지속적인 과정이다. 시민권을 획득하는 과정이 비연속적이며 요건만 갖추면 갑작스럽게 이루어질 수 있는 것과는 대조적인 것이라 할 수 있다.
>
> (Archard, 1993: 10–11)

UN 아동권리협약에서는 어린이의 보호와 양육에 대한 내용을 공표하며 어린이의 발달 단계에 부합하는 자율성에 관한 권리도 재천명하였다. 이것은 어린이를 위한 '열린 미래'를 유지할 것을 목표로 하며, 어린이의 결정할 권리와 선택할 권리에 대한 인식을 함의한다. UN 아동권리협약에서는 어린이가 그들과 관련된 모든 일에 대해 자신의 의사, 생각과 관점, 그리고 느끼는 바를 자유롭게 표현할 수 있는 권리를 보장하고자 하였다.

어떠한 권리를 논하든 권리를 인정한다는 것은 한 인간으로서의 존재를 인정한다는 것과 같다. 스프로드(Sprod, 2001: 76)는 합리적일 수 있다는 것과 자율적으로 자기 역할을 수행할 수 있다는 것은 인간으로서 갖추어야 할 본성의 두 가지 핵심 기술이라고 역설하였다. 개인의 권리와 개개인이 가진 독립성의 정도를 동일한 기준선상에서 논의하고 가정하는 것은 어린이, 특히 어린이가 가질 수 있는 권리를 부정하는 것과 마찬가지다. 그러나 사람은 혼자서는 전적으로 독립적일 수 없다. 사람은 누구나 어린 시절에는 가족과 연계되어 있고 성장하면서 점진적으로 그 외의 다른 사람과 관계를 맺기 마련이다. 어린이가 유능성과 합리성을 갖추어 가는 과정은 점진적이며 비연속적인 성장과정임을 고려해야 한다. 어린이의 성장과정을 지켜보는 부모와 주 양육자들의 역할을 고려해 그들이 기대하고 희망하는 관점까지 더해서 본다면 어린이의 성장과정에서는 더욱더 이러한 점진성과 비연속성이 고려되어야 한다(Archard, 1993). 어린이라는 현재 상태의 '존재'와 어른이 '되어 가는 과정'이라는 측면 간에는 어쩔 수 없는 괴리가 있다. 이러한 괴리는 미래 시민의 자격이나 향후 취업을 위한 자격과 기술 습득을 논의하는 학교의 맥락에서 더욱 극명해진다. 이러한 분류는 불필요한 이분법이다.

어린이가 자신의 견해나 관점을 표현하는 능력의 한계만 고려하면 인간의 선택권을 연습하기에 어린이는 매우 부족하며 비합리적인 대상이라고 할 수 있다. 사회 분위기와 법적인 측면에서 이러한 관점에 대한 변화는 어린이의 권리를 아는 교육자, 부모, 사회의 성인들이 영아기 초기부터 어린이의 권리를 알려 줄 책임이 있다는 것을 의미한다. 이러한 권리를 알려 주고자 하는 성인은 어린이의 취약점을 주의해야 하며 동시에 어린이의 독창적이며 참신한 관점에 긍정적으로 반응할 준비를 해야 한다. 어린이로 하여금 참여할 권리를 추구하도록 하기 위해서 성인은 어린이 스스로가 독립적인 자아를 표현할 수 있도록 해 주는 것과 어린이가 속한 지역의 다른 사람들과 가족들과의 건전한 관계에 속하며 정체성을 유지하는 것을 추구하면서 균형을 잃지 않도록 도와주는 것이 중요하다. 몇몇 포스트모더니스트들과 여권주의자들의 관점에서 자율성이란 목표는 인간의 관계성과 지역사회의 문화적 특성에 대한 충분한 인식의 부족 때문에 나타나는 현상으로 비판되기도 한다(Sprod, 2001). 스프로드는 우리가 자율성과 같은 개념 없이 도덕성을 논할 수 없으며 오히려 '의존성과 발달은 관계가 먼 것으로' 보고 자율성을 논해야 한다고 주장했다(Sprod, 2001: 37). 철학적인 탐구를 하는 공동체에서는 협력과 의존성, 자율성에 대한 이러한 해석을 기반으로 한다.

인간의 권리에 관한 다양한 관점의 논의는 아동발달이나 인지발달에 관한 관점이 지금 이러한 상황에서 얼마나 다양한지, 그리고 그런 관점을 한 개인이 나이나 상황에 관계없이 어떤 활동과 과정에 참여할 자유를 확보하고 능력을 발휘하는 데 어떻게 적용할 것인지에 대해 성인들로 하여금 스스로 자문하게 한다. 이러한 질문의 답변에는 많은 요인이 작용하므로 공공의 정책과 제안을 통해서 알 수 있는 것은 없다. 다만, 지극히 개인적이며 전문적인 판단만이 그러한 판단의 기초가 될 것이다. 어떤 특정 상황에서 개인의 능력에 대한 판단을 내리는 데 필요한 정보는 무엇인가? 스프로드(Sprod, 2001)는 한 개인의 능력을 주장하기 위해서는 반드시 기준이 있어야 하며, 능력에 대한 기준으로 맥락이 요구되는 것이라 강조했다. 그러한 판단을 하는 데는 의사소통의 힘이 핵심이 된다. 의사결정과정에 관한 정보를 제공하는 대부분의 문헌들은 의사소통에 가장 중요한 요소로 의사결정의 형식을 주장하며, 주어진 시간과 여건에서 어린이가 의사소통의 자율성을 최대로 확대하기 위해서 성인이 의사소통의 형식을 제공해야 할 책임이 있음을 강조한다. 이러한 점이 어린이의 이야기를 잘 들어야 하는 이유다. 교사들이 학교 교실에서 가장 우선시해야 할 부분은 의사소통의 형식에서 어린이의 목소리를 개발해 주는 것이다.

최근 10년 동안, 어린이의 권리를 대변하고 강조하며 보호하고자 했던 많은 연구문헌과 시도가 있었다(Flekkoy & Kaufman, 1997; Holden & Clough, 1998; John, 2003; UNICEF, 1995). 이러한 문헌 대부분은 나이와 관계없이 어린이가 자신의 관점을 표현할 수 있도록 해 주어야 하고, 그러한 가능성을 높이기 위해 어린이가 자신의 마음속에 있는 생각을 표현하는 데 장애가 되는 것들을 성인들이 적극적으로 제거하기 위해 노력해야 한다는 점에 초점을 맞추고 있다(Clark & Moss, 2001; Haynes, 2005; John, 2003; Lancaster & Broadbent, 2003). 교육현장에서 이러한 주장의 초점은 학교의 운영보다는 학교의 서비스와 행정관리 및 조직에 대한 주변의 기능적인 것에 관한 참여와 관련되는 경향이 있다. 즉, 교육목적과 관련되거나 교육과정의 내용에 관한 것에 초점을 둔다는 것이다. 이러한 초점은 일반적으로 모든 교육적 상호작용의 기초를 재확인하려는 동기나 상호작용에 있어 어린이가 성인의 역할을 확인하려는 동기보다는 협의과정에 대한 것이 주를 이룬다.

초기의 실천가들은 어린이의 참여에 대해 매우 진보적인 견해를 보여 주곤 했다. 모자이크 접근은 어린이가 태어나는 순간부터 자신의 목소리를 가질 수 있음을 강조한다. 이러한 형태는 다원적인 방법이며 어린이의 생생한 경험에 초점을 둔 참여자의 입장이다. 모자이크 접근은 아동기의 훈육방법에 관한 연구를 통한 새로운 발견에 기초하였으며 어린이의 이야기를 듣는 데 있어 조언의 형식을 배제하고 상호교류와 지속적인 대화를 통해 듣는 것을 목적으로 한다(Clark & Moss, 2001: 10).

아동연구와 정책결정 영역에서 어린이의 관점을 이해하는 것에 대한 관심은 지속적으로 높아지고 있으며 이러한 관심은 참여, 목소리, 경청 등의 아이디어와 연결되어 왔다. 이와 같이 어린이들에 대한 관점의 혁신적인 변화의 힘은 교육적 · 제도적 · 윤리적 · 경제적 · 사회적 방향의 전환으로부터 온 것이다. 인간권리를 아동기까지 확대하는 것이 출발의 동기였지만 부모와 어린이가 소비자로서 큰 역할을 할 수 있고 큰 힘을 가진 존재임을 인식하는 데까지 이르게 되었다. 공적 생활의 여러 측면에서 어린이를 옹호하고 그들의 행동을 장려하는 문화적 · 사회적인 변화는 경제적 발전을 수반해 왔다(Higonnert, 1998). 특히, 괄목할 만한 성장은 신생아를 포함한 어린이부터 십 대에 이르기까지 자신과 관련된 다양한 문제를 통해 경제적으로 활동하기 시작했다는 점이다(Clark & Mosss, 2001; Clark, McQuail, & Moss, 2003; Cousins, 1999).

이와 같은 사회적인 변화들은 어린이들을 인식하는 방법에 대한 관념적 전환을 가져왔다. 제임스와 프라우트(James & Prout, 1997)는 아동을 더 이상 '무엇인가가 되어 가는 과정'으로 보기보다는 자신만의 생각, 선택, 관계를 가질 수 있는 적극적인 권리를 가진 존재로 인식해야 함을 지적하였다. 어린이와 관련된 일에 종사하는 많은 어른들은 자신의 관점의 한계를 알게 되었으며 어린이의 삶과 마음을 이해하기 위해 노력해야 한다는 것을 인정하였다. 이와 같은 관점의 연구문헌을 고찰 중인 클라크 등(Clark et al., 2003)은 관점을 반영하는 이론적인 이해를 근거로 경청과 참여의 정의를 내렸다. 협상은 참여와 동의어는 아니지만 참여의 한 요소라 할 수 있다. 참여는 사람의 관점에 대한 주기적인 협의과정 그 이상이다. 참여는 의사결정에 보다 적극적으로 개입하는 것을 내포하며 의사결정과정에 대해 어느 정도 권한을 가지는 것을 의미한다. 즉, 적극적으로 질문하고 주도적으로 행동하는 것을 포함한다. '그들에 의하면 경청하기는 들은 것을 적극적으로 해석하고 의미를 구성하는 과정을 포함'한다. 경청은 말로 표현된 내용에만 제한을 두지 않고 일상생활의 참여과정이 되는 기본 단계다(Clark et al., 2003).

2. 학교에서의 참여

영유아 보육기관과 교육현장에서는 유아들의 이야기를 경청할 수 있는 방법과 수단을 주의 깊게 살펴야 할 필요성에 대한 선행 연구들이 이루어졌다(Clark et al., 2003; John, 2003; Clark, 2004). DfES 정책(2001)은 어린이의 적극적인 탐구와 참여 활동을 이끌어 주는 효율적인 교육을 위해서 교사들의 새로운 시도가 요구된다는 점을 강조하였다. 즉, 기존의 교육활동보다 어린이들의 이야기에 귀 기울일 수 있는 기술과 같은 교육자의 역량이 새로이 요구된다는 것이다. 우리는 어린이의 이야기에 대한 경청을 강조하는 전문가들의 요청 이면의 정치적 차원에 대해서 계속 의문을 가져야 한다. 경청은 사람들이 결정을 하기 위해 필요한 것일 수도 있고, 사고과정을 모니터링하기 위해 필요한 수단일 수도 있다. 그러나 전문가들이 기대하는 것처럼 경청이 행동을 결정하거나 가치중립적인 것만은 아니다. 오히려 교육 전문가의 역할에 대한 양가적인 메시지를 제시한다.

클라크(Clark, 2004)는 경청이 학습과정의 핵심으로서 기존의 당연시되어 오던 개념에 대해 도전하는 개념임을 강조하였다. 또한 클라크는 경청이 철학적 탐구과정에 적극적으로 참여하는 어린이를 돕고 그들의 능력을 확장해 주는 기능을 한다고 주장하였다. 그는 어린이와 함께 민주적 방식으로 철학적 탐구과정을 시행하면 '교사나 부모가 모든 문제의 답을 다 알고 있어야 하는 부담에서 벗어날 수 있다.'고 강조했다. 모든 답을 다 알아야 한다는 부담에서 벗어나는 것, 그리고 갖고 있는 답에 대한 맹신에서 벗어나는 것은 어린이의 철학과정을 경청하고자 하는 성인에게 핵심적인 일이다(Haynes, 2005).

많은 국가들이 UN 아동권리협약을 채택하고 있지만 그러한 국가들이 어린이의 실생활에 어떠한 영향을 주고 있는지는 가늠하기 어렵다. 어린이와 함께하는 개인적인 생활이나 교육과 같은 전문적인 생활에서 성인들이 UN 아동권리협약의 12항을 어느 정도까지 적용하는가? 실상 부모나 교사들이 이러한 항목이 있다는 사실을 알고 있는가? 유니세프에 따르면 참여권은 어린이가 자신이 속한 지역사회와 국가에서 적극적인 역할을 하도록 해 준다. 이러한 권리에 의하면 아동은 자신의 삶에 영향을 주는 문제들에 대해서 말할 수 있고 자신의 의견을 표현할 자유가 있으며 평화적으로 협상할 수도 있다. 또한 이와 같은 국제협약은 어린이가 성장하며 사회의 일원으로 보다 적극적으로 참여할 수 있는 기회가 증가되어야 하며 성인이 되어 가면서 갖게 될 적절한 수준의 책임감도 가질 수 있어야 한다고 강조한다. 따라서 어린이는 법적으로 보호받을 권리뿐만 아니라 참여할 권리를 가진다. 많은 어린이들은 일상생활에서 중대한 사회적 · 경제적 책임을 지고 있다. 어린이들 스스로가 학대나 착취로부터 자유롭기 어렵기 때문에 그들이 자신들과 관련된 문제나 상황에 대한 결정과정에 관한 정보를 받을 기회를 부정할 수는 없다. 교육은 이러한 문제를 더욱더 고려해야 한다.

문명화된 많은 국가에서 어린이가 자신의 목소리를 낼 기회와 방법은 매우 제한적이다. 어린이의 의견이 좀 더 반영될 수 있도록 권리를 확장하려면 어린이의 인권을 재개념화하고 재인식할 수 있는 방안과 권리를 확장하기 위한 기준을 어디로 잡아야 하는가? 성인과 어린이 간의 의사소통에 영향을 주는 가정, 신념, 우려에는 어떠한 것들이 있는가? 어린이의 참여권이 보장되기 위해서는 몇 가지가 근본적으로 바뀌어야 한다. 이러한 변화를 위해서는 아동기란 무엇인가에 대한 논쟁과 관계와 권력에 대한 논쟁, 그리고 지식의 본질은 무엇인가에 대한 논쟁을 해야 한다. 아동기는 시민이 되기 위해 기다리는 예비 시민기가 아니며 어린이는 이미 그 지역사회에 영향을 주는 적극적인 역할을 할 수 있는 역량을 갖춘 우리 지역사회의 구성원이다.

성인들은 변화를 위한 적극적 보조자가 되는 선택을 할 수 있다. 어린이가 그들의 생각을 표현할 때 반응하는 방법을 바꿈으로써 모든 성인이 그러한 변화를 시작할 수 있다. 사실 교사들은 자신의 교실에서 단순히 이 책에서 요구하는 의사소통의 접근법을 활용함으로써 그러한 변화를 가져올 수 있다. 첫 번째 단계는 교실에서 대화와 탐구과정을 위해 교수와 학습에 여유를 주는 것이다. 학급에서의 탐구는 탐구과정 속에서 학습경험을 확장하고 심화할 수 있는 잠재력을 갖고 있다. 이러한 방법을 통해 교사는 교수 과정에 대한 주의를 이끌어 내고 성인과 어린이에게서 나타나는 통제와 자유, 권위에 대한 질문과 논의를 촉진할 수 있다. 탐구과정을 놀이로 확장하려면 특정 기술과 민감성이 요구되지만 이는 보람도 있으면서 놀랍고도 만족스러운 결과를 나타낸다.

3. 어린이가 어른들에게 하는 지혜로운 충고

어린이에게 학습에 관해 어떤 관점을 갖고 있는지 물어보면 그들은 어떤 표현을 할 수 있을까? 정기적으로 철학적 탐구과정에 참여하는 8~11세 사이의 어린이 집단을 대상으로 학교에서의 철학적 탐구와 논의를 위해 교사에게 어떤 충고를 하고 싶은지 질문을 했다. 다음의 내용들은 어린이들이 강력하게 주장했던 것들이다. 어린이들은 이러한 과정이 전혀 어렵지 않으며 다양한 학습 경험의 가능성을 높여 준다고 했다.

1) 질문하기

교사들은 어린이들에게 어떤 질문을 할지 미리 생각하고 그들의 질문에도 흥미를 가져야 한다. 또한 어린이들의 생각에 도움을 줄 만한 질문들을 해야 한다.

2) 경청하기

교사들은 어린이들에게 생각할 시간을 주고 설명할 수 있는 기회와 말할 기회를 많이 주어야 한다. 그리고 어린이의 이름과 그들이 교사에게 했던 말을 잘 기억해야 한다.

3) 선택, 참여, 그리고 포함하기

교사는 어린이들에게 선택권을 주어야 한다. 무엇을 주제로 어떻게 시작할지 어린이들이 선택할 수 있게 해야 한다. 이때 모든 어린이를 포함해야 하고, 모든 어린이의 일을 세세하게 살펴야 한다. 소극적인 어린이들도 참여할 수 있도록 격려하고 시도해야 한다. 또 무엇을 생각하는지 직접적으로 물어봐야 한다(이 부분은 학급 전체를 상대로는 거의 이야기해 본 적이 없는 어린이가 지적한 내용이다).

4) 시작하기

철학적 탐구를 하기에 적합한 종류의 소재와 활동은 모두 포함되어야 한다. 어린이들에게는 다른 방법으로 가르쳐야 한다.

5) 믿어 주기와 접근 가능하게 하기

어린이가 할 말이 있을 때 '이런 말은 선생님께 하지 않는 게 좋겠어.' 라고 혼자 생각하지 말고 교사에게 말할 수 있다고 느끼게 해야 한다.

6) 지지하기

신경에 거슬리는 것들은 무시할 수 있게 어린이를 도와야 한다. 탐구과정에서 딴생각으로 흐트러지지 않고 집중할 수 있도록 해야 한다. 어린이가 말썽을 피우지 않게 하기 위해서는 친절하게 대해야 한다.

7) 위로하기, 안정하고 집중하기

어린이가 불필요한 생각을 없애고, 마음을 이완하며 안정할 수 있게 명상과 같은 시간을 갖도록 해야 한다. 교사는 어린이의 마음을 이완할 수 있게 도와주고 불필요한 생각들이 사라질 수 있게끔 도와주어야 한다. 그리고 어린이들이 이완 상태를 계속 유지할 수 있도록 상기시켜야 한다. 철학적 탐구시간을 지루해하지 않고 즐겁게 보낼 수 있도록 만들어야 한다. 어린이에게 편안하게 앉도록 한 후 다른 어린이들이 잘 들을 수 있게 명확히 말하도록 시킨다. 또한 어린이들이 서로 마음에 상처를 주는 이야기를 하지 않도록 잘 돌보아야 한다.

이러한 주제들은 실제 어린이와 함께 작업한 결과에서 나온 것으로 발달에 있어 중요한 부분들이다. 어린이의 참여를 위해 함께 작업해 본 사람들은 스스로를 더욱 정교화할 수 있도록 지속적인 노력을 해야 한다. 다음과 같은 노력으로 어린이들이 더 융통성 있고 민감하게 반응할 수 있는 방법들을 찾을 수 있다.

- 탐구과정에서 논의를 조작하거나 취조하듯 하기보다는 답을 찾아가고 추구해 갈 수 있는 질문을 하기
- 문제해결이 필연적이라면 미성숙한 동의와 해결안에 도달하는 것을 피하고 발산적인 다양한 아이디어와 모호한 의견에 머물기
- 어린이의 질문을 이해하고 함께하기
- 언어로 표현되는 것의 느낌이나 생각을 경청하고 한 사람 한 사람의 반응을 중요하게 여기며 어떤 이야기를 하는지 이해하는 데 시간을 할애하기
- 개개인의 공헌을 인정해 주고 발표자가 하는 공헌과 연관짓기
- 다 진행되지 않은 대화에 주의를 기울일 수 있게 하고 보다 전체적인 집단의견을 인식할 수 있게 하기
- 직관력을 허용하고 아직 미완성된 생각과 이야기를 수용하기
- 어린이 개개인이 자신의 역할을 할 수 있게 도와주기
- 상상하기, 명상하기, 언어로 표현하고 시각적으로 표현하기

등을 포함해 다양한 방법으로 탐구할 수 있게 하기

- 교수과정은 관계와 대화가 있는 곳에서 숨김없이 솔직하게 수행해야 하는 인간적인 활동임을 인식하기
- 어린이를 대할 때 모든 어린이들은 자신의 경험과 인식을 표현함에 있어 평등하다는 원칙을 유지시키기
- 민감한 문제나 콤플렉스에 관한 논의를 해야 할 때 용감하게 작업하기
- 적절성과 안전성에 관한 경계를 논의할 때 조심성 있고 책임감 있게 하기
- 아이디어를 확산하거나 생각을 다시 정리할 때 가볍고 유머러스하게 다루기
- 준비하고 계획할 때 어린이에게 민감하게 대하기
- 어린이의 본성과 흥미와 관련된 부분은 반성적인 사고를 하게 하기

성인들이 교실과 다른 장소를 어린이에게 개방하고 생각할 기회를 제공하고 철학적 대화를 나눈다면 어떤 일이 생길까? 이 책은 자유방임적 접근을 옹호하지는 않는다. 다만 복잡한 기술을 습득하고 있는 어린이를 지원하려는 성인 역시 기술과 확신을 갖추어야 함을 강조하고 있다. 사회문화는 성인뿐 아니라 어린이에게도 영향을 주기 때문에 어떤 어린이에게는 철학적인 논의에 참여한다는 것 자체가 어려운 일일 수 있다. 모든 학생의 참여를 요구해야 하는 교사의 입장에서 이런 부분이 도전적인 일일 것이다.

어린이가 하고 싶은 이야기를 경청한다는 것은 번거로운 체제와 지금껏 해 오던 것에서 분리된 아이디어를 가져오는 게 아니라 학생들의 일상생활 경험과 교육과정이 학급으로 스며들게 하자는 것이라는 주장은 제2부에서 계속된다. 그리고 제3부에서는 어린이를 지원하기 위해 성인들이 적용할 수 있는 철학적 탐구와 논의 전략에 관한 영역을 논하고자 한다.

제3장은 철학적 탐구를 하는 교실문화의 특성을 설명하고 어린이가 논의할 수 있는 주제의 유형을 기술하고자 한다. 초등학교의 교실뿐 아니라 유치원 유아반 교실의 대화와 질문의 사례도 포함된다.

- 철학적 탐구에는 어떠한 것들이 있는가?
- 이러한 접근에 두드러지게 나타나는 교수와 학습의 질적인 측면에는 어떠한 것들이 있는가?

제4장은 현재 교육에서 의미하는 지식, 사고, 교육의 목적이 무엇인지에 대한 근본적인 문제들을 확인하고자 한다. 4장에서는 생각한다는 것은 무엇인지와 사고의 기술에 대한 견해들을 탐색하는 내용이 포함된다.

- 생각하기를 가르칠 수 있는가?
- 비판적으로 사고하는 사람으로 키우기 위해서 어떻게 가르쳐야 하는가?
- 생각하도록 가르친다는 것과 생각한다는 것은 실제 연관성이 있는 것들인가?

제5장은 사고교육을 다양한 접근을 통해 살펴보았다. 어린이를 대상으로 이제까지 가르쳐 오던 방식과 다르게 접근하는 데 있어 비교되고 대비될 만한 철학적 논의를 포함한다. 또한 이러한 과정에는 어린이들이 하는 철학적 사고의 근원, 그리고 광의의 관점에서의 철학교육의 목적에 대한 설명이 부가되며 철학을 탐구하는 교실문화를 위해서 어린이를 시민으로 인식해 줄 수 있는 방법을 포함한다.

- 어린이와 함께 철학적 탐구를 하는 것과 생각하기를 가르치는 다른 방법들은 어떻게 비교해 볼 수 있는가?
- 어린이와 함께 철학적 탐구를 하는 교육적 목적은 무엇인가?
- 어린이와 함께 철학적 탐구를 하는 것과 어린이를 시민으로 인정한다는 것은 어떠한 관계가 있는가?

02

생각에 대해 사고하기

제3장

대화를 통한 사고접근법

철학적 탐구를 위한 공동체의 주된 활동은 학급 전체적으로 이루어지는 토론이며 학급의 구성은 매주 달라질 수 있다. 철학적 탐구를 위한 주제는 몇 번의 학급논의를 거쳐 다양한 생각을 정리하는 막간에 선정되기도 한다. 참여자들은 다른 어린이들 모두의 얼굴을 볼 수 있도록 배열된 각자의 자리에 둘러앉는다. 기본 규칙은 모두가 함께 동의해서 정하지만 논의가 거듭되면서 수정될 수도 있다. 정해진 규칙은 처음부터 명확하게 공표되지만 참여자들이 이를 내면화하는 과정은 점진적이다. 규칙은 이러한 점진적인 과정을 거쳐 퀸(Quinn, 1997)이 지적한 것처럼 사회적이고 지적인 약속의 특성을 이루게 된다.

규칙들은 모두 공정하고 올바른 방식으로 명확한 전제 조건처럼 활용된다. '주의 깊게 경청하기' 규칙은 어린이들이 서로를 바보처럼 여기지 않고 존중하며, 방해하거나 너무 독점적으로 행동하지 않도록 해 준다. 말이 없고 잘 표현하지 않는 어린이들은 격려해서 참여시키려고 하지만 침묵은 수용적으로 받아들여진다. 활동을 끝내고 활동평가를 하는 시간에 다른 7세 어린이가 "철학시간이 재미있었어요. 그런데 전 캐서린이 어떤 생각을 하는지 듣고 싶었어요."라고 이야기했다.

캐서린이 토론시간에는 거의 어떤 이야기도 한 적이 없어서 다른 어린이들도 비슷한 생각을 하고 있었다. 활동평가 시간을 통해 캐서린은 친구들이 본인의 의견을 궁금해하고 기꺼이 들을 준비가 되어 있다는 것을 알게 되었으며 은연중에 자신의 관점을 이야기하도록 격려하는 분위기를 느끼게 되었다. 또 다른 학급에서는 모든 어린이가 돌아가며 각자의 의견을 이야기하였는데, 한 10세 여자아이만 처음부터 여섯 번째 토론시간까지 단 한 마디도 하지 않고 침묵으로 일관했다. 일곱 번째 토론시간에 그 여자아이가 처음 자신의 의견을 이야기했을 때 모든 어린이들은 그 이야기에 귀를 기울였다.

1. 탐구하기

철학적 탐구의 초기 단계에서는 보통 교사들의 질문으로 시작한다. 교사들은 이야기 책, 시 또는 신문기사와 같은 소재들을 아동에게 읽어 주는 것으로 시작하기도 한다. 음악이나 사진, 만화 영화, 다큐멘터리, 영화와 같은 미디어를 활용하기도 한다. 이러한 시작 단계를 지나 나중에 어린이들은 자신들이 선택한 다른 소재들을 학급으로 가져오거나 질문을 이끌어 내기도 한다. 보쉬(E. Bosch)의 『교육과 일상생활(*Education and Everyday Life*)』(2005)에는 대화를 통해 어린이의 생각을 이끌어 내는 시작 단계와 다양한 상황들이 잘 묘사되어 있다. 이 책에서는 공감적인 분위기, 그리고 어린이가 어떠한 생각을 하는지에 대한 교사의 호기심과 수용하는 분위기를 기술하고 있다.

어린이가 어떤 질문을 하는지를 알아보기 전에 우리가 확인해야 할 중요한 단계는 처음부터 어린이가 궁금해하는 질문을 할 수 있도록 동기화할 수 있는 학급 분위기와 방법을 찾는 일이다. 교사가 해야 할 가장 중요한 결정은 이러한 학습을 위해 일상생활 속에서 어떠한 소재를 선택할지를 결정하는 것이다. 다양한 업무

스트레스와 부족한 시간에 시달리는 교사들의 입장을 고려하면 실제로 교사가 질적으로 우수한 학습 교구나 주제를 선정하는 데 신경 쓸 수 있는 시간은 항상 부족하지만 최소한 다음과 같은 질문이 필요하다. 토론을 위해 선정한 주제가 내 학급의 어린이들에게 정말 논의할 필요가 있는 주제인가? 이 주제로 논의를 하면 어린이들이 충분히 생각하고 다양한 질문을 할 수 있을까? 이 주제는 진정으로 도전해 볼 만한가? 또는 어린이가 즐거우면서도 다양한 질문을 기꺼이 하도록 하는가? 궁금해질 것이 있는가?

교사들이 어떤 주제를 선정하는가가 어린이의 학습과정과 상호작용의 질에 영향을 미친다. 만약 어린이가 다양한 것을 추구하면서 대화하기를 원할 경우 교사는 명확히 무엇을 생각해야 할지가 정해진 주제나 질문은 피하고 여러 가지 사고를 유발할 수 있는 주제를 선정한다. 다행스럽게도 우리 주변에는 이런 주제와 소재가 충분히 많다.

교사들은 주제를 선정할 때 자신이 충분히 모호함이나 애매한 점을 이끌어 낼 수 있는 주제, 그리고 보다 심층적 반응을 해 줄 수 있는 주제를 선정해야 한다. 심층적인 질문을 이끌어 내는 주제를 선정할 수 있는 가장 좋은 방법 중 하나는 좋은 책, 특히 어린이가 좋아할 만한 그림책 종류를 살펴보는 것이다. 좋은 책 속에 있는 이야기들은 다양한 논의거리와 질문을 유도할 수 있다. 머리스와 헤인스(Murris & Haynes, 2000)는 그들이 쓴 『현명한 이야기(*Storywise*)』 시리즈를 소개하며 좋은 주제의 목록과 안내서를 함께 제시하였다. 『현명한 이야기』 접근은 질 좋은 그림책을 활용하거나 그림책을 만화영화로 각색한 내용을 활용한다. 선택된 책의 내용은 대부분 모호함을 제공하고 어린이들이 다양한 생각을 해서 탐구할 수 있는 여지가 있다. 대부분의 책은 교사가 이미 알고 있거나 인기 있는 그림책들이다. 어린이가 탐구할 수 있는 가능성을 제한하기도 하고 확장하기도 하는 내용과 이미지로 가득하기 때문에 책 선택은 매우 중요하다. 『현명한 이야기』에서 소개된 내용은 고통스럽고, 어렵고, 불확실하며 놀랍고도 곤혹스러운 삶의 다양한 경험을 제한하거나 제외하지 않는다. 또한 사회적으로 논쟁거리가 될 만한 주제들도 제외하지 않는다. 교사가 책을 선정하는 데 지나치게 조심스러워한다면 의도적이지 않아도 생각할 기회를 제한하는 것이 될 수 있다. 그림책들은 이미 교실 안에 있으며, 철학적 탐구를 위해 이러한 그림책을 활용하는 방안은 머리스(Murris, 1992)가 제안한 바 있다. 어린이집과 유치원에 다니는 영유아에게 특히 더 적합한 이야기와 영상이 담긴 다른 책들도 많이 있다.

또한 아동기의 학생들에게 적합한 복합적인 철학문제를 담은 『꼬마 요정(*Pixie*)』(1981)과 『리사(*Lisa*)』(1985)를 포함한 매튜 립먼(Matrthew Lipman)의 소설 역시 좋은 자원이다. 로버트 피셔(Robert Fisher)는 교실에서 어린이의 사고를 촉진하는 데 유용한 여러 권의 책을 펴냈다. 예를 들면 여러 가지 이야기를 담은 책(*Stories for Thinking*, 1996), 그리고 다양한 게임을 소개한 책(*Games for Thinking*, 1997) 등이 있다. 어떠한 자원을 선택하든 철학적 탐구를 하기에 충분한 양질의 주제인지, 사고와 정서를 자극해 주는지에 대해 열린 마음으로 선택하는 것이 중요하다.

철학적 탐구를 할 소재가 정해지면 모든 학생들에게 소개하고 또한 모든 학생들이 쉽게 접근할 수 있게 하는 한편, 어린이가 충분히 생각할 수 있는 시간을 갖도록 해야 한다. 어린이들이 생각하는 시간은 각자 침묵하는 시간일 수도 있고 주변의 친구들과 이야기를 나누는 시간일 수도 있다. 나이와 분위기에 따라 어린이들은 생각하면서 동시에 기록을 하거나 그림을 그려 표현하기도 한다. 어린이가 생각할 소재를 통해 자신만의 방식으로 반응하고 스스로 질문을 만들어 내도록 격려해야 한다. 어린이가 질문을 만들고 조사해 가는 과정이 각자 탐구하는 과정을 형성하는 것이다. 교사는 어린이가 요구하지 않으면 어떠한 질문도 하지 않는다.

이러한 토의과정은 참여하는 행동과 분리될 수도 없으며 분리해서도 안 된다. 토론과 참여는 하나의 과정으로 간주된다. 어린이의 생각과 행동에 경청하고 특정한 부분에서는 이유를 설명해 주며 주의 깊게 초점을 맞추어야 한다. 어린이가 제시한 아이디어들은 모두 탐구할 필요가 있다. 이러한 탐구는 어린이들의 아이디어를 다루고 빚어내며 그 형태를 갖추게 하고 실마리를 풀어 가는 기회라고 보는 것이 바람직하다. 이는 그리기, 색칠하기, 극화하기 등의 다양한 활동이 어린이의 철학적 모험에서 필수적인 부분임을 의미한다. 이 과정에서 어린이가 관심을 다른 곳으로 돌리거나 주제를 바꾸는 것은 가능하면서도 자연스러운 일이라 여겨야 한다. 교사들은 이러한 변화를 수용하고 함께 과정을 진행할 수 있도록 도와야 한다. 교사는 적절한 시기에 어린이가 본래 주제와 소재에 좀 더 매달리게 하거나 다른 주제로 확장할 수 있도록 격려함으로써 그들이 호기심을 갖고 활동할 수 있도록 해야 한다. 이러한 과정은 [그림 3-1]에 기술되어 있다.

교사

어린이를 위한 준비:
- 탐구를 촉진하는 양질의 출발과 자원
- 주의 집중하여 재치 있게 대답할 수 있는 분위기 조성하기
- 자유로움과 제한 간의 적절한 균형 맞추기
- 생각하고 말하고 느끼고 행동하는 데 적절한 주의 집중시키기
- 지적으로 도전할 만한 주제 다루기
- 자신을 너무 내세우지 않는 자세 유지시키기
- 실수를 해도 좋다는 분위기 만들기
- 신뢰할 수 있는 분위기 만들기

↕ ↕

탐구공동체

비판적이고 창의적이며 협동적이고 배려하는 철학적 탐구를 하고 사고를 하기 위한 조건:
- 대화와 사고를 편하게 할 수 있는 안락하고 편안한 철학적 분위기
- 서로가 나눈 생각을 함께 모니터 할 수 있는 규칙
- 감정이 수용되며 모든 참가자가 서로를 신뢰하며 마음 놓고 자신의 의견을 이야기하도록 격려하는 분위기
- 이야기, 그래픽, 내러티브, 시각적인 매체 활용과 극화된 활동 등의 토론과 대화를 확장하기 위해 다양한 미디어와 정보 활용하기

↔

철학하기

양질의 사고하기, 이야기하기, 경청하기, 행동하기:
- 호기심과 질문, 관련성과 유형을 파악하기
- 차이점을 인식하고 분류하고 아이디어를 제안하기
- 아이디어 분석하기
- 아이디어를 안정적으로 이끌어 내기
- 이성적으로 사고하고 설명하기
- 정신적인 모형 만들기
- 생각과 마음 바꾸기
- 모험심과 탐구심을 나타내고 시적인 표현을 할 수 있는 언어, 그리고 진실과 의미를 찾으려는 욕구가 담긴 언어를 찾기

[그림 3-1] 신체, 마음, 정신의 통합

학급에서의 철학시간은 전적으로 지적인 활동이기보다 실제적인 활동이다. 학급 철학시간의 실제 활동은 개인적일 뿐만 아니라 집단적이며 협동적이다. 어린이는 성인과 마찬가지로 각자 다른 영역의 강점을 갖고 있다. 논리적이며 이성적인 능력, 풍부한 상상력, 전체를 통합적으로 보는 능력, 다른 사람을 인식하는 능력, 공감적 표현을 하는 능력, 불규칙한 패턴 속에서 규칙과 연결점을 찾아내는 능력, 다양한 논쟁에서 적절한 흐름의 맥을 짚어 내는 능력 등 다양한 분야의 능력을 어린이도 각기 갖고 있다. 철학적 탐구를 하는 집단 내 상호작용을 통해 상호보완적인 강점과 확산적인 사고를 할 수 있는 자유의 정도가 성공적인 탐구의 핵심이다.

2. 어린이는 어떠한 것을 논의하는가

철학적 탐구를 위한 주제는 광범위하다. 우정, 비밀, 왕따, 심술, 다름과 같음, 분노, 체벌, 삶과 죽음, 정체성, 인간에 대한 인식, 동물에 대한 인식, 지식과 사고, 종교적 신념, 정신의 개념, 언어의 기원, 상상력, 꿈과 현실, 선함, 공정함, 정의와 진실 등은 필자가 초등학교 교실에서 어린이들과 다루었던 주제들이다.

어린이가 스스로 질문을 만들고 아이디어를 짜기 위해서는 적절한 시간과 공간이 필수적으로 제공되어야 한다. 교사의 역할은 어린이가 스스로 아이디어에 대해 논리적으로 정리하고 가설을 세우고 결론을 유추해 보고 서로 논쟁을 구성할 수 있도록 자극하고 격려하는 것이다. 모험심과 탐구심, 방향감과 추진력 사이에 균형을 잡아 주어야 한다. 교사는 토론이 잘 진행되도록 자연스럽게 허용하면서 학급의 어린이가 아이디어들을 구축해 내고 명료화하게 할 수 있도록 도와야 한다. 스플리터와 샤프(Splitter & Sharp, 1995: 169)는 다음과 같이 제안하였다.

> 탐구는 어린이가 이전에 가졌던 신념과 태도, 그리고 다소 경솔한 의견 등과 같이 이미 주어진 것들에서 시작된다. 기존의 도덕적 틀에 얽매여 어린이의 생각을 조정하는 것, 그리고 실질적으로 중요하지 않은 절차 또는 기술에 불과한 윤리적인 탐구를 제시하는 것의 악순환에서 벗어나기 위해서는 어린이 개개인이 탐구에 공헌한 내용들을 적절히 인정하고 합쳐야 한다.

시간이 부족한 상황에서 갑작스럽게 탐구과정을 시작하는 것은 부적절하다. 어린이들이 자신의 관점을 정교화하며 자신감을 형성하고 적절한 때에 맞춰 요구되는 자기조절을 배우고 연습하기 위해서 규칙적인 모임시간이 필요하다. 그러한 과정이 있어야 어린이들은 이전 시간에 논의했던 것들을 반성해 브고 다음 모임을 기다린다. 규칙적인 정규모임이 있을 때 어린이들이 하는 질문은 더욱 사려 깊은 것들이 된다. 심도 있는 연관성 탐색은 어린이가 다양한 주제를 탐구하는 동안 만들어진다. 자율성과 합리성의 발달은 탐구과정의 내용에 따라 이루어지기도 한다. 철학적 탐구과정에 참여하는 개인과 집단의 특성뿐만 아니라 각 탐구모임마다 이루어진 철학적 탐구과정의 연습이 얼마나 체계적이고 정교화되었는가 역시 탐구모임의 질을 좌우한다. 철학적 탐구의 공동체들은 각 참여 구성원들의 삶의 경험을 구성하는 시간과 장소, 그리고 탐구과정에 속한 사람들의 특성에 따라 각각 독특한 협력체를 이룬다.

3. 4~7세 어린이들의 철학적 탐구과정 사례

다음은 어린이들의 독특한 도덕적 개념을 여과 없이 보여 주는 흥미로운 사례다. 토론은 세 명의 도둑에 관한 이야기(Ungerer, 1961)로 시작되었으며 이야기의 내용은 다음과 같다.

[그림 3-2] '도둑들은 왜 훔쳤을까요?'

지나가는 사람들의 짐을 빼앗는 세 명의 도둑이 있었습니다. 도둑들은 사람들을 협박하고 겁나게 할 만큼 거칠었습니다. 도둑들에게는 산꼭대기에 빼앗은 보물들을 숨겨 두는 동굴이 있었습니다. 어느 날 밤 도둑들은 지나가는 마차를 세웠는데 그 마차 안에는 작은 고아 소녀 티파니만 있었습니다. 티파니는 아주 무서운 아줌마랑 살고 있었기 때문에 도둑들이 반가웠습니다. 도둑들은 마차 안에 보물이 없어서 보물 대신 티파니를 데려가기로 했습니다. 도둑들은 망토로 티파니를 감싸 안아 동굴로 돌아왔고, 티파니를 안락한 침대에 재웠답니다. 다음 날 보물을 본 티파니는 도둑들에게 보물로 무엇을 할 거냐고 물었습니다. 도둑들은 대답을 못하고 머뭇거린 채 기침만 해 댔습니다.

사실 도둑들은 보물로 무엇을 할 것인지 한 번도 생각해 본 적이 없었습니다. 고심 끝에 도둑들은 보물과 돈으로 큰 성을 사기로 했습니다. 성을 산 도둑들은 버려진 아이들을 성으로 데려와 같이 살았습니다. 가난해서 더 이상 아이를 키울 수 없었던 사람들이 그 성문 앞에 아이들을 버리고 가기도 했습니다. 아이들은 자라서 어른이 되었고 결혼도 하고 또 아이들을 낳게 되었습니다. 세월이 많이 지난 후에 도둑들은 죽었고 아이들은 세 명의 도둑을 위해 기념탑을 세웠습니다.

이 이야기를 읽고 난 후 5~7세의 혼합반 어린이들은 다음과 같은 질문을 했다.

- 도둑들은 좋은 사람으로 변했나요?
- 그 많은 아이들은 어떻게 그 성문 앞에 오게 되었나요?
- 도둑들은 왜 아이들을 데리고 갔나요?
- 도둑들은 왜 보물을 훔쳤나요?/빼앗았나요?
- 나쁜 도둑들이 왜 모든 보물을 나누었나요?
- 아이들을 돌본 사람은 누구인가요?
- 아이들은 왜 세 도둑을 위해 기념탑을 세웠나요?
- 아이들은 왜 모두 빨간색 옷을 입었나요?
- 도둑들은 왜 우울해졌을까요?
- 도둑들은 어떻게 그 많은 집들을 빨리 지을 수 있었나요?/ 아이들은 어떻게 집을 지을 수 있었나요?
- 도둑들은 어떻게 성을 찾았나요?

다음은 어린이들이 논의했던 내용 중 첫 번째 질문에 관한 이야기의 일부다. "도둑들은 좋은 사람으로 변했나요?" 어린이들의 철학적 탐구에서 나타난 주요 내용과 어린이들의 아이디어 탐색을 지원해 주는 교사의 역할을 살펴보면 다음과 같다.

톰　　　: 이야기의 마지막에 도둑들은 좋은 사람이 되었어요. 왜냐하면 아이들에게 집을 만들어 주었으니까요.

팻　　시: 도둑들은 원래 아이들을 데려가지 않아요.

데이비드: 아이들은 교회에 있었던 게 아니라 도둑들 집 문 앞에 있었어요.

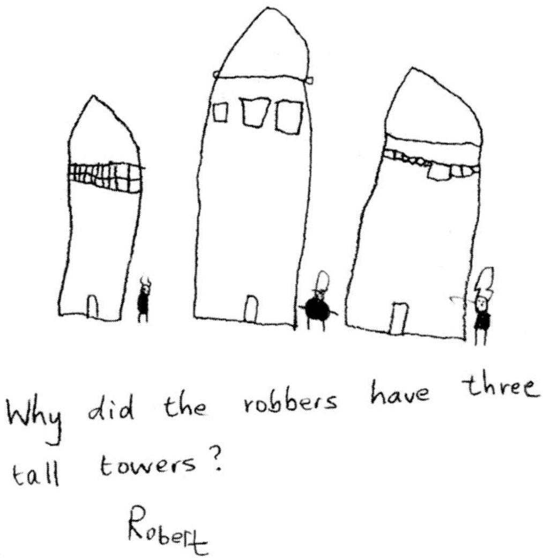

[그림 3-3] '도둑들은 왜 세 개의 기념탑을 갖게 되었을까?'

교　　사: 그래서 어떤 일이 생겼을까요?

데이비드: 음, 내 생각에는 도둑들 말고 다른 사람들이 아이를 데리고 가서 집 앞에 데려다 놓은 것 같아요.

교　　사: 다른 사람이 도둑에게 아기를 데려간 것이지 도둑들이 데려간 건 아니라고 생각해요?

앤 드 류: 처음에 도둑들이 한 아이를 데리고 왔기 때문에 아이들을 하나둘씩 데려오기 시작했던 것 같아요.

데이비드: 제 생각에는 도둑들이 아이들에게 멋진 옷을 입힌 뒤 모두 데리고 교회로 간 것 같아요.

교　　사: 왜 그렇게 생각했나요?

데이비드: 왜냐하면 아이들은 도둑이랑 교회에 가기 전까지는

빨간 옷을 입고 있지 않았기 때문이에요.

교　　사: 그렇다면 왜 도둑들은 그렇게 하고 싶었을까요?

데이비드: 교회에 가려는 사람들은 빨간 옷을 입어야 교회에 들어갈 수 있기 때문이에요.

톰　　　: 도둑 중 한 명이 울고 있는 아기한테 다가와 아기를 안아 주니까 아기가 울음을 그쳤어요.

교　　사: 어떻게 그런 일이 생길 수 있었을까요?

톰　　　: 도둑이 어떻게 아기의 울음을 그치게 했는지는 저도 잘 모르겠어요.

크리스티: 도둑들은 아기를 키워 본 적이 없기 때문에 아기들이 울 때 어떻게 해야 안 우는지 잘 몰라요.

교　　사: 아이들은 성장해서 자기를 길러 준 양아버지들을 기념하기 위해 세 개의 큰 기념탑을 세웠는데 왜 그랬을까요?

카　　렌: 음……, 아빠처럼 아이들을 키워 주었지만 그들이 정말 아빠는 아니죠?

데이비드: 아기 봐 주는 사람들처럼…….

교　　사: 아이들은 왜 도둑들을 아빠라고 불렀을까요?

카　　렌: 도둑들이 아이들을 돌봐 주고 먹을 것과 마실 것도 주었으니까요.

크리스티: 아이들을 돌봐 주고 커서는 살 수 있는 집도 지어 주고 그랬잖아요.

카　　렌: 처음에는 나쁜 도둑이었지만 아이들을 만나고 난 후부터는 착해졌어요.

제 임 스: 아이를 많이 갖게 되면 더 좋은 사람이 되어야 해요. 그래서 도둑들도 도둑질을 그만둘 수 있었어요. 아이들에게 나쁜 짓하는 걸 보이고 싶지 않아서 말이에요.

브리지드: 아이들이 어떻게 자라는지를 보기 위해서, 그리고 아이들이 올바르게 자라는 걸 알기 위해서 도둑들은 좋은 사람이 되기 시작했어요.

데이비드: 난 왜 도둑들이 그동안 보물을 훔쳐야 했는지가 궁금해요.

교 사: 도둑들은 왜 보물을 훔치기 시작했을까요?

카 렌: 원래 도둑들은 나쁜 짓을 하기 때문이에요.

크리스티: 아니에요. 도둑들은 단순히 먹고 마시며 살 집이 필요한 것이었어요. 그래서 돈이 필요했던 거예요.

데이비드: 도둑들은 나쁜 짓을 하기 위해서 보물을 훔친 거예요. 왜냐하면 보물 상자에는 값비싼 반지들도 많으니까요.

린 다: 난 도둑들이 아이들에게 멋진 큰 집을 사 주려고 보물을 훔친 거라고 생각해요.

이 대화는 어린이가 철학적 탐구를 위해 함께한 다섯 번째 모임에서 있었던 사례다. 이 사례는 복합적이면서도 도덕적 판단을 해야 하는 어린이들의 질문들을 어린이의 방식으로 표현할 수 있음을 보여 준다. 어린이들은 도둑들의 범행 동기와 행동에 대한 판단을 위해 각양각색의 증거들을 찾아 제시할 수 있는 능력이 있음을 보여 준다. 교사는 어린이들의 질문을 듣고 그들의 이야기를 재정리해 주는 것은 물론 생각을 명확하게 해 주고 구체적으로 생각할 수 있도록 적절하게 표현해 주기도 한다. 이에 어린이들은 보다 정확하고 상세한 상황에 집중하면서 초점을 맞출 수 있었다. 어린이들은 도둑들의 행동 동기와 나중에 일어난 행동의 변화를 이해하기 위해 상황을 추정하기도 하고, 도둑의 특성에 대한 설명을 위해 다양한 상황을 탐색했다. 이로써 어린이들은 서로의 질문과 생각에 적절하게 반응하고 도전할 수 있었다. 도둑의 행동 변화에 관한 크리스티, 제임스, 브리지드의 추론은 돌봐 주는 관계의 가능성에 대한 사려 깊은 어린이들의 직관력을 보여 준다.

4. 철학적 탐구를 위해 교사가 갖추어야 할 도덕적 · 교육적 요구

철학적 탐구를 하는 학급에서 교사는 모임 전에 어떤 내용이 전개될지 정확하게 알 수 없다. 그 이유는 어린이들의 질문에 의해 답이 결정되기 때문이다. 답변은 매우 잠정적이며 명확한 학습목표와 결과를 강조하는 많은 국가의 학교교육과정에 따라 다양하게 나타날 수 있다. 이러한 점 때문에 적절한 교수법과 효율적인 교수를 위한 준비와 계획의 목적에 대한 논쟁이 생길 수 있다. 철학적 탐구를 하는 학급에서 교사는 자신의 관점을 뒤로하는 촉진자의 역할을 하며 어린이의 생각과 이야기를 지원해 주고 철학적 탐구의 참여자들 간의 대화를 원활히 하도록 격려해 주는 사람이다.

교사들은 학생들의 질문을 편견 없이 대할 수 있어야 하며 스스로 철학적 탐구에 대한 순수한 참여자가 되어야 한다. 교사들은 또한 계획된 방향으로 논의를 이끌고 싶은 교사로서의 자연스러운 욕구를 참을 수 있어야 하며, 어린이들에게 '선생님은 최선의 답을 안다.'는 모습을 보이고 싶은 욕구를 자제할 수 있어야 한다. 교사가 갖고 있는 기술은 성공적인 탐구기반의 교수방법 핵심이다. 교사가 철학적 탐구를 하는 동안 어떻게 존재하며, 주의 집중하고, 반응하는지는 어린이가 탐구과정에 필요한 생각을 스스로 경험하게 하기 위한 중요 요소다. 보넷(Bonnett, 1995: 306)의 말을 인용하면 다음과 같다.

> 사고교육을 위한 교수방법은 학생을 가르치는 것이기보다 학생들이 자신만의 방식으로 스스로를 생각해 볼 수 있도록 해 주는 것이다. 여기서 '스스로'라는 표현은 단순히 수동적이기보다 매우 자발적이며 반응적인 것을 의미한다. 이와 같은 교육방법에서는 학생의 입장보다 교사의 입장이 더 어렵기 마련이다. 교사들은 정해진 교육목표를 달성하기 위해 체계화된 교육을 하는 것이 아니라 어떻게든 학생들이 대화하며 학습할 수 있도록 다양한 사고를 요구하는 노력을 해야 하기 때문이다.

보넷은 이러한 방식의 교수법은 교사들로 하여금 특별한 덕목을 갖출 것을 요구한다고 주장하였다. 인내와 자제력, 어렵고 도전적인 생각이 유용할 수 있다는 믿음, 다른 사람의 생각과 관점에 개방된 마음을 가지려는 노력이 그 덕목이라 할 수 있다.

5. 철학적 탐구과정: 요약

다음은 철학적 탐구의 유형과 과정을 요약하였다. 이 요약본은 철학적 탐구과정을 위해 그대로 따라 할 단계나 원리의 청사진으로 여기기보다 하나의 틀로 보아야 할 것이다. 이러한 철학적 과정은 어린이가 단계를 잘 이해하고, 주도적으로 탐구할 수 있게 도와준다. 또한 이러한 과정을 지나치게 형식적인 단계로 여기지 않도록 주의해야 하며, 어린이가 주도적으로 다양한 질문을 선택하고 심도 있는 대화를 할 수 있는 과정을 추구하는 것을 우선으로 하는 융통성 있는 탐구과정으로 여겨야 한다. 전체 과정을 완성하기 위해서 몇 회의 모임시간을 가져야 할 수도 있으며 몇 단계로 나누어 탐구해야 할 수도 있다. 각 모임시간마다 철학적 탐구과정에 요구되는 모든 과정을 거칠 수도 있다.

1) 시작하기

어린이는 상호작용의 규칙에 합의하거나 이미 합의된 사항들을 확인하고 탐구를 시작한다. 철학적 탐구를 위해 어린이들은 다른 사람의 이야기를 주의 깊게 경청하기 또는 자신의 생각을 이야기할 때 구체적 사례나 이유를 들어 명확하게 하기 등과 같은 한 가지 규칙을 선택해 시작할 수 있다. 철학적 탐구를 시작하기 전에는 몇 분 동안 침묵하거나 명상을 통해 이완하기를 할 수도 있다.

2) 탐구 시작하기

교사는 이야기, 시, 그림, 음악 등 학급의 모든 어린이가 탐구하거나 즐길 수 있는 소재와 교구 · 교재 등을 소개한다. 이러한 방식으로 철학적 탐구를 시작하는 것에 익숙해지면 학생들은 각자 원하는 방식으로 탐구의 시작을 위한 제안을 한다. 어린이들은 스스로 궁금한 것들을 이야기하고 학급 친구들이 반응하기를 요구한다.

3) 잠시 생각 멈추기

어린이들은 철학적 탐구를 위해 소개되었던 것들에 대해 각자 시간을 갖고 다양한 아이디어를 생각해 낸다. 때로 어린이들은 혼자 조용히 앉아서 생각하기도 하며, 또래와 작은 집단 속에서 아이디어를 서로 나누기도 한다. 어린이가 생각을 그려 보거나 써 보기 위해 필기도구와 종이를 준비해 둔다.

4) 질문하기

컴퓨터, 칠판, 노트 등 학급마다 가능한 도구를 활용해서 어린이들이 한 질문들을 모두 볼 수 있게끔 기록해 둔다. 이는 한 어린이가 낸 개인적인 아이디어일 수도 있고, 또래나 학급집단에서 나온 아이디어일 수도 있다. 혼합 연령반의 경우 고학년 어린이들은 질문을 본인이 쓸 수도 있다. 교사는 어린이들 사이에 제기된 질문을 질문자가 사용한 용어에 따라 정확하게 기록할 수 있도록 주의를 기울여야 한다. 누구든 질문을 더 명확히 하도록 요구할 수 있다.

5) 연결하기

질문들 사이에 연관성을 만든다. 제기된 질문들은 다른 어린이들과 공유하고 전체 학급에도 제기해 서로 알 수 있게 한다. 질문들 간의 연관성을 만드는 과정에서 어린이들은 차이점도 명확하게 한다. 이러한 과정은 어린이들이 각자 또는 쌍으로 하거나 집단으로 할 수도 있다.

6) 철학 탐구를 위한 질문 선택하기

질문 선택하기에는 다양한 방법이 있으며 교사의 역할은 질문을 선택하는 과정에서 공정하고 포괄적인 질문을 선택하도록 돕는 데 있다. 어린이는 질문 선택을 위해 질문들을 적어 둔 리스트에서 투표를 통해 하나를 선택하거나 다양한 질문이 적힌 쪽지들을 담은 상자에서 하나를 뽑을 수 있다. 질문 선택하기 과정은 어린이들이 이미 질문들 간의 연관성을 두고 토론을 시작한 경우 생략 가능하다.

7) 각각의 아이디어 구축해 주기

교사는 어린이들의 탐구과정을 격려하고, 경청하며, 사려 깊게 반응하는 등 깊이 있는 탐구과정을 위해 많은 노력을 기울여야 한다. 이 과정에서 교사는 철학적 탐구과정에 적합하고 관련성 있는 토론을 하도록 어린이들을 격려하는 것과 다양한 구성원들의 아이디어를 듣고 참여하도록 격려하는 것 사이에 균형을 유지할 수 있어야 한다. 때로는 몇 가지 논의로 가닥을 잡을 필요가 있다. 중요한 점은 철학적 탐구를 하는 모임에서 단순히 구성원의 일상 경험을 나열하고 견해를 이야기하는 것을 넘어서도록 도와주어야 한다는 것이다. 단순한 이야기를 넘어서 주요한 개념들을 논의하고 질문을 형성해서 이전에 경험해 보지 못했던 새로운 의미를 구성하고 이해를 가져올 수 있도록 해야 한다.

8) 논의 과정을 기록하기

탐구과정의 전개에는 생각의 그물망, 개념지도 또는 벤다이어그램 등의 그림과 글 등을 통해 기록을 남기는 과정이 포함된다.

이러한 과정은 논의가 한 방향으로 흐르고 다양한 측면을 구성하도록 도와주며 다음 모임과 토론을 위해 어떠한 아이디어를 더 확장할지, 지속할지 등을 결정하는 데 도움을 준다. 개념도를 그리는 활동은 또한 어린이가 탐구해야 할 개념의 이해를 깊게 해주어 양질의 탐구가 되도록 도와준다. 『현명한 이야기(*Storywise*)』(Murris & Haynes, 2000)와 『철학 클럽(*The philosophy club*)』(Sutcliffe & Williams, 2000), 그리고 『함께 생각하기(*Thinking Together*)』(Cam, 1995) 등은 철학적 탐구과정에 도움이 되는 아이디어와 개념 그리기 활동과 같은 제안이 많이 포함되어 있다.

9) 정리하기와 고찰하기

교사는 학생들의 철학적 탐구과정을 도와주기 위해 도움이 되는 내용들을 써서 기록으로 남기거나 언어로 설명해 줄 수 있다. 철학적 탐구에 참여하는 학생들은 이러한 설명과 요약과정에서 마지막 정리를 하는 역할을 할 수 있다. 또한 학생들은 다음과 같은 활동을 통해 추후 확장활동을 할 수 있다. 모든 활동에서 명확한 해결점을 찾는 결론은 드물고 새로운 질문으로 끝나는 경우가 많다. 교사와 학생들은 때로 과정 자체를 반성하며 새로운 과정 속에 참여한다. 우리가 어떻게 할 수 있을까? 어떻게 해야 서로가 하는 이야기를 더 잘 이해할 수 있을까? 결국 우리가 발전해서 내린 결론은 어떤 것일까? 토론 후에 우리의 생각은 바뀌었나?

철학적 탐구과정에 참여한 학생과 교사들은 대부분 각 학급 공동체가 매번 독특한 집단의 방식으로 발전해서 초기 단계와는 매우 큰 변화를 가져온다고 한다. 뿐만 아니라 초기의 단순했던 의견의 교환단계에서 철학적 탐구과정이 진행됨에 따라 학생들은 각 과정에 더 많은 부분들을 책임지게 되고 변화와 진행의 리듬이 내면화되어 대화가 더욱 유창해지는 성숙한 단계로 발전한다. 많은 철학적 탐구 접근을 적용해 본 학교들은 탐구접근과정에서 학습하게 되는 생각하는 방식, 대화하고 행동하는 방식을 곧 학교공동체와 정규교육과정, 실외 활동 등의 다른 영역에까지 적용하고 활용한다.

제4장

어떤 종류의 사고를 가르칠까

우리 사회에는 교육의 목적에 대한 해묵은 혼란이 있다. 심지어 교육의 목적이 무엇이어야 하는가에 대해 오랫동안, 조심스럽게 고민해 온 교육 전문가들조차도 일치된 견해를 보이지 못하고 있다. 이것이 교육에 종사하는 많은 사람들이 느끼는 불만 중 하나다. 한 사회에서 교육이 나아가야 할 방향을 명확히 한다는 것은 쉽지 않은 듯하다.

그러나 당신이 교사, 부모, 그리고 어린이들과 얘기해 보면 한 가지는 분명해진다. 그들은 교육이 교육받는 사람들에게 성공적인 경험이 되길 원한다. 즉, 사람들은 교육이 제대로 기능해 주길 원한다. 교육에 대해 만족감을 표현하는 사람은 스스로 자신의 교육에 대해서 책임감을 느낄 뿐 아니라 자신을 교육해 준 사람으로부터 인정받는다고 여긴다.

교육이 어떻게 이루어져야 하는지에 대해 우리가 명확한 답을 내리지 못한다 해도, 대부분의 사람은 교육받은 사람의 결과가 자기 존중과 타인 존중이어야 한다는 점에 대해서는 동의한다. 그런데 우리는 '이해'보다 '지식'을 더 중시하고 '지혜'를 과소평가하는 것 같다. 이에 대해 교육 이외의 분야에서 수많은 충고를 받는다. 예를 들어, 핵물리학자인 마크 올리펀트 경(Sir Mark Oliphant)은 "지식의 결과가 타인 존중으로 귀결되지 않는 한, 지식 그 자체는 아무런 쓸모가 없다."고 충고하였고(Jackson, 1999), 미들리(Midgley, 1995: 21)는 다음과 같이 말했다.

> 어떻게 살아야 할지를 생각하는 것이야말로 그 어떤 사실을 발견하는 것보다 더 기본적이고 시급하게 인간의 지성을 사용하는 것이다. 그에 대한 해답을 찾고자 심사숙고하는 것이 우리가 지식을 찾는 방향이어야만 한다. 이는 인간이 추구하는 모든 프로젝트에서도 마찬가지다.

가드너(Gardner, 1999) 또한 시대에 따라 어떤 덕목과 연관된 지식의 개념을 재정립할 필요가 있음을 언급한 바 있다. 가드너는 21세기에 수양해야 할 덕목 중 하나로 환경문제를 이해하기 위한 '종의 겸손'을 지목한다. 이처럼 교육에서 점차 중시하는 것은 인간의 지성을 유연하게 사용하면서 현명하게 행동하고 살아가는 능력이다.

그러나 이렇게 지식이 도덕적으로 활용되어야 한다는 것 혹은 행동하는 지식을 강조하는 것은 새로운 것이 아니다. 또한 지식에 여러 형태가 있다는 것과 그 지식들이 상호의존적임을 깨달아야 한다는 지적 역시 새롭지 않다. 11세의 초등학생 린다가 "너는 다른 종류의 지식을 가지고 있구나. 보편적인 지식이 있고 개인적인 지식이 있는데, 그 누구도 모든 것을 알 수는 없는 거야."라고 말하는 것을 볼 때, 어린이도 이것을 인식하고 있음을 알 수 있다. 우즈와 제프리(Woods & Jeffrey, 1996)는 '개인적' 지식 혹은 '잠정적' 지식이라는 용어를 제안하면서 공적인 지식이 어린이에게 의미 있게 전달되려면 교사는 어린이에게 자신만의 '개인적' 지식을 형성할 수 있는 기회를 주어야 한다고 하였다.

예수 그리스도 탄생 600년 전에 살았던 중국의 현자이자 철학자인 노자(Lao Tzu, 老者)를 예로 들어 보자. 그는 도교의 시조가 되었

고 후에 『도덕경(道德經)』을 집필하였는데 자기만족, 소박함, 초연함, 포용의 가치를 가르침으로써 상생과 공존을 위한 조화를 강조하였다.

> 서른 개의 수레바퀴살은 텅 빈 바퀴 구멍이 있어야 끼워 넣을 수 있다.
>
> 그래야 바퀴가 바퀴 구실을 할 수 있다.
>
> 도자기공이 물레를 돌려 도자기를 만들 때 도자기 안은 분명 텅 비어 있어야 한다.
>
> 그래야 그릇이 그릇 구실을 할 수 있다.
>
> 문과 창을 만들어 방을 만들 때에는 텅 빈 방 안이 있어야 한다.
>
> 그래야 방이 방 구실을 할 수 있다.
>
> 그러므로 존재하는 것(분명하게 드러난 것)도 유익함 때문이며
>
> 존재하지 않는 것(감추어진 것)도 유익함을 위한 것이다.
>
> (Lao Tzu, 1963)

공식적인 학교교육과 일반적 교육의 상호 보완적 요소는 무엇이며, 어디서 조화를 이루어야 하는가? 어린이가 지식을 얻기 바란다면 노자가 제시한 지식의 길에 대해 생각해 볼 필요가 있다. 노자의 교훈을 명상해 본다면 어느 정도의 자기만족과 단순함(소박함)을 얻을 수 있을 것이며, 반복되는 사실의 학습과 암기테스트로부터 우리 자신을 분리시킬 수 있는 최소한의 능력을 갖게 될 것이다.

1. 어린이들의 자유로운 질문

어린이들은 아주 어릴 때부터 다음과 같이 철학적 요소가 담긴 질문을 한다(단, 어른이 그런 종류의 질문을 무시하지만 않는다면).

- 나는 진짜인가?
- 생각이란 것이 어떻게 마음속으로 들어가는가?
- 최초의 닭은 어디서 왔는가?
- 꿈꾸고 있다는 것을 어떻게 아는가?
- 왜 사람들은 비밀을 갖는가?
- 왜 남편은 아내로부터 멀어지는가?

이런 종류의 질문은 끝도 없이 계속되지만 그들이 표현하는 궁금증과 신비감은 무척이나 심오하다. 이런 질문 중 어떤 것은 학교교육, 즉 우리가 지식의 틀 안에서 '교과' 학습으로 알게 된 것들의 범주 밖에서 나오며, 우리를 한정된 길에서 끌어내어 더 크고 깊은 앎과 존재의 공간, 즉 경계가 모호하거나 우리의 생각을 뛰어넘는 그런 공간으로 이끈다.

이러한 앎에 대한 어린이의 탐구는 확장되고 지속될 수 있는데, 가장 좋은 방법은 어린이가 세상에 대한 자신의 경험과 인식을 진지하게 다루는 의사소통의 기회를 갖는 것이다. 어린이를 접하는 많은 성인은 어린이와 함께 일하는 데 있어서 가장 기쁜 것은 어린이가 도전적인 질문을 하고 스스로 학습에 대한 호기심과 열정을 발견하는 것이라고 한다. 많은 교사는 어린이가 세상을 인식하는 데 도움을 주고 싶어 한다. 또한 어린이가 세상의 사물을 어떻게 바라보고 그 사물 속에 존재하는 다양한 관점을 어떻게 인지하는지 알고 싶어 한다. 교사는 어린이와의 대화를 매우 중요시하는데, 이유인즉 어린이들과의 대화는 익숙한 틀에서 벗어나 신비롭고 어리둥절한 세상으로 접어들게 하기 때문이다. 그래서 교사는 형식적인 학교교육에서 비롯된 것이 아닌 시적 · 철학적 · 문학적 · 독창적 · 상상적 생각을 소중히 여긴다. 그런 것들은 종종 우리가 당연하게 여기거나 익숙해진 세상에 활기를 불어넣어 준다.

우리는 이론이라는 개념을 '당연하고 습관적인 것' 이상으로 나아가게 하는 기회, 즉 '다른 방식으로 생각하게 하는 수단'(Ball, 1994)으로 여길 필요가 있다. 다른 방법으로 생각하고자 하는 도전이 있어야 우리의 지식과 이해가 확장된다. 따라서 우리는 교실에서 '또 다른 어떤 것'을 위한 여지를 만들어야 한다. 하지만 이러한 움직임은 형식적인 학교교육과정 안에 공식적으로 인정될 수 없다는 이유로 기묘한 긴장감 속에 진행될 수밖에 없다.

학습자의 흥미와 동기를 확고히 하고자 하는 교사의 욕구가 명백함에도 학생에게 지적인 흥미 제공하기나 예상 가능하고 일상적인 것으로부터 벗어난 교수–학습 제공하기 등은 교육과정이나 교육학에 관해 언급할 때 상대적으로 덜 강조되고 있다. 철학적 탐구는 교수–학습 과정에서 최종 해결책 혹은 확정된 답을 주지 않음으로써 성인과 어린이 모두에게 사고의 자유로움과 생각하는 훈련을 제공한다(Haynes, 2007). 즉, 답은 많지만 그 모두가 일시적인 답일 뿐이다.

물론 교사들은 여러 가지 이유로 교실에서 철학적 탐구에 몰입하고 있다. 철학적 탐구를 수행하는 이유 중 가장 자주 언급되는 것은 고등정신기능의 발달, 도덕적 · 사회적 · 인격적 발달, 그리고 시민의식 함양이다. 그러나 이런 것들은 교육과정의 중립적 영역이 아니다. 이 모든 것은 충분히 논쟁적이고 문젯거리가 될 만한 영역들로, 여기에는 지식, 권리, 의무, 권력에 대한 모순되는 신념들이 넘쳐 난다.

2. 사고교육: 과연 사고를 가르칠 수 있는 것일까

많은 교육자들은 어린이도 비판적 · 논리적으로 사고하고, 아이디어를 분석하고, 건전한 논의를 진행하고, 올바른 판단을 하도록 교육받을 필요가 있음을 주장한다. 런던 대학교의 조나단 글로버(Jonathan Glover)는 윤리학과 도덕적 철학에 대해 글을 쓴 사람이다. 그는 어린이를 합리적이고 비판적으로 생각하도록 가르치면 잘못된 이데올로기에 대한 민감성을 키워 줄 수 있다고 주장한다(Glover, 2001). 또한 한 연구에서 독재, 무자비, 그문행위에 저항하는 데 성공해 온 사회가 어떤 사회인지 조사했더니 어린이에게 '좋은 반역자'가 되도록 교육해 온 사회라고 밝히고 있다. 제임스 미크(James Meek)는 『감시인(*The Guardian*)』(1999)이라는 책에서 글로버가 말한 것을 다음과 같이 인용하였다.

> 만약 당신이 나치 치하에서 유대인을 숨겨 준 사람들을 본다면 그들에 대해 많은 것을 알게 것이다. 하나는 그들이 보통 사람과는 다른 방식의 양육을 받았을 가능성이 많다는 것이다. 그들은 비독재적인 방식으로 자랐을 확률이 높고, 타인에 대해 동정심을 갖도록, 그리고 들은 대로 행하기보다는 토론을 하도록 양육되었을 가능성이 높다.

'좋은 반역자'가 되도록 교육한다는 것은 어떤 것일까? 교육을 정치적으로 도구화해 버린 정부로 인해 학교에는 필수적으로 갖추어야 할 수많은 목록이 생기게 되었다. 오늘날 정부가 학교에 주는 압력을 생각해 보면 학교가 정치적 · 경제적 요구에 굽신거리는 일은 놀랄 일도 아니다. 이런 현실에서 학교가 좋은 반역자(성인이든 어린이든)를 양육해 낼 수 있을까? 현대의 경제적 위기에 대응하고 긍정적인 사회적 변화를 만들어 내기 위해서는 학교교육이 위계와 통제를 강조하는 권위주의로부터 벗어날 필요가 있다. 교사는 민주적 방식을 선택할 수 있어야 하고 투명성, 심도성, 전문성, 비판력, 창의력, 협동심, 책임감, 그리고 독립심을 존중하는 방식으로 어린이들을 가르쳐야 한다.

많은 이들은 인터넷의 발달이 교사와 학교의 전통적인 권위를 위협한다고 주장한다. 인터넷은 개인에게 더 많은 자율성을 제공하고 국가의 지휘권 밖에서 새로운 지식망과 지식공동체를 생산하는가? 물론 어떤 사람들은 기술이 발달함에 따라 현재의 형태와 같은 학교는 사라질 것이라고 믿는다. 만약 그렇게 된다면 자라나는 차세대는 독재주의에 대한 저항심, 도전의식 등을 어떻게 배우게 될까? 자기 나라의 독재자에게 어떻게 저항하는지 알게 될까? 우리는 이민자들과 정치적 망명자들을 어떻게 돌봐 왔는지, 그리고 그들과 함께 통합된 공동체를 어떻게 만들어 왔는지 상기해 볼 필요가 있다.

3. 비판적 사고

학생에게 질문하기와 비판적 사고를 장려하는 교사는 전인적 교육의 기본이 되어 온 민주주의 교육 실제를 구현하고 있다. 즉, 학생에게 스스로 생각하고, 수용된 지식에 의문을 갖고, 도전감과 면밀함과 심사숙고를 통해 학습하도록 가르치는 것이 창조, 발명, 진보를 지지하는 교육의 핵심이다. 매기(Magee, 1998: 25)는 다음과 같이 기술하였다.

> 고대 그리스 사회는 학생에게 스스로 생각하도록—토론하고, 논쟁하고, 논의하고, 비평하도록—그리고 선생님의 관점을 그대로 받아들이지 않도록 가르친 최초의 사회였다. 그런 교육방식을 통해 당대의 모든 것을 빠르게 이해할 수 있었으며 또한 지식이란 것은 비평을 통해 성장할 수 있음을 알게 되었다.

철학적 방법으로서의 비판적 사고가 무엇인지 조심스럽게 검토해 볼 필요가 있다. 비판적 사고란 서로 다른 생각을 구분할 수 있고 사고 및 추론과정의 가정은 무엇인지, 불일치한 점은 무엇인지, 약점은 무엇인지 확인할 수 있는 능력을 포함한다. 따라서 어린이가 어떤 생각을 명료화하는 능력을 보여 줄 때 비판적 사고의 진전이 있다고 말할 수 있다. 팀이 학급토론 시 보여 준 예를 보면 다음과 같다.

> 나는 로버트의 생각에 동의하지 않아. 우리가 민달팽이에게는 뇌가 없다고 말하는 게 아니거든. 우리는 민달팽이가 생각하는 능력이 없다는 것을 말하고 있는 거야. 생각한다는 것과 뇌가 없다는 것은 별개인 거야. 너 역시 생각하는 능력이 뛰어나진 않지만 뇌는 갖고 있잖아……. [다른 어린이들이 명료화할 것을 요구한다.] …… 음, 하지만 만약 너에게 뇌가 없다면 생각할 수조차 없을 거야. 뇌를 가지고 있으니까 생각할 수 있는 거야.
>
> (8~11세 어린이들의 탐구공동체)

철학적 대화는 개념을 분석하고, 논리적으로 사고하며, 의미와 해석의 미묘한 차이를 알아보는 기회를 제공한다. 결과적으로 어린이는 어떤 것이 사실이고 아닌지를 판단하기 위해서는 논쟁에서의 불일치를 찾아내고 익숙한 예와 만약이라는 가정의 예를 고려할 필요가 있음을 배운다. 어린이들은 이것을 비판적 사고기술로 분류해 놓고 하나씩 하나씩 해 봄으로써 배우는 것이 아니다. 어린이들은 자신이 선택한 의미 있는 주제의 토론에 따라 직접적 · 협동적으로 참여함으로써 배운다. 따라서 이 책은 블록 쌓기와 같이 단계적으로 접근하는 것을 지지하지 않는다. 블록 쌓기식 접근은 토론에 참여하기 위한 선행조건으로 질문 만들기나 연결짓기 등의 게임 및 연습을 고집함으로써 생각할 기회를 제한하기 때문이다. 어린이의 생각이 존중되고 진지하게 받아들여질 수 있는 참된, 역동적인, 그리고 지지적인 대화 분위기를 제공하는 것이 어린이에게 자신감과 표현력을 쌓게 해 주는 열쇠가 된다.

어린이는 또한 언어가 우리의 생각을 만들어 간다는 것을 이해하게 된다. 우리는 일상생활에서 은유나 비유를 너무 자주 사용하기에 우리가 그런 표현을 사용하고 있는지도 알아채지 못한다. 카린 머리스(Karin Murris)에 따르면 "표면적으로 볼 때, 우리가 매일 사용하는 언어는 여러 가지 이슈에 관한 우리의 생각을 명료하게 해 주는 것으로 보이지만, 사실 우리의 언어를 자세히 조사해 볼 때만 그렇게 보일 뿐이며 실은, 우리가 쓰는 수많은 '사고습관' 이 매일의 언어에 그 뿌리를 두고 있음을 깨닫게 된다."(1997: 18)

어린이들은 정신과 생각의 개념이 부딪힐 때 가장 흥분하게 된다. "너는 정신을 비울 수 있니?" "너는 정신이 들어왔다 나갔다 하도록 할 수 있니?" "생각들을 잊어버릴 수 있니?" 어린이가 은유나 비유를 이해하고자 애쓸 때는 흔히 골치가 아프다고 불평하기 시작하는 때다. 사실 은유와 단어 이면의 것을 생각하고자 노력하는 것은 고통스러울 수 있다. 하지만 이것은 새로운 사고를 키우고 '또 다른 어떤 것'을 생각하게 하는 흥미로운 고통의 일부다.

4. 우리의 생각 바꾸기

어떤 논쟁에서 서로 다른 내용을 구별하고, 연결하고, 불일치를 인지하는 등의 비판적 사고기술이 진정한 의미에서 어린이를 비판적 사고력을 가진 사람으로 만들어 주는 충분조건은 아니다. 매기(Magee, 1998)에 의하면, 교육의 목적은 '교사의 관점을 앵무새처럼 되뇌는 것이 아니며', 교사에게 도전하고 질문하는 것이 필요하다고 하였다. 그렇다면 어린이가 다른 사람, 특히 권위를 가진 성인의 아이디어에 질문하고 도전하기 위해 필요한 것은 무엇일까? 어떻게 하면 교사들이 학생들의 도전을 수용하는 법을 배울 수 있을까? 교사의 책무감과 권위의 경계는 어디쯤일까? 퀸(Quinn, 1997)은 어린이에게 비판적으로 사고하도록 가르치는 일이 왜 중요한지 두 가지로 언급한 바 있다. 첫째는 지적인 부도덕을 피하기 위해서이며 둘째는 자신보다 힘이 있거나 논리 정연한 타인의 설득과 압박에 저항할 수 있는 힘을 키우기 위해서다. 그는 자신이 '지적 도발'이라고 명명한 교수-학습 기술을 초등학교 고학년생을 대상으로 적용한 바 있는데, 이를 통해 두 가지 점을 발견하게 되었다. 하나는 비판적 사고의 정서적 측면에 관한 것이며, 다른 하나는 신념을 행동으로 전환시키는 문제다.

먼저 비판적 사고의 정서적 측면으로 개방적 태도가 필요하다. 개방적 태도란 그 어떤 것도 당연한 것으로 받아들이지 않고 끊임없이 가정(假定)에 대한 질문을 하는 것이다. 철학적 궁금증은 그 자체가 의심과 불확실을 포함하는 정서적 상태다. 그것은 소외감,

절망, 홍분의 감정을 불러일으킬 수 있다. 어린이가 정신이나 영혼을 갖는 인간에 대해 어떻게 생각하고 있는지는 만 8세의 그레이엄을 통해 살펴볼 수 있었다. 그레이엄은 고모가 집에 불이 나 죽었을 때 고모의 영혼이 몸을 떠날 것인지 아닌지가 가장 큰 불안을 주었음을 표현하였다. 아이는 이 사실을 참을 수 없을 정도로 궁금해했다. 그의 얼굴은 이 사실이 자신에게 얼마나 중요한 문제인지를 나타내고 있었고 그레이엄뿐만 아니라 철학적 탐구에 참여 중인 모든 어린이에게도 중요한 문제였다. 질문하고, 비평을 주고받는 것은 자신감과 융통성을 요구한다. 한 토론에서 캐시가 한 발언을 살펴보자. 캐시는 "나는 이것을 믿는데 다른 사람은 다른 것을 믿고……. 서로 믿는 것이 다르니까 이것에 대해서는 그만 말하는 것이 좋겠어. 각자 믿고 싶은 것을 믿도록 하자고."라고 말함으로써 현재 시점에서 수용 가능한 한계점에 도달했음을 보여 주었다.

둘째, 비판적 사고를 위해서는 자신의 생각을 행동으로 나타내야 한다. 그런데 집단 속에서 특정 관점에 동의하지 않는 유일한 사람이 된다는 것은 모험적일 수 있다. 도덕적인 주제들은 그 특성상 우리의 깊은 열정을 불러일으키는 경향이 있다. 따라서 다른 사람의 생각에 도전할 때 타인을 존중하는 방식으로 하려면 감정이입적인 관점이 필요하다. 탐구공동체란 이러한 분위기—어떤 사적이고 개인적인 것에서 비롯된 토론이 '진실' 추구의 가치를 깨닫는 토론으로, 그리고 서로의 불일치를 잘 다룰 줄 아는 힘을 키워 주는 토론으로 전환되는 분위기—를 만들어 내는 좋은 환경이 될 수 있다.

5. 생각 돌보기: 사고의 윤리적 특성

철학자 파이어아벤드(Feyerabend)는 자신의 자서전 『시간 죽이기(*Killing Time*)』(1994)에서 도덕적 특성은 그 어떤 형태의 계획된 개입(교육적이든 아니든)에 의해 형성될 수 있는 것이 아니라고 주장하였다. 그의 관점에서 볼 때 도덕적 특성이란 "부모의 애정, 어떤 종류의 안정성, 우정과 같은 우연적 사건들에 좌우되며, 그것들로부터 생기는 자기확신과 타인에 대한 관심 사이의 섬세한 균형에 좌우되는 산물이다. 우리는 그 균형을 지원할 수 있는 조건을 만들 수는 있지만, 균형 그 자체를 만들어 낼 수는 없다."(1994: 174)

클랙스턴(Claxton, 1999)은 자신의 저서 『바로 알기(*Wise Up*)』에서 가장 훌륭한 사고자는 많이 배운 사람이 아니라 생각할 여유를 가진 사람이라고 주장한다. 그는 생각하기를 가르치는 사고교육은 조심스럽게 접근되어야 한다고 보고 있다. 철학적 탐구공동체는 사고하기를 지지하는 좋은 분위기와 생각할 여유를 만드는 것에 관심을 갖는데, 매튜 립먼(Matthew Lipman, 1991)은 이를 '생각 돌보기'라고 부른다. 그는 좋은 사고교육은 비판적 · 창의적 사고와 더불어 생각 돌보기를 가르쳐야 한다고 주장한다. 이렇듯 사고하기에 대해 여러 관점이 존재하는 이유는 윤리학, 미학, 그리고 인식론이라고 불리는 철학적 지파들이 있기 때문이다. 윤리학은 진리를, 미학은 아름다움을, 인식론은 지식에 대한 아이디어들을 다룬다.

'생각 돌보기'는 다른 사람이 말하는 것을 들으려고 노력하는 것이며 다른 사람의 관점에서 장점을 볼 줄 아는 능력을 키우는 것이다. 이는 대화와 대화를 통한 조정과정, 그리고 그 과정에서 생길 수 있는 분쟁도 수용하는 것을 의미한다. 탐구공동체는 진리와 정의의 길을 추구하는 동시에 상상과 논리에 관심을 둔다. 다시 말해, 철학적 사고에는 열정적인 추론과정이 있어야 하며 다른 한편으로는 모든 것에 대해 옳거나 분명해야 한다는 생각에서 벗어나 자신과 타인에 대한 돌봄이 있어야 한다. 다른 사람에 대한 돌봄이란, 다른 사람을 대신해서 결정을 내려 주는 것이 아니라 다른 사람과 책무감을 나누는 것이다. 즉, 어린이의 관점에서 그들과 상담하고, 언제든 그들이 원할 때 의사결정을 하게끔 도와주면 생각 돌보기는 더욱 민주적이 될 수 있다.

그렇다면 생각 돌보기는 실제 어떤 모습으로 실행될 수 있을까? 주말 철학반 모임을 이끄는 카렌은 어린이들에게 토론 주제를 제안해 보라고 다음과 같이 언급했는데 이 과정이 생각 돌보기의 예가 될 수 있을 것 같다.

> 음, 이 토론을 통해 너희들은 인생이 큰 걱정거리로 둘러싸여 있는 게 아님을 알게 될 거라고 생각해. 그러니 너희들은 새로운 것과 새로운 친구에 대해 말할 수도 있고, 너희들의 문제를 공유해도 되고, 너희들이 해야 하는 일에 대해 다른 사람의 조언을 구

할 수도 있으며, 어떻게 하면 더 잘할 수 있는지를 물어봐도 돼.

(철학반 모임, 1998)

카렌은 학생들에게 삶의 실제적 문제들을 철학적 공동체 안에서 철학적 방식으로 다루도록 제안하고 있다. 일정 시간 동안 토론을 함께 해 온 탓에 카렌의 모임에 참석하는 어린이들은 자신의 직접적인 경험으로부터 생겨난 질문 습관을 가지고 있다. 그래서 이들은 우리가 흔히 볼 수 있는 방식처럼 교사가 이야기, 시, 혹은 한 편의 음악이나 그림을 제시하고 이에 대해 질문하고 토론하게끔 하는 방식에 의존하지 않는다. 탐구공동체는 우리가 인간이라는 존재로서 타인에 대해 어떻게 행동해야 하는지를 다룰 뿐만 아니라 특정 상황에서의 사고와 행위, 그리고 감정과 정서가 어떠한지도 다루게 해 준다.

6. 자기관리와 이성

지적인 수준에서 순수하게 철학적 탐구에 몰입한다는 것은 가능하지 않을뿐더러 바람직하지도 않다. 그보다는 성인과 어린이가 서로 다른 수준에서 지속적으로 생각하고 토론할 수 있도록 노력하는 것이 좋다. 성인과 어린이 모두 타인의 복지에 대한 민감성, 열정, 관심을 발달시켜야 하며, 이는 진리와 진솔함을 추구하고자 하는 노력과 균형을 이루어야 한다. 또한 어린이는 방어적인 도덕적 판단을 할 수 있어야 하며 자기 자신과 타인의 감정을 헤아릴 필요가 있다. 사람들은 간혹 감정 때문에 특정 신념을 수용하거나 거부할 수 있는데, 어린이도 이를 알아야 한다. 즉, 어린이들은 자기관리라는 까다로운 일을 지속해 나가야 한다. 자기관리 능력을 키우기 위해서는 어떤 감정을 느낄 때 무엇을 해야 할지, 그런 감정에도 불구하고 어떻게 배워 나갈지를 학습할 필요가 있다. 이런 과정은 아주 만족스러울 수도 있고 끔찍하게 어려울 수도 있다. 또한 이것은 서로 다른 앎의 방식과 서로 다른 학습방법을 깨닫거나 찾아내야 함을 의미한다.

어린이를 위한 철학을 지지하는 사람들은 듀이(J. Dewey)처럼 철학자를 민주적 · 교육적 이상향으로 추구하는데, 이들은 본질적으로 '합리'[1]라는 목표보다 '이성'[2]을 선호한다. 이성이란 합리 이상의 것이다. 스플리터와 샤프(Splitter & Sharp, 1995)에 의하면 이성이란 근본적으로 생각하는 것과 행동하는 것의 차이를 메워 주는 신념이자 태도이며, 습관이 포함된 사회적 성향이다. 따라서 어린이를 위한 철학을 지지하는 자들에게 이성의 배양은 학교와 사회를 민주화시키는 주요 개념이다. 민주주의는 창의적이어야만 한다. 민주주의는 성인으로부터 아이에게로 권한이 옮겨지도록 하는 방책이며 수단이다. 민주주의는 또한 여러 관점이 영향을 받을 수 있음을 전제로 하는데 여기에는 어린이의 이야기를

1) 역주: rationality를 '논리적 원리나 법칙에 잘 부합함. 또는 그런 상태'를 일컫는 '합리'로 번역함.

2) 역주: reasonableness를 '사물을 옳게 판단하고 진위(眞僞) · 선악(善惡), 또는 미추(美醜)를 식별하는 능력'을 의미하는 '이성'으로 번역함.

통해 성인의 관점도 영향받을 수 있다는 의미가 포함되어야 한다. 성인과 어린이 사이의 대화에서 '이성'은 재조정되어야만 한다. 그렇게 해야만 포괄적이고, 광범위하고, 현재의 한계를 벗어나기 위한 '이성'이 될 수 있다.

10세의 린다는 "나는 집에 있을 때 철학을 위한 규칙들이 꽤 쓸모 있다고 생각해요. 왜냐하면 난 오빠에게 소리치고 싶어질 때마다 진정해야 한다는 규칙을 떠올리거든요."라고 말했다. 이는 철학적 탐구가 가져다주는 이성의 이점이 무엇인지 보여 준다. 린다의 코멘트는 사고, 감정, 행동의 상호작용을 드러낸다. 린다에게 있어서 철학이란 직접적이고 실제적인 적용인 셈이다. 린다가 언급한 그 규칙들은 수업 중 탐구공동체와 방과 후 철학 모임에서 전개된 것이다. 린다가 언급한 '규칙들'은 그녀가 속한 철학 모임에서 분위기를 진정시키고 참여자의 집중력을 높여야 한다는 내부적 요구에 따라 실행해 왔던 기법이다. 이 외에 꾸준히 연습해 온 기법 중에는 방해하지 않고 서로의 이야기 들어 주기 등도 있다. 이런 과정을 통해 어린이들은 옳거나 합리적인 것을 아는 것과 하는 것의 차이를 탐색하고 있다.

어린이는 또한 인식론과 순수철학에 대한 기쁨을 취할 수 있으며, 자기들 삶의 도덕적 측면에 대해 생각해 보고 싶어 한다. 뿐만 아니라 철학적 탐구공동체가 이러한 것을 가능하게 해 줄 것으로 본다. 따라서 어린이와 함께 철학을 하고자 하는 교사는 사고과정에 있어서 철저함과 엄격함을 장려함으로써 논리적 · 비판적 사고를 키워 주어야 하며, 어린이들이 모험적이고 용감해질 수 있도록 지원해야 한다. 비트겐슈타인(L. Wittgenstein)의 말처럼, "생각에 값을 매길 수 있다. 어떤 것은 비싸게, 어떤 것은 싸게. 그런데 그 생각에 대한 지불은 어떻게 할까? 내 생각에 정답은 '용기'에 있다." (Corradi Fiumara, 1992에서 인용)

7. 사고기술에 대한 회의적 시각

사고의 종류를 규명하고 범주화하려는 수많은 시도가 지식을 확장하고 향상시키고자 하는 목적에서 시작된 이래, 최근에는 학습의 방해요소를 제거하고자 하는 목적으로 지속되고 있다. 전문가들이 하는 사고는 어떤 것일까? 만약 우리가 그것이 무엇인지 알았다면, 어린이들의 사고를 심화시키는 데 사용했을 것이다. 과연 우리는 전문가들이 지적한 사고의 핵심을 찾아서 어린이를 가르칠 수 있을까?

사고기술이라는 주제는 분명 많은 이들의 관심을 받아 왔지만 그 자체로 인정받았다고는 볼 수 없다. 사고기술로 인해 촉진되는 생각들이 있는지 검토해 봄으로써 어느 정도의 회의적 시각을 갖는 것이 필요하다.

사고기술은 학교교육과정에서 겪는 어려움에 대한 해결책으로 각광받고 있다. 그 이유 중 일부는 오늘날 학교에서 제공하는 교육이 효율적인 일, 여가 추구, 그리고 양질의 관계 형성에 대한 현 시대의 요구를 충족시키지 못하고 있음에서 비롯된다. 우리는 현대의 어린이들에게 성인으로서 살아남는 기술을 지나치게 많이 요구하고 있으며, 그 기술들 중 어떤 것은 불필요한 것들임을 알고 있다. 또한 우리는 과거를 좋아해서 왠지 불확실한 순간에는 학교에 대한 전통적인 가치 중 어떤 것에 매력을 느끼기도 한다. 그런데 19세기의 여러 특징이 뿌리 깊게 박혀 있는 교육과정이 21세기를 살아갈 어린이들에게 적합한 교육이라고 할 수 있는가? 우리가 사고하기를 가르칠 수 있다면(이에 대해서는 물론 논쟁의 여지가 있지만) 우리는 상상할 수도 없고 예측할 수도 없는 미래로 바뀔 현재를 창조할 수 있을 것이다.

보넷(Bonnett, 1995)은 사고기술의 핵심 매력은 그것이 권력이양(empowerment)의 뉘앙스를 갖는 점이라고 말한다. 즉, 사고기술을 가르치면 학교에서 권력이양이 이루어질 것으로 기대하기 때문에 매력을 느낀다는 것이다. 하지만 어디서 어떻게 권력이양이 이루어질 수 있는가? 학교에 대한 최고의 경험 10가지를 꼽으라고 할 때, 얼마나 많은 어린이와 교사가 권력이양에 대한 느낌을 포함시킬 수 있는지 의심스럽다. 특정한 숙련도 또는 능력으로서의 사고와 관련된 기술(skills)에 대해서도 의문이 있다. 사고기술을 가르칠 수 있고 교육내용에 적용할 수 있다는 언급은 세상과 우리의 관계에 대한 근원적인 관점을 반영한다. 즉, 보넷은 "근본적으로 내용이라는 것이 면밀히 검토되고, 분석되고, 조작되어야만 하는 어떤 것이 되어 가고 있다. …… 내용이라는 것을 사고하는 자와 세상을 분리시키고 사고하는 자와 진실을 분리시키는 것으로 표현한다."(p. 301)라고 지적하고 있다.

보넷은 사고기술의 접근을 강력히 비난한다. 그는 의미의 세상을 포함하여 환경을 하나의 자원으로 만들고자 하는 바람을 가진 자들을 도구주의자로 표현한다. 뿐만 아니라 그는 사고와 내용의 관계에 대한 도구주의자들의 관점을 거부하며 사고를 '미지의 감각(a sense of the unknown)으로 가득한 열린 참여'라고 특징짓는다(p. 304). 많은 상황에서 우리로 하여금 사고하도록 하고 우리의 사고를 끌어내어 한 번도 생각해 본 적 없는 곳으로 이끄는 것은 우리에게 숨겨진 미지의 감각인 것이다.

8. 사고기술을 넘어: 삶의 방식으로서의 철학

우리가 사고를 발달시키는 데 관심이 있다면 전통적인 관점에서의 구조화된, 좁은, 그리고 엄격한 논리적 사고와 논쟁에서 벗어날 필요가 있다. 그러한 유형의 사고가 우리를 해결책, 결단, 유동적이고 잠정적인 판단이 아니라 닫힌 결론, 양극화, 불일치의 방향으로 이끈다면 전통적 관점의 논리적 사고와 논쟁은 더더욱 지양해야 할 것이 된다. 우리의 습관적인 사고방식은 우리로 하여금 빠른 변화와 불확실성, 시간과 움직임에 대한 전례 없는 적응력뿐만 아니라 일상적인 생활의 통상성, 고도의 지적 기술, 정보관리의 거대한 힘을 가지고 살아가도록 해야만 한다.

융 심리학자인 스티븐스(A. Stevens)는 1999년 12월에 열린 '말하는 방법(Ways with Words)' 페스티벌에서 '새 천년의 현상과 계시적 사고(The Millennium Phenomenon and Apocalyptic Thinking)' 라는 주제로 강연을 하였다. 그는 이성은 우리가 미래에서 부딪힐 수 있는 수많은 것을 다루는 데 충분하지 않다고 주장하며 우리에게 필요한 것은 '심적 지각변동(psychic earthquake)' 말고는 없다고 제안하였다. 아마 이 자체가 계시적 사고의 예가 될 것이다. 우리는 우리가 무엇을 알기 원하게 될지 가늠할 수 없다.

독일의 철학자 하이데거(M. Heidegger)는 '기본적으로 우리는 전통적으로 존재해 왔던 사고를 학습하지 않을 때만 사고하는 법을 배울 수 있다.'고 주장하였다. 그의 저서 『사고에 대한 담론(*Discourse on Thinking*)』(Heidegger & Krell, 1993)에서 하이데거는 타산적(calculative) 사고와 명상적(mediative) 사고라는 두 종류의 사고가 있음을 제안한다. 두 가지 모두 나름대로 필요하다. 타산적 사고는 구체적인 목적으로 기능하는 것과 언제든 주어진 조건을 고려하는 것이 그 특징이다. 그런 사고는 일상생활을 수행할 수 있게 하고 과제를 수행하도록 돕는다. 타산적 사고는 계산적이다. 예를 들어, 병원 대기자 명단과 학교평가 결과와 같은 측정 가능한 자료들이 있는데, 최근에는 이런 것에 대한 정치적 관심이 늘고 있다. 그러나 숫자란 엄연한 사실로서 제시될 뿐이다. 뭔가를 측정한다는 것은 경제학자 보일(Boyle, 2001)이 '수 세기의 역설(counting paradoxes)'에서 드러낸 바와 같이 일종의 사기 사업에 불과할 수 있다. 역설의 한 예로, 뭔가를 세려 하면 그것이 더 나빠진다는 점을 들 수 있다. 보일은 런던에서 1998년 십 대 흑인소년 스티븐 로렌스(Stephen Lawrence) 살인사건을 공개조사한 이후 보고된 민족

차별적 공격의 빈도가 증가한 예를 들고 있다. 또 다른 역설의 예는 잘못된 것을 세면 퇴보하게 된다는 것으로 보일은 학교순위표를 그 예로 든다. 학교순위를 매기는 것은 학교들 간 경쟁을 조장하고 결과적으로 등급을 향상시킬 수는 있으나 등급을 향상시켜야 한다는 압박감은 학교로 하여금 성적이 떨어지는 학생들에 대한 정학처분을 남발하는 요인이 될 수도 있다.

하이데거(Heidegger & Krell, 1993)는 타산적 사고가 아닌 것에 대해 말함으로써 타산적 사고에 대한 이해를 돕는다. 타산적 사고는 '절대 멈추지 않고' '절대 그 자체를 쌓지 않는다'. 그는 말하기를 타산적 사고는 명상적 사고가 아니며 모든 것에 존재하는 의미에 대해 숙고하는 사고가 아니다. 이탈리아의 철학자 코라디 피우마라(Corradi Fiumara, 1992)는 전통적인 합리주의에는 타산적 사고의 문제점이 있다고 지적한다. 그 문제점이란 '개념을 점차 추상화하는 경향, 따라서 이전에 그 개념들과 특정 상황과 연결되어 있던 수많은 관계들을 사라지게 하고 일반화된 관계들로 대체하려는 그런 경향'이라고 주장한다(p. 12).

명상적 사고는 또 다른 목적으로 인간의 존재를 돕는데, 그 유용성을 이해하는 것이 쉽지 않다. 명상적 사고는 뭔가 하려는 것보다는 존재하려는 것에 가깝다. 하이데거는 명상적 사고는 큰 노력을 요하는데, 즉 과하지 않으면서 우리 모두에게 유용한 섬세한 돌봄과 연습이 요구된다고 주장한다. 그것은 "우리, 우리 개개인, 여기 그리고 지금, 집 안의 작은 조각들에 관련된 것들에 대해 곰곰이 생각하고 가장 가까운 것에 대해 충분히 명상하는 것이다.

다시 말해, 역사의 현재 시간인 지금에 대해 명상하는 것이다."(p. 47) '여기 그리고 지금'과 '집 안의 작은 조각'에 대한 지적은 많은 측면에서 중요하다. 그것은 철학이 학문적 세계의 상아탑으로부터 벗어나 매일의 삶 속으로 옮겨지게 하는 프로젝트와 연결된다. 철학을 공부한다는 것은 보람된 일이며 우리의 철학적 아이디어를 일상의 삶에 적용하고 검증해 보고자 하는 시도 또한 소중한 것이다.

하이데거와 코라디 피우라마 모두 서로 다른 방식이지만, 그들은 개인적 경험의 중요성을 언급한다. 그 둘은 모두 폭넓은 범주와 규칙들만이 사고를 안내하는 원리로 작용할 수 있다는 생각에 반대한다. 그래서 그에 대한 균형추로서 아이디어나 경험의 독특하고 생생한 맥락을 깨닫는 사고 방법을 강조한다. 사고하기에 대한 이러한 관점들은 진리를 추구하는 전통적 교육과 플라톤(Platon)의 소크라테스식 대화법에 기원을 둔 비판적 사고에 어떤 영향을 주는 것은 아닐까?

9. 모순과 함께 살아가기

철학의 중요한 특징은 생각과 신념을 재정리하고, 옮기고, 배치하고, 재구조화하는 데 관심을 갖는다는 점이다. 또 다른 특징은 철학이 불확실성, 탐구, 가능성, 그리고 상상과 함께한다는 점이다. 철학을 위해서는 주어진 한계와 자유에 대한 의심이 필요하다. 철학하기를 가능하게 하는 단 한 가지 방법이란 없다. 철학적인 사고와 개념적 재구조화를 이루는 수많은 방법이 있다. 예컨대, 자기 자신 혹은 타인에 의한 질문, 논리적 도전과 논쟁, 개인적 경험에 대한 반영적 사고, 그리고 유머와 풍자를 사용하는 방법들이 있다. 그리고 어린이에게 사용되는 또 다른 방법으로는 이야기나 비교종교적·역사적, 혹은 예술적 연구를 통한 관점 탐색하기와 그림, 게임, 역할놀이, 음악, 드라마, 묵상과 같은 '경험적' 접근법이 있다.

사고기술을 교육과정에 소개하는 것은 양날의 칼이다. 습관적인 것이 되어 버리거나 마음에 새기지 않는 절차 혹은 형식적인 절차가 되지 않도록 하는 것이 중요하다. 교사는 학생에게 충분히 개입해서 그들이 구체적인 것과 추상적인 것 사이를 오가며 자신들의 경험과 탐구의 핵심을 연결하게 하는 것이 필요하다. 이러한 접근에서 중요한 것은, 안건에 대한 의사결정에 있어 어린이에게 최대한 책임감을 부여하고, 성인은 돌봄과 교육에 대한 책임감을 잊지 않으면서도 성인으로서 자신의 힘과 권위에 대해 자문해 보아야 한다는 것이다. 사고의 촉진자로서 자신의 책무를 어떻게 수행할 것인지는 영원히 해결되지 않는 문제이며 지속적인 주의를 기울이는 수밖에 없다.

탐구공동체와 관련된 교수 방법은 학생들이 이 전환적 사고 공간으로 들어서게 해 줄 수 있다. 코한(Kohan, 2002)은 탐구의 상호관계를 언급하면서 교사와 학생 모두를 위한 상호적·독창적 사고 경험 과정을 '철학적 만남(a philosophical encounter)'이라고 기술한 바 있다. 철학적 만남에서 고무적인 것은 교사(또는 다른 성인)에게 지식과 학습에 대한, 그리고 현재 문제가 되고 있는 것에 대한 그들의 생각에 지속적으로 의문을 제기하도록 요구한다는 점이다. 그러나 그것이 하나의 공식으로 사용된다면, 그 방법은 장점을 잃게 된다. 그렇게 될 경우 이는 '시민권 교육(teaching of citizenship)'과 같은 정치적 안건을 다루는 하나의 프로그램으로 전락해 아무것도 얻지 못하게 된다.

제5장

사고력, 민주주의, 그리고 시민의식

최근 많은 나라에서 사고기술(thinking skill)은 형식적인 교육과정에 포함되어 있다. 대부분의 교사는 사고기술이 독립심과 조사능력, 문제해결력을 촉진한다고 주장하고 싶을 것이다. 잉글랜드의 국가교육과정을 보면 탐구, 가설 검증, 계획수립과 평가에 대한 많은 언급이 있다. 그런데 사고기술을 강조하는 이유는 무엇인가? 생각하는 방법을 가르치는 것은 매력적이면서 유행하는 아이디어이고, 이러한 경향은 점차 성장해 가는 추세다. 또한 노련하고 건전한 회의론자라면, 생각하기를 형식적 교육과정에 포함시키는 정부의 관심 뒤에 무엇이 있을지 당연히 궁금해할 것이다. 사고력을 가르치는 것이 평가 경향의 영향하에 들어가게 되어 목록화된 점검 리스트로 만들어질 것인가? 또 그 결과로 비판적 사고를 열광적으로 지지하는 사람들에 의해 갈 길을 잃을 것인가?

어린이의 사고력을 증진시키기 위해 특별한 기술과 방법을 채택해서 가르치는 것은 더 이상 새로운 현상이 아니다. 교육의 다른 영역과 마찬가지로, 생각에 관한 다양한 학파가 있다. 로버트 피셔(Robert Fisher)는 『어린이에게 사고력 가르치기(*Teaching Children to Think*)』(1990)에서 이러한 여러 시도를 읽기 쉽게 정리해 놓았다. 일반적으로 사고교육을 위해서는 세 가지 다른 방법이 고려된다. 첫째, 전달 가능한 사고기술의 분류학에 기반하는 사고기술 프로그램이 있다. 이 방법에서는 사고력을 도구적 관점에서 바라보기 때문에, 사고기술은 주의를 기울여 발달될 수 있고, 일정 범위의 맥락에 적용 가능한 도구나 체계라고 간주한다. 또한 지루하고 비효율적인 학습 습관에서 벗어나 목적적으로 사고하는 기술은 학생에게 재미있고 도전적이며, 기운을 다시 북돋워 주는 활동 형태로 제공될 수 있다. 그래서 성취를 극대화하거나 괄목할 만한 성과를 거두기도 한다. '섬머셋 사고기술 과정(The Somerset thinking skills Course)'은 그러한 프로그램의 좋은 예다(Blagg, Ballinger, & Gardner, 1988). 초등학교에서, 사고기술에 대한 점진적 접근을 취하는 프로그램은 어린이가 향후 배워야 할 기술에 치중하는 경우가 있다. 이와는 정반대로 궁금증과 생각하기에 관해 어린이가 이미 가지고 있는 능력을 강조하는 접근은 이러한 능력들이 최대한 발현되고, 더욱 발전될 수 있는 풍부하고 적당한 맥락을 제공하는 것을 목표로 삼는다(Stanley with Bowkett, 2004).

둘째, 특정한 유형의 체계적인 사고를 증진시키기 위해 주의 깊게 구조화하고 조직화하여 가르치는 방법이 있다. 이것은 특정한 주제를 학습하는 맥락 안에서 문제를 해결하고, 조사하며, 실험하는 접근방법을 채택한다. 그리고 비판적이고 창의적인 사고를 촉진한다. 이와 같은 방법이 어린이의 성취에 영향을 미쳤던 실제 사례는 애디와 셰이어(Adey & Shayer, 1994)의 과학과 수학교육을 통한 인지의 확장이었다. 이러한 피아제식 접근방법에서, 어린이에게 특정한 요구를 하고, 문제의 발견과 해결의 기회를 최대화하기 위해, 학습활동은 주의 깊게 설계될 필요가 있다. 중재자로서 교사의 역할은 매우 중요하다. 당연한 질문에서 교사의 중재와 개입은 도전의 수준과 이해의 재구성에서 결정적인 차이를 만들 수 있기 때문이다. 퓨어스타인(Feuerstein)의 '교육적 극대화' 역시 매개자로서 교사의 역할에 대해 매우 강조하고 있다(Fisher, 1990).

셋째, 학습에 대한 사고를 중시하는 접근방법, 즉 '메타인지(meta-cognition)'에 대한 관심이 날로 커지고 있다. 학습과정 자체에 대해 명확하고 신중하게 주목함으로써 메타인지라는 또 다른 사고 단계를 발전시킬 수 있는 것으로 입증되었다. 모든 학습상황의 일부로서, 학생은 학습에 관한 그들의 접근을 인식하고, 그들이 어떻게 배우는지에 대해 토론하고 심사숙고하도록 장려된다. 학습자는 일종의 파일럿으로 간주될 수 있고, 자신의 학습 방향을 잡고 스스로 개인적인 학습경로를 만든다. 이러한 방법은 학습자가 학습하는 동안 자신을 잘 관찰하고 인식하면서, 다른 학습상황에서도 이러한 인식을 활용할수록 더욱 효과적으로 학습하게 된다는 생각에서 비롯된다. 학습과정을 면밀히 조사하고, 이러한 과정이 미래에 어떻게 적용될지를 고려하는 데 주의를 기울인다. 메타인지를 가르친다는 개념은 모든 학습이 주어진 상황에 의존한다고 주장하는 사람들로 인하여 논쟁의 대상이 된다. 이러한 주장은 하나의 상황에서 다른 상황으로 분리된 사고 도구를 직접 전달하는 것이 불가능하다는 것을 의미한다. 그러한 도구가 명백하게 이끌어졌는지와는 상관없이 말이다. 어린이와 함께하는 철학은 이러한 생각들을 새로운 방식으로 바라볼 수 있게 해 준다.

1. 사고력을 가르치는 접근방법: 어린이와 함께 철학하기

어린이에게 철학은 사고기술과 질문 기반의 학습 모듈을 모두 포함한다. 그들이 경험하는 학습 맥락은 다양한 언어적 진술을 주의 깊고 조직적으로 탐색하게 함으로써 빈번하게 만들어지며 이야기, 신화, 시, 뉴스, 연속극, 음악, 미술, 영화 및 사진 등이 그 원천이 된다. 철학적 탐구는 메타인지의 근원을 철학적 근원의 일부로 간주한다. 철학의 근원은 정신과 사고의 본질, 지식에 대한 의문, 우리가 무엇인가를 알기 위해 해야 하는 주장, 현실, 진실과 관련된 이슈와도 항상 관련된다.

사고력 계발을 이끌고, 그 가치를 함께 누리는 것은 어린이와 함께하는 철학 운동의 가장 분명한 특징이다. 어린이와 함께하는 철학은 민주주의 사회에서 보다 넓은 목표와 지향에 관해 명확한 지위를 가지고 있다. 즉, 정치적이고 사회적인 가치가 확실하다. 어린이의 사고력을 확장하고 개선시키려는 이러한 시도를 뒷받침하는 원칙들은 많은 나라에서 이미 35년 이상 시행되어 왔다. 미국에서는 매튜 립먼(Matthew Lipman)의 연구가 시초가 되었고, 현재는 학교와 주민들의 생활 전체에 영향을 미치고 있다. 이는 어린이의 교육적 성취에 폭넓게 영향을 미치는 것은 물론, 사회공동체로서 학교에도 기여하고자 하는 데 그 목적이 있다.

2. 철학적 탐구의 근원

이러한 연습은 수많은 철학적 전통에 그 근원을 두고 있다. 실행가들은 각자의 믿음, 영향 및 환경에 따라 그러한 연습의 다른 면을 강조한다. 이는 플라톤의 스승인 철학자 소크라테스(Socrates, 기원전 469년 출생)와 밀접하게 관련되어 있다. 소크라테스는 앎의 경로는 자신의 무지를 인식함으로써 시작된다고 보았다. 또한 교사의 역할은 중재자의 역할에 비유되어, 진리로 이르는 길이 드러나도록 질문해야 한다고 하였다. 산파와 마찬가지로 교사는 생각의 탄생을 돕는다.

협동적 집단 탐구는 미국 프래그머티즘(pragmatism) 철학자인 찰스 퍼스(Charles Peirce, 1839~1914)의 연구로부터 기원하였다. 그는 우리 모두는 지식의 구성과정에서 관찰자가 아닌 참가자라고 하였다. 지식이란 확신으로 만들어지지 않고 설명으로 이루어져 있다. 존 듀이(John Dewey, 1859~1952)는 집단 지능의 적용과 문제해결을 위한 학습을 신뢰했다. 듀이는 학교는 참가하는 공동 사회가 되어야 하고, 젊은이들이 시민으로 성장할 수 있는 사회의 의미 있는 부분이 되어야 한다고 주장하였다.

협동적 탐구의 실제 진행에서 결정적으로 중요한 이론의 자취를 찾을 수 있다. 그 이론은 사회 변혁, 재건, 학생들의 다양한 주제 분석, 현존하는 권력구조에 도전하기 위하여 결정적 언어와 프레임워크를 획득해야 할 필요성 등에 대해 바람직하다고 강조한다. 이로써, 현재는 어린이들의 의사결정과정 참여를 늘리는 것에 대한 법적 제도가 마련되어 있으며, 이는 1989년 UN 아동권리협약과 그 뒤에 따르는 정치적 협의에 의해 구체화되어 있다.

어린이와 함께하는 비판적 · 협동적 탐구의 중심에 위치한 신념은 철학적 · 사회적 · 정치적 · 심리학적 · 교육적 관점에서 이끌어 낼 수 있다. 민주사회에서 다양하고 능동적인 시민의 참여는 인권, 개인의 자유, 평등과 같은 가치를 보존하기 위하여 필요하다. 어린이에게 유아기 때부터 사회와 자신에게 의미 있는 맥락에 참가하도록 격려하고, 참여할 수 있는 여지를 주어야 한다. 그 맥락은 가족, 학교를 비롯하여 어린이가 관련되어 있는 여타 관계들을 의미한다.

민주주의에서 교육의 목적과 목표는 사회의 경제적 부유함을 보장하는 기초적 기술의 연마뿐 아니라, 공적 · 사적 영역에서 일상의 문제와 필요성을 평등하게 해결하는 기술도 훈련시키는 것이다. 민주주의의 참가적 특성은 도덕 교육의 비권력적 형태를 의미한다. 왜냐하면, 시민은 자신을 규제해야 하기 때문이다. 켈리(Kelly, 1995: 172)는 다음과 같이 기술하였다.

> 민주주의 사회에서 도덕적 원리는 무비판적으로 흡수되기보다 자발적으로 승인되어야 하며, 외적 강요 없이 자유롭게 선택되어야 한다. 민주적인 시민은, 칸트(I. Kant)가 사용한 용어와 말을 빌려 표현하면, 자신이 지키는 법칙은 자신에게만 적용해야 한다. 민주적 시민은 이러한 적용 행위를 공동사회의 집합적 선(善)을 의식하면서 행해야 한다. 그리고 개인주의는 공동의 사회적 책임에 의하여 수정되어야 한다.

인성, 사회, 도덕교육은 어린이의 자기조절 능력을 극대화하는 방식으로 이루어질 수 있다. 학습자의 자율성과 대행은 교육계에 대한 정치적 · 사회적 · 규범적 관점과 함께 많은 진보적 교육학자들의 연구에 있어서도 근본적인 특징이 되어 왔다.

철학적 탐구를 포괄하는 교육과정을 고안할 때, 도덕적 담론과 의사결정은 지적이고 영향을 주는 차원에서 고려되어야 한다. 제롬 브루너(Jerome Brunner, 1996)에 따르면, 교육과정에 대한 논쟁은 가능하겠지만, 가장 효과적인 순간은 그것이 '참여적이고 능동적이며, 공동이익에 기여하고, 협동적이며, 의미를 받아들이기보다는 만들어 가도록 주어질 때'라고 하였다.

브루너(Brunner, 1996)는 학교가 가치 있는 이유는 '마음을 사용하는 방법, 권위에 대처하는 방법, 타인을 다루는 방법 등에 대한 감각을 얻는 특수한 장소'가 학교이기 때문이라고 주장하였다. 어린이에게 책임을 실천할 기회, 그리고 교육과정 중 일부만이라도 탐구할 기회를 제공함으로써 그들이 '책임자'의 지위를 의미 있게 그리고 우호적으로 확장하도록 도울 수 있다. 철학적 탐구를 채택하는 학교는 이러한 기회에 대하여 매우 비옥한 토양을 제공한다.

> '합리적인 사람'에게 자양을 공급할 가능성은 자유로운 민주주의 사회에서 교육의 중심에 있다. 합리성은 이성(理性) 이상의 그 무엇이다. 합리성은 단순함도 아니고, 고정적인 것도 아니다. 윤리학적 관념에 따라 쉽게 혹은 자동적으로 연습되는 것도 아니다. 그것은 실제로 예시화되어야 한다(Brunner, 1996: 78).

우리는 학교에서 생각보다 매우 이른 시기에 어린이가 이성적 · 논리적 · 직관적 · 도덕적 차원에서 사고하고 행동할 수 있으며, 그러한 행동에 흥미를 느낀다는 것을 포착할 수 있다. 그리고 학교는 어린이의 사고에 대해 높은 수준의 학습을 요구하고, 그들이 책임을 감수하고 지적이고 감성적인 기능 모두를 사용하도록 일깨움으로써 어린이가 사고를 풍부하게 만들 수 있는 기회를 제공해야 한다.

3. 어린이의 철학적 탐구와 시민의식에 대한 확신

어린이와 함께하는 철학적 탐구는 구두로 말하기, 이야기로 서술하기, 포괄적이고 민주적인 연습 등을 강조함으로써, 어린이가 또래들에게 귀 기울이고, 경험을 공유하며 의미를 탐구할 강력한 수단을 제공한다. 어린이는 자신의 목소리를 남들이 듣고 흥미 있어하면서, 자신에 관련된 질문을 할 수 있다는 것을 인식함으로써, 자신의 견해를 자신 있게 표현하는 것을 배울 수 있다. 어린이는 생각하기와 질문하기를 위해 어떻게 모험을 감수할지 이해하게 된다. 그들은 안전한 구조하에서, 그리고 주의와 보안이 지켜지는 분위기에서 그렇게 할 수 있다는 것을 실감한다. 이러한 의미에서 어린이와 함께하는 철학은 어린이에게 시민으로서의 권리를 증진시켜 줄 뿐만 아니라 실천하도록 돕는 매우 좋은 방법이다. 어린이들이 서로 연관된 규칙에 대하여 논쟁할 때, 시민의식

은 즉각적으로 발생될 것이다. 이것은 학교의 권위가 행사되는 방식에 대하여 충분히 직접적인 도전이 될 수 있다.

서구사회는 종종 어린이의 권리에 대해 이율배반적 태도를 보여 왔다. 나는 프랑스 지방법원에서 본 커다란 포스터를 기억한다. 그 포스터에는 공화주의 시민이 되는 여러 방법이 열거되어 있었다. 그 목록의 4분의 3 정도 아래에는 프랑스 시민임을 느끼게 하는 18번째 생일을 축하한다는 내용이 적혀 있었는데, 이는 시민을 정의하는 데 모순된 태도를 보여 준다. 이것은 다른 나라와 마찬가지로 프랑스 어린이들은 아직 시민이 아님을 의미한다.

어린이와 함께하는 철학의 적절성은 추상적 형태와 비집중적 사고를 감당하기에 어린이는 발달적으로 미숙하다고 주장하는 사람들에 의하여 도전받고 있다. 그들은 그러한 추상적 형태와 비집중적 사고가 철학에 있어서 필수적이라고 믿는다. 또 다른 사람들은 어린이가 탄탄한 기본 교육을 제공받아야 한다고 주장하면서 어린이와 함께하는 철학의 적절성을 비판한다. 어린이와 함께하는 철학을 지지하는 사람들은 어린이가 철학적 탐구를 수행할 수 있다는 증거를 제시하여 그러한 도전들로부터 대처해 왔다. 이는 철학 자체의 개념을 재검토하고 재형성함으로써 부분적으로 이루어져 왔다(Kennedy, 1999; Murris, 1997). 어린이와 함께하는 철학적 탐구의 이론과 실제는 서구적 맥락에서 철학의 특성에 대하여 근본적인 질문을 제기했고, 어떤 경우에는 우리가 지식의 창출을 이해하는 것에 대한 패러다임의 이동을 제시했다.

철학적 탐구모임의 실천적 기반이 되는 집단 대화의 경험을 통하여 우리는 철학의 본래의 조건, 즉 단순히 대화로서의 철학이 아니라, 이 세상과 이 세상에서 사고하는 사람들에 관한 긴급하고 다양한 목소리를 가지며 상호 반응적인 이야기로서의 철학을 직면하게 된다.

(Kennedy, 1999: 96)

대화의 특성에 대한 연구에서 케네디(Kennedy, 1999)는 어린이의 인지유형에 관한 위니콧(Winnicott, 1971)의 견해에 대해 언급하는데, 위니콧은 어린이의 인지 양식을 전형적인 주체–객체관계에 의하여 특징짓고, 인지 양식은 외적인 일상생활과 내면적 현실에 기반한다고 보았다. 위니콧에 따르면, 어린이는 이러한 과도기적 · 잠재적인 공간에 살고 있으며, 모든 종류의 놀이를 통해 그것을 절충한다. 어린이가 익숙하지만 전문가처럼 통달하지는 못한 이 공간은 창의력과 대화를 위한 공간이 되기도 한다. 창의적이고 상상력이 풍부한 사고는 두 가지 능력, 즉 어떤 사건을 설명함에 있어 주어진 이론에 구속되지 않고 자유로이 생각할 수 있는 능력과 '다른 세상'을 구성할 수 있는 능력과 밀접하게 관련되어 있다. 사고능력의 이러한 강점은 어린이의 생활양식 및 놀이 능력과 밀접하게 관련되어 있다. 어린이의 생활양식과 놀이 능력은 철학을 할 때 무한한 가치를 가진다. 철학 기법은 기존 사건을 다시 표현하고, 다르게 될 수 있는 가능성을 상상하는 능력에 의존한다.

케네디는 철학적 탐구의 구두적 특성이 우리가 살아가고 있는 포스트모던하고 문어적 정보에 흠뻑 젖은 이 사회에서 근본적으로 중요한 역할을 한다고 주장하였다. 즉, 이상적으로 행동하는 어린이의 능력을 평가 절하하는 과거의 역사 때문에 어린이들이 정치적 약자나 무능집단으로 간주되어 왔다는 것이다. 여성, 소수인종, 극빈자와 같은 사회의 다른 집단과 마찬가지로, 어린이도 전통적으로 배제되어 왔다. 그러나 이제 그러한 위치에서 벗어나 어린이들이 철학적 사고와 탐구를 대표하는 재구성과 해체이론에 대하여 큰 기여를 할 수 있는 가능성이 충분하다.

이 책은 어린이들이 철학을 할 수 있는지의 여부에 대해서는 중요하게 다루고 있지 않다. 다만, 어린이가 자신의 질문에 보이는 반응과 그 의미와 중요성을 해석하는 것에 대한 실례를 제시할 뿐이다. 이 책에서는 어린이가 그들끼리의 철학적 탐구에 참가할 뿐만 아니라, 철학적 대화와 집단적 대화와 관련하여 성인에게도 많은 것을 시사한다고 주장한다. 이에 나는 교사와 다른 성인들이 필요로 하는 이해와 기술에 대하여 고찰하고자 한다. 이러한 이해와 기술은 어린이와 함께 철학적 공간을 열어 나가고, 교실에서 사고력을 키우고, 어린이와 성인을 위한 대화를 풍부하게 하며, 지식을 창조하기 위해서 필요하다.

제6장에서는 듣기의 방해요인과 교실에서 듣기를 가능하게 하는 조건들을 알아보고자 한다. 그리고 듣기는 그 자체가 생각하기의 형식 중 하나임을 제시하고, 여기서 다루어지는 규칙이 교실에서 실제 적용된 사례를 통해 이를 증명한다.

- 상호작용 방법에 관한 규칙을 채택하는 것은 듣기를 어떻게 돕거나 방해하는가?
- 수업이 경직된 원칙 고수로부터 벗어나 어떤 규칙으로 옮겨질 것인가?

제7장은 권위의 차별화가 교사들이 교실에서 어린이의 견해를 인식하는 데 방해가 되며, 교사는 이러한 과정을 알고 있어야 한다고 주장한다. 어린이에게 귀 기울여 듣기는 그들의 판단을 알리기 위하여 경험에 근거하고 이론화하는 능력에 대한 존중을 의미한다.

- 아이디어를 만들어 내려는 어린이의 자신감을 어떻게 독려할 수 있는가?
- 어린이가 말하는 것을 듣기 위해서 교사가 삼가야 할 행동들은 무엇인가?

제8장은 듣기와 집중의 실제적인 면을 고려하고, 어린이의 주의 집중을 발달시키며, 다양한 유형의 교실 활동에 전환을 가져올 수 있는 검증 방법 몇 가지를 기술하고 있다.

- 이완과 명상의 실시는 사고교육과 어느 정도까지 관련되어 있는가?
- 철학은 실제적 활동인가?

제9장은 우리가 철학으로 인하여 기본 가정들을 의심하고, 기본 개념을 재고할 수 있게 된 방식에 대한 논의로 시작된다. 그리고 철학적인 것과 아닌 것을 구분하는 데 있어서 주의할 필요가 있음을 시사한다. 아울러 교실에서 철학의 윤리적이고 정서적인 측면을 알아보고자 한다.

- 무엇이 철학적인지 어떻게 알 수 있는가?
- 감정은 철학을 행하는 데 있어서 어떤 역할을 수행하는가?
- 어떠한 윤리적 딜레마가 생길 수 있는가?

제10장은 어린이들이 특정 연령 시기에 토론에 참여하는 것에 ㅐ한 생각과 모든 학습이 연령 혹은 단계와 관련되어 집단별로 이루어 ㅕ야 한다는 생각에 대하여 제한적인 예상을 타파하고자 한다.

- 매우 어린 어린이도 철학을 할 수 있는가?
- 성인과 어린이가 함께 배우는 것을 포함하여 토론 시 혼합 연령 집단에 참여한다는 것이 가치 있는 일인가?

제11장과 제12장은 철학적 탐구능력 발달의 여러 가지 측 ㅕ을 제시한다. 11장은 특별한 탐구가 어떻게 주니어 클래스에서 계획 ㅓ 기간 이상으로 발전해 나가는지를 보여 주고, 그 과정을 통해 무엇 ㅣ 만들어지는지 제시한다. 12장은 교사가 탐구의 계획을 기록하는 양 ㅕ과 발달을 모니터할 방법을 보여 준다.

03

탐구와 대화를 통해 가르치기

제6장

듣기를 격려하기

듣기는 교육현장에서 중요한 역할을 담당한다. 교사는 어린이에게 귀 기울여 듣는 것뿐만 아니라, 어린이가 교사들의 말을 듣도록 격려하는 창의적 방법을 찾기 위해 열심히 노력한다. 이탈리아 철학자 코라디 피우마라(Corradi Fiumara)는 다음과 같이 주장하였다. "만약 듣기가 수용적이면서 비판적이고, 신뢰성이 있지만 자신감은 결여되어 있고, 참을 수 없지만 동시에 위안을 주는 것과 같이 상반된 특징들을 겸유하고자 한다면, 철학적 작업은 '노력'이다. 이러한 더 이상 감할 수 없는 대비의 공존이야말로 철학이 닻을 내려야 할 강점인 것이다." (1992: 90)

초등학교 질의탐구 동호회 회원인 9세의 바네사는 어린이들의 의견을 편견 없이 듣는 선생님들에 대한 욕구를 알고 있다. 바네사는 그러한 인식을 다음과 같이 표현하였다. “나는 생각하기를 정말로 좋아하고 나의 생각을 다른 사람들과 나눌 수 있기 때문에 철학을 좋아해요. 하지만 집에서는 그렇게 할 수가 없어요. 식구들이 내가 하는 이야기를 곧이곧대로 듣지 않으려고 하니까요.” 우리는 듣기를 가능하게 하는 조건들에 대해 충분히 알지 못한다. 따라서 대화를 통하여 질의탐구를 격려하고자 할 때 그러한 조건이 무엇인지 찾도록 노력해야 한다. 듣기는 상당한 노력을 필요로 할 수 있다. 듣기는 구체적인 과정이나 말을 듣기 위해 신체의 청각기관을 활용하는 것에 그치지 않는다. 그것은 해석의 문제가 아니다. 간혹 다른 생각에 빠져 있는 동안에도 우리는 듣는 척하는 경우가 있다. 심지어 듣기에 모든 주의를 집중하려고 노력할 때도 우리는 선택적 듣기를 할 수밖에 없으며 들리는 것에 대하여 여러 가정을 한다.

우리는 듣는 행위와 관련된 모든 활동에서 자신의 견해를 끌어내어, 말하는 사람의 의도 위에 자신의 의견을 투영한다. 어린이의 권력이 약하고 성인보다 잘 알지 못한다고 간주되는 교실에서는 듣기, 그리고 듣기와 관련된 많은 부분을 교사가 조절한다. 화자가 서 있는 자세와 권위는 그 목소리가 전해지는 범위에 영향을 미친다. 어린이가 포함된 권위의 문제와 관련된 조사를 살펴보면, 어린이는 담화에서 보통 자신에게 허락된 것보다 더 큰 권한과 통제력을 필요로 한다는 것을 알 수 있다.

대다수의 사람들은 쓰는 것보다 말하는 것이 더 쉽다고 알고 있다. 구두로 의사교환할 수 있는 능력과 읽고 쓰는 능력 간의 차이는 어린이가 글 읽는 능력을 획득하는 초기 단계에서 더욱 중요하다. 교실에서 벌어지는 토론은 쓰기 작업에서 나타나는 것과는 다른 학생들의 생각과 이해를 보여 준다. 이는 많은 교사들이 매주 연장 토론을 위한 시간을 마련하는 것이 중요하다고 믿는 이유다. 형식적인 쓰기 작업이 필요 없는 정규시간 수업은 말하기와 듣기의 지위를 높여 주고, 그 자체로서 지식과 이해를 발달시키는 가치 있는 수단이라는 것을 확인하는 데 도움을 준다.

1. 선택하는 어린이

주 단위의 수업 시간표에서 토론을 위한 시간을 배정하고 어린이 스스로 토론의 초점과 방향을 선택할 수 있게 하는 것은 어린이의 참여를 독려하는 데 도움이 된다. 이것은 추진력을 가진 어린이들이 동기를 선택하고 자신의 경험을 바탕으로 토론에 기여할 수 있는 기회를 증가시키며, 그 결과 어린이에게 더 큰 권력을 부여하게 된다. 철학적 질의탐구가 재미있는 이유를 말할 때 어린이들은 '실험적인 방법으로 말하는 것이 허락되는 것만으로도 매우 좋다.'고 보고한다. 이러한 기회가 확립되었을 때, 어린이들은 그것을 열렬히 고대하고, 토론 주제를 제시하거나 특히 활발한 논쟁의 초점이었던 주제를 다시 다루기를 요청한다. 어린이가 자신이 선택한 주제에 대하여 탐구할 때, 논쟁의 흥분이나 감동은 분명하다. 예를 들면, 용이 실제로 존재하였는지, 동물들이 어떻게 의사소통하는지, 미래의 부활을 위해 인간의 신체를 얼리는 행위의 의미가 무엇인지, 우리가 꿈꿀 때 어떻게 꿈꾸는 것을 알아채는지 등에 대해 토론할 때 그러한 감동과 흥분을 느낀다.

철학 수업에 온 지 얼마 안 된 한 소년은 다음과 같이 말하였다. "철학이 좋은 이유는 감정을 이완할 수도 있고, 말하고 싶은 것을 있는 그대로 말할 수 있기 때문이에요. 무엇보다 자신의 감정을 표현할 수 있다는 사실이 참 좋아요." 역시 최근에 다른 학교에서 온 그 소년의 친구도 다음과 같이 덧붙였다. "새로운 무엇인가를 배우는 것은 재미있어요. 웃고 있는 사람이 한 명도 없더라도 이야기할 기회도 가질 수 있고요." 사람들이 철학 시간에 다른 사람의 질문이나 언급에 대해서는 왜 웃지 않냐고 질문을 하자 첫 번째 소년은 다음과 같이 대답했다. "아무래도 사람들이 모두 긴장을 하고 있기 때문에 웃지 않는 것 같아요. 감정이 이완되어 있을 때는 남의 말을 듣는 것이 훨씬 쉽거든요." 이러한 언급에서 알 수 있듯이, 어린이가 긴장을 푼 채로 자신의 생각과 감정을 자유롭게 탐색하고, 질의탐구를 할 수 있도록 독려되는 상황들이 아주 특별한 경험이라고 대답하는 것은 놀라운 일이다. 이러한 어린이들의 견해는 학교의 시간표 배정에서 이러한 활동을 위한 시간을 적당히 할애하는 것이 얼마나 시급한지를 보여 준다.

어린이와 함께하는 철학적 질의탐구는 듣기가 교사와 학생들 모두에게 얼마나 어렵고 복잡한 것인지를 잘 보여 준다. 적극적인 듣기의 과업은 인지적 · 정서적 확장을 자극한다. 탐구가 성숙한 공동사회에서 그 집단의 회원은 내면의 목소리를 교육시킨다. 그들은 점점 인간 내면의 대화에 빠져들게 된다. 스스로를 성찰하고 심사숙고하는 것은 또래 및 동료 간의 협동적인 사고와 토론에도 긍정적인 영향을 미친다.

2. 듣기와 토론을 지원하는 규칙의 수립

많은 교실에서 토론을 위한 규칙은 안내, 격려와 지도 대신 금지와 제한으로 요약된다. 멈추고, 기다리고, 권위자의 지시에 따르는 것은 지나치게 자주 강조된다. 규칙은 공정함, 수용, 인정 및 타인의 바람에 양보하기 등의 개념을 포함한다. 잘 이야기하려면 어떻게 해야 하는지, 좋은 대화가 좋은 사고력을 어떻게 증진시키는지에 대한 충고는 훨씬 드물다. 민주적 토론을 증진시키는 규칙의 발달을 격려하기 위해서 무엇이 필요할까?

그중 하나의 시작점은 시행되고 있는 규칙이 모두에게 얼마나 유용한지를 살펴보는 것이다. 삶이 간단하고 명백한 무엇으로 시작된다고 보는 규칙은 결국 부담스럽고 불필요하게 복잡한 것이 되어 버린다. 발전하는 집단은 개인의 필요에 부응하고, 질의탐구의 다양한 유형에 부합하는 방법을 배우게 된다. 어린이도 새로운 친구들에게 그들의 규칙을 명확히 설명하고, 교사들이 시키지 않아도 자신의 언어로 그 이유를 설명할 수 있다. 함께 토론해 나가면서 현재 규칙의 제한적 단점들을 집단이 인식하게 되며, 오래된 규칙이 집단의 효율성을 제한하기 시작하면서 새로운 규칙을 만들 필요성이 대두된다.

어린이와 협동하는 초기 단계에서 교사는 듣기의 절차적인 원리와 그것을 위한 조건들에 대해 많은 관심을 갖게 된다. 각 수업은 질의탐구를 수행하기 위한 나름의 안내 규칙을 마련할 것이다. 규칙의 목록에는 얌전히 앉아 있기, 조용히 하기, 방해하지 않기, 순서를 지키기, 말하기 전에 한 손 들기 등의 지시사항이 들어 있을 것이다. 〈글상자 6-1〉은 그러한 규칙의 전형적인 예를 보여준다. 이러한 규칙은 대집단에서 토론을 위한 최소한의 조건을 설정하는 데 도움을 준다. 특히 사람들이 집단적 질의탐구와 심사숙고하는 것에 익숙하지 못한 경우에 더욱 그러하다. 교사가 어린이에게 교실 규칙에 대하여 제안해 보라고 할 때, 어린이도 이미 성인의 규칙을 잘 알고 있을 수 있다. 즉, 교사가 자주 그렇게 하듯이, 하지 말아야 할 것을 금지와 제한의 용어로 표현한다. 예를 들어 안달하지 말 것, 옆 사람에게 속삭이지 말 것, 맹세하거나 거칠

〈글상자 6-1〉 질의탐구 집단의 수행초기 단계에 만들어지는 기본 규칙

- 소리 지르지 말기
- 다른 사람이 이야기할 때 가로채지 않기
- 맹세하거나 거친 말 쓰지 않기
- 참을성 있게 순서를 기다리기
- 자신을 제어하기
- 귀와 눈과 마음을 사용하여 주의 깊게 듣기
- 움직이지 않기

게 굴지 말 것 등이 있는데, 어린이가 왜 이 규칙을 지켜야 한다고 생각하는지 알아보는 것은 교육적으로 도움이 된다.

이는 철학적 질의탐구와 집단행동의 역동적 측면을 설명하는 데 풍부한 자료를 제공한다. 가령, 순서 지키기를 격려하는 이유에 대해 탐구하기를 시작한 토론의 경우, 어린이들은 순서를 기다리는 동안 생각을 마음속에 붙잡고 있는 것이 어렵다는 것으로 주제를 옮겨 갔다. 어린이들은 이에 대해 "마음이 붙잡을 수 있는 생각의 수는 한계가 있나요?" "생각은 어떻게 생겼을까요?" "생각을 잊었을 때는 어디로 가야 하나요?" "마음속에 빈 공간이 있을 수 있나요?"라고 질문했다.

토론 집단의 초기 단계에서 각 세션이 시작될 때, 어린이에게 규칙과 안내를 상기시키는 것은 유용할 수 있다. 집단은 각각의 상황에 대해 한 가지 특정한 규칙을 고수하기 위해 노력할 수 있다. 또 다음과 같은 시도를 위해 노력하는 것도 선택할 수 있다. 어린이의 생각을 설명하기, 그 이유를 제시하기, 이전 화자로부터 이어받아 이야기하기, 다른 사람들의 요점과 연결하기, 자신에게 요구된다고 생각되는 행동들의 세부적 사항을 이야기하기 등을 권유할 수 있다.

또 어렵다고 생각한 것이 무엇인지 이야기하도록 권유할 수 있다. 교대로 생각하기는 탐구하기의 좋은 일례다. 교대로 하기는 서로서로 생각을 이어 가도록 하는 상황에서는 이상할 수 있다. 로지는 자기가 이야기하려고 할 때, 팀이 손을 흔들어서 주의 집중을 방해한다고 불평한다. 그 집단은 누군가 이야기할 때 손을 올려서는 안 된다고 결정을 내리게 된다.

많은 문화에서 수업시간이나, 공식적 회의에서 발언하고 표시하기 위해서는 손을 들어야 한다는 교실의 전통이 존재한다. 어린이는 이러한 전통적 한계들을 곧 알게 되고 한계에 대해 자주 말한다. 손을 들고 있으면 팔이 아프기 때문이다. 무의식적으로든 악의적으로든 옆 학생 머리를 쳐서 주의를 산만하게 한다. 그리고 자신의 차례가 왔을 때 말하고자 했던 것을 잊어버리게 된다.

공개 발언을 하기 전에 주장을 과다하게 연습하는 것은 혼란의 큰 원인이 된다. 성인이나 어린이 모두 그 모임에 대한 자신의 기여도에 대한 생각에 과하게 빠져들 수 있다. 또 자신의 순서에 대한 생각으로 주의가 흐트러져서 다른 사람들의 발언을 듣는 것을 잊게 된다. 결국 주장하고자 하는 것은 서로 연결되지 못하고, 토론은 일관성이 없어진다.

순서 지키기를 너무 엄격하게 준수하는 것은 바람직하지 않다. 그럴 경우 활발하고 발전하는 대화가 되기보다 토론이 개별적인 반응의 연속으로 존재하게 되고, 그 반응들은 교사나 의장을 통하여 진행된다. 이러한 토론은 여러 '마음들'의 단순한 '합'이 아니다. 따라서 구성원이 채택된 과정을 잘 이해하였는지를 확인하는 것이 중요하다. 사람들은 그것들을 유효한 안내로서 순순히 받아들일 필요가 있다. 현재의 규칙이 일시적이라는 것은 금방 분명해질 수 있다. 집단은 규칙을 만들고 준수하며 대체하는 활동과 관련된 문제들을 탐구함으로써 성장할 수 있고, 더 수준 높은 토론을 전개할 수 있다.

어린이들은 순서 지키기와 손들기가 자신들의 집단에 대하여 문제가 된다고 결정하였다. 그렇다면, 누가 다음 순서인지는 어떻게 알 수 있을까? 어린이들은 교사에게 발표자 목록이 잘 보이게 해 달라고 요청할 수 있다. 그러나 여전히 급작스럽고 긴박한 아이디어는 기다릴 수 없다는 문제가 남아 있다. 한두 명의 자신감 넘치고 똘똘한 참가자들이 그 집단을 지배하지 않도록 하면서, 이러한 문제들을 어떻게 다룰 수 있을까? 만약 우리가 물건을 건네주는 것처럼 토론에서 발언권을 건네주는 방법을 채택한다면, 우리 중 일부는 다른 사람보다 친구에게 호의를 베풀고 싶은 유혹을 느낄지도 모른다. 교사는 다음에 일어나는 대화의 방향을 알기 위해서 특별한 신호가 있어야 한다고 제안할 수 있다. 교사는 회의 중간에 끼어드는 절차에 대해 어린이들에게 설명한다. 어린이는 레드카드를 사용하는 것을 좋아하고, 이 카드는 모두에게 한 장씩 주어진다. 그 카드는 세션 중 한 번만 사용할 수 있고, 모두에게 한 장씩 주어지며, 사용 후에는 반드시 반납해야 한다.

레드카드를 사용할 경우 어린이에게 진행 순서를 바꿀 수 있는 선택권을 주는 것만으로도 더 큰 자유를 줄 수 있다. 동시에 참가자 각자가 하고 싶은 말이 레드카드에 해당되는지의 판단에 대해서 책임감을 두 배로 느끼도록 한다. 새로운 것을 좋아하는 학생들의 특성 때문에 교사는 처음에 레드카드가 마구 쏟아질 것으로 예상하였다. 그러나 실제로는 단 한 명만이 레드카드를 사용하였다. 그 집단의 어린이들은 레드카드가 적절하게 사용되었다고 동의하였다. 샌디는 어느 시점에서 자신의 카드를 들어 올렸다. 그리고 머뭇거리다가 "사실은 그렇게 급한 것은 아니에요. 제 마음을 바꿔도 되죠?"라고 이야기했다.

어린이는 그들 자신의 질문을 탐구할 수 있는 기회가 늘어나게 되면, 자신의 아이디어를 앞세우는 기회를 양보하기도 한다. 또한 새로운 규칙에 의하여 제공되는 공간의 장점을 활용하려고 애쓴다. 이러한 단계에서는 경청하는 기쁨이 자신의 말이 경청되어야 한다는 필요성보다 하위에 놓인다. 어린이는 토론의 자유에 더욱 익숙해짐에 따라 급하게 말하는 일이 줄어들고, 서로 경청하는 여유를 가지게 된다. 그리고 참가자들은 이러한 토론 방식에 익숙해지고, 서로 의존하고 협동적이 되며 당면한 질문에 몰두하게 되어, 각각의 예와 반례가 고려되고 비중이 결정된다.

암탉이 네모난 달걀을 낳을 수 있는가의 문제는 어린이들이 다른 모양의 달걀들을 목격함으로써 매력적인 문제가 된다. 많은 어린이가 농장에 산다. 그들은 특이하게 생긴 달걀이 있다는 것을 증언할 수 있다. 이 시점에서 각 개인이 경청되어야 할 필요성은 당면한 의문에 관한 집합적 매력보다 하위에 놓이게 된다. 그 전이는 일시적일 수 있으나, 굉장한 기쁨과 만족을 초래한다. 보다 규제적인 토론이 교실에서 사라져 갈수록, 질의탐구는 점점 놀이 이상으로 흘러간다. 테리는 "이런 철학은 하루 종일이라도 할 수 있어요."라고 말하였다.

규칙에 대한 숙려는 그 가치를 보여 주고, 엄격한 규칙준수의 필요성을 감소시킨다. 아동들이 규칙의 사용법을 정기적으로 검토할 때, 아동들의 성공적 사용 사례에서 발전이 나타나는 것으로 보인다. 또 더 어린 아동들에게 규칙을 나타내는 그림 표지를 포스터에 그려 전시할 수 있다. 이는 토론 중 규칙을 상기시키는 데 도움을 준다. 귀 그림은 경청하기를 표시하고, 손 그림은 순서 지키기를 표시한다. 매우 어린 아동들과 함께 철학하기에 관한 스탠

[그림 6-1] '윌리와 함께 휘파람을 불며' 토론에 따른 에나의 반응

〈글상자 6-2〉 질의탐구에서 순서 지키기에 대한 어린 아동들의 평가적 언급

'엄청나게 조용히 있기'

'다른 사람이 이야기할 때 바라보기'

'이야기를 놓칠 수 있으므로, 이야기 도중 화장실에 가지 않기'

'난 오늘 아주 잘 경청했어요.'

'우리는 조용히 앉아서 서로의 이야기를 경청함으로써, 그 문제를 풀 수 있었어요.'

'난 많이 배웠어요. 휘파람도 불 줄 안다니까요(Ezra Jack Keats(1977)의 『윌리와 함께 휘파람을 불며(*Whistle with Wille*)』 이야기를 들은 후에).'

리(Stanley, 2004)의 저서에는 이러한 과정에서 어린이들의 참여를 지원하는 실제적인 제안들이 포함되어 있다.

토론이 끝날 때쯤, 어린이들에게 어렵거나 유용하다고 알게 된 것들에 대하여 언급하도록 권유해 본다. 자신들이 잘 해냈다고 느낀 것, 배운 것들에 대하여 말하도록 격려한다. 이러한 활동을 함께 한 지 몇 주만 지나면, 5~6세 어린이들이 질의탐구에 대한 다양한 평가적 언급을 하는 것을 볼 수 있을 것이다(〈글상자 6-2〉와 [그림 6-1] 참조).

어린이들은 자신을 위하여 교사가 설정한 행동과 언어를 알아차린다는 명백한 증거가 있다. 어린이들의 관심사에 대해 이야기한 후, 교사는 어린이들이 철학에 관한 토론에서 무엇을 배웠는지 알고 싶어 했다. 교사는 "여러분은 각자의 생각이 얼마나 다른지 알게 되었어요." "내가 말을 많이 하죠."라고 말하였다. 이때 교사의 대답을 듣고 한 6세 어린이가 교사의 역할에 대해 통찰력을 보여

줬다. "하지만 선생님, 선생님은 우리가 토론을 어떻게 해야 할지, 이야기해 주셔야 해요." 어린이들은 이처럼 교사가 질의탐구 내로 끌어들인 목적과 과정을 상당히 잘 알고 있다. "나는 동의와 반대에 대해 잘 알게 되었어요. 전에는 그런 말을 잘 안 썼어요." "나는 조용히 생각하는 법을 배웠어요." "마음을 가라앉혀요." "다른 사람들이 제가 생각하는 것을 도와주었어요."

교실의 규칙은 어린이의 관점에서는 어떻게 보일까? 고학년 아동들은 교실 내 행동규범들을 지키기 위해 매일 들여야 하는 노력에 대해 너무 잘 알고 있다. 철학적 질의탐구에서 규칙을 보완하고 검토하는 시도는 어린이에게 이러한 노력의 현실적인 면들을 부각시켜 준다. 왜냐하면 규칙 그 자체가 질문의 대상으로 열려 있기 때문이다.

테리는 한 번 낄낄거리기 시작하면, 멈추기 힘들다는 것을 알기 때문에 낄낄거림을 참는 어려움에 대해 생생한 토론을 시작하였다. 학창 시절 친구들로 인해 당장이라도 웃음이 터져 나올 것 같았던 경험이 없는 사람이 있을까? 테리는 이런 상황을 오줌보가 넘쳐흐르는 것으로 묘사하였다. 모든 어린이들은 테리의 이러한 은유를 제대로 이해하였다. 그의 학급 친구들 역시 자신들에게 일어났던 예들을 재빨리 이야기하였다. 어린이들은 이러한 종류의 웃음이 주는 기쁨과 불안의 잠재적 발생 가능성에 대한 인식 사이에 갈라져 있었다. 우리는 때때로 그 기쁨이 승리해야 한다는 것에 동의했지만, 경우에 따라서는 본능의 이끌림에 저항할 필요가 있다는 데도 동의했다. 그들은 중요한 무엇인가를 이야기하려고

하면, 급우들을 당황하게 만들거나 화나게 할 수 있다는 것을 알았다. 뿐만 아니라 웃음을 촉발한 급우를 놀리는 것은 친구를 괴롭히는 일이라는 것도 알게 되었다. 어린이들은 자기제어가 필요하다고 생각하게 되었고, 그것을 적용하는 실제적인 팁들을 교환하였다.

어린이의 경험이 늘어날수록, 또 집단의 발전과 그들 자신의 발전을 살펴볼 수 있게 허락될수록 어린이는 자신의 목표를 더 잘 알아차릴 수 있다. 데비는 자기제어를 키우고, 이를 꾸준히 할 수 있도록 지금보다 더 잘 배우고 싶다고 말한다. 리함은 집단토의를 위해 질문을 선택하는 다양한 방식이 무척 흥미로웠다고 말한다. 앤드루는 그동안 자신에게 동의하지 않는 타인들의 감정과 싸워 왔다. 그는 자신의 생각이 도전받을 때 눈물을 흘렸고, '자신의 침묵 제어하기'가 목표가 되었다. 비록 그가 제어하고 싶은 것이 그의 감정이라고 보이지만 말이다. 앤드루의 걱정은 종종 간과되는 집단토론의 차원을 부각시킨다. 집단 내 개인들의 감정적 요구사항은 연령과 인성에 따라 다양하다. 모든 성공적인 집단의 성과의 일부는 그 구성원의 감정적 요구사항을 탐색하는 것이다. 이러한 성과는 상호존중과 공통된 신뢰의 분위기에서 이루어질 수 있다.

제7장

어린이의 생각을 존중하기

어린이의 관심사와 질문에 의해 진행되는 토론을 위한 교육과정을 만들 필요성이 있는 것처럼, 토론에서 개개인의 기여도를 다루는 것을 주의 깊게 생각할 필요가 있다.

다른 어린이가 자신의 의견에 동의하지 않는 것에 대해 어린이들은 우리 모두가 '비웃음받지 않기를' 바란다는 것을 보여 준다. 2장에 설명된 어린이들의 조언은 교사에게 발언하는 각 어린이들에게 적절한 시간을 허락할 필요성을 강조한다. 우리는 생각할 시간, 말하고자 했던 것을 기억하는 시간, 생각을 적절히 표현할 말을 찾아내는 시간이 필요하다. 이것은 새롭거나 논쟁적이고, 민감한 영역을 탐구할 때 특히 맞는 말이다.

어린이들은 수용의 필요성에 대해서도 이야기한다. 이는 많은 어린이가 수용을 통해 의사표현을 하는 것이 안전하다고 느끼기 때문이다. 특히 일시적이고 불완전한 생각을 추진하고자 할 때 그렇다. 데비는 "친구에게 생각할 시간과 선생님에게 설명할 시간을 주세요. 말하는 데에는 더 긴 시간을 주세요."라고 제안한다. 애나는 어린이들에게 말할 기회를 주어야 한다는 것, 그리고 '그것에 대해선 말 안하는 편이 좋겠다.'는 생각이 들게 하는 상황은 피해야 한다는 것을 일깨워 주었다.

철학적 질의탐구에서 이러한 수용의 개념은 더욱 확장된다. 그것은 토론에서 제시된 의견이 어떻게 받아들여지는지와 관계 있다. 자신이 제시한 의견이 유효하고, 관계 있고, 가치 있게 보일까? 아니면 어리석거나 논점을 벗어나는 것으로 보일까? 성인은 어린이들의 인식론상의 권위를 어느 정도까지 인지할 수 있는가? 어떤 것이 관련되어 있다고 판단하는 것은 항상 교사의 몫인가? 성인이 어린이보다 더 잘 알고 있는 것이 아니라면, 어린이와의 토론에서 이것을 어떻게 다룰 것인가?

논리 전개에 있어서 낙오 가능성에 대한 수용은 근본적으로 중요하다. 이는 오류를 인정하는 마음가짐과 다른 사람이 생각하는 관점의 장점을 보는 능력을 포함한다. 그리고 세상에 대한 호기심, 타인의 생각과 아이디어에 대한 존중, 반대에 직면했을 때의 용기의 유지, 틀리거나 소수 의견을 가지거나 생각을 바꿀 수 있는 여유 있는 태도 등에 의해 더 잘 발현된다. 토론에서 진행자가 이런 태도를 보인다면, 어린이들은 그 혜택을 기꺼이 즐긴다. 또한 어린이들은 결말이 열려 있는 질의탐구에서 제공되는 자유로운 감각을 좋아한다.

어린이들은 토론에서 자유로운 보호장치가 주어졌을 때, 더욱 즐겁게 행동하고 탐구적인 태도를 취하며 새로운 생각을 시도하는 경향이 있다. 질의탐구의 모임에서 협력자들은 토론이 진행됨에 따라 조리법을 만들어 가야 한다. 그들은 항아리에 이것저것을 던져 넣고, 무엇이 만들어지는지 살펴봐야만 한다. 퀸(Quinn, 1977)은 교사들의 극적인 변화, 표현의 절제와 경제적 사용이 교실 토론의 특징임을 확신할 필요성에 대하여 특유의 달필로 저술하였다. 또 피해야 할 상황은 쉽게 발생하는데, 그것은 어린이들이 교사가 무슨 생각을 하고, 토론 내 사고를 어디로 몰고 가고 싶어 하는지 알려고 노력하는 것이다. 철학적 질의탐구는 지적인 엄밀성뿐만 아니라 모험심과 깊이 있는 감각을 유지할 필요가 있다.

1. 테디베어의 움직임

4~7세반의 어린이들은 테디베어의 모험에 관한 비디오를 시청한 후, 그 이야기를 시작으로 토론을 하였다. 몇 명은 장난감 곰이 걷고, 기어오르고, 머리를 움직이는 것이 이상하다고 말하였다. 또 테디베어는 보통은 움직이지 않는 것이라서 이상하다고 했다. 4~5명의 어린이들이 이에 동의했다. 몇 분 동안은 어린이들의 만장일치가 있는 것으로 보였다. 어린이들은 장난감이 움직일 가능성을 부인하였다. 그런데 갑자기 애나가 다른 의견을 꺼냈다. "나

는 앤디의 의견에 동의하지 않아. 우리가 방을 나갔을 때 테디베어가 움직일 수도 있거든." 그러자 다니엘이 애나의 의견에 끼어들었다. "그건 실제가 아니야. 비디오일 뿐이야."

여기서 교사는 어떤 반응을 보여야 할 것인가? 애나와 다니엘 모두 이후의 이야기를 만들어 가는 씨앗이 될 수 있는 요점을 제시하였다. 하지만 다니엘의 어투는 약간 거부적이다. '비디오일 뿐'이라는 표현은 더 이상의 설명을 수용하는 열림이라기보다 닫힘을 의미한다. 이에 교사는 다음과 같이 물어볼 수 있다. "무엇이 실제인지 어떻게 알 수 있을까?" 다니엘의 의견은 보류하기로 결정되었다. 그리고 애나에게 이야기를 더 해 보라고 격려하였다. 교사의 중재에 따라 애나는 덧붙여 말했다. "내 생각에는 그것은 매우 당황스러운 거예요. 왜냐하면, 우리가 방에 있을 때 테디베어는 움직이지 않기 때문이죠." 애나는 '테디베어가 자신이 움직이는 것을 우리들이 알아차리는 것을 원하지 않기 때문' 이라고 했다.

다시 말해 애나는 다른 어린이들로 하여금 어떤 곳에 놓인 장난감을 나중에 다른 곳에서 찾게 된 사례에 대해 보고하도록 격려하고 있는 것이다. 일관성 있는 토론이 진행되는 도중에 어린이들은 장난감이 움직이는 사건과 그에 대한 설명과 그 반례 사이에서 서로 다른 의견을 주고받는다. 토론의 요점은 더 이상 교사에 의하여 그 방향이 정해지지 않고, 대화는 물 흐르듯이 진행된다. 이런 현상은 어린이들이 자신의 경험에 대해 말할 기회가 주어졌을 때 발생한다. 어린이들이 물건을 둔 곳에서 물건을 못 찾는 경험에 대하여 말할 때, 교사는 어린이들이 이를 의아해한다는 것을 알 수 있다. 어른들은 어린이의 공간으로 정해진 곳에서도 어린이의 물건을 종종 치워 버리곤 한다. 애나의 발언으로 인하여, 토론 집단 어린이들은 사물이 겉으로 보이는 것처럼 '조용하지' 않을 수도 있다고 생각하게 되었다. 애나의 의견은 질의탐구에서 열린 가능성을 제시하여 숙고와 논쟁을 증진시킨 계기가 되었다.

이 실례는 아직 종결되지 않았다. 토론은 보이는 것과 실제의 설명으로부터 움직인다. 그 설명에서는 무엇이 실제이고 아닌지에 대한 다니엘의 언급이 중요한 역할을 한다. 이제 비밀스럽게 움직이는 테디베어의 의도를 그럴듯하게 조사한다. 장난감 곰이 움직이는지에 대한 의문을 처음으로 던졌던 린다는 이제부터 테디베어를 주의 깊게 지켜보겠다며 토론 집단의 친구들에게 알린다. 린다 역시 이 토론에서 많은 영향을 받았다.

이 에피소드를 교사들과 관련지어 설명해 보면, 애나의 요점을 끌어내는 교사의 지혜에 대해 의문이 든다. 자신을 과학도라고 말하는 한 교사는 두려움을 표현하였다. 그는 자신이 확신하지 않는 방법을 통해 어린이가 사물의 진리를 배우는 상황을 고려할 수 없었다. 어린이들에게는 실제로 사실인 것을 이야기해 주어야 한다(과학도인 교사의 생각). 이것은 그 자체로서, 교사가 고려해야 할 철학적 문제다. 어린이들이 생각에 직면했을 때 교사는 감정에 치우치거나 폐쇄적 태도를 취하는 두 가지 위험을 모두 피해야 한다.

2. 토론의 질을 높이기 위해 무엇이 필요할까

린다처럼 참가자가 의견을 바꾸는 것은 경청하기의 건전한 신호이자 대화를 이끌어 내는 힘의 신호이기도 하다. 대체적으로 어린이는 성인보다 마음을 바꾸는 것에 대해 걱정을 덜 한다. 이는 자신의 의견을 바꾸는 것이 나약함의 표시이거나 자신의 위치를 지키지 못하는 무능으로 간주되지는 않는다는 것을 의미한다. 오히려 이것은 토론 참여에 의한 자연스러운 결과다. 자신의 생각을 바꿀 수 있는 이러한 개방성과 자발성은 환영받아야 마땅하다. 이로써 새로운 지식과 이해가 발생할 수 있기 때문이다. 물론 위험도 뒤따르기 마련이다. 어린이는 외부 영향과 설득에 특히 취약하다.

교사는 어린이가 토론에 부적절한 영향을 주는 주장을 고집할 수 있음을 주의해야 한다. 퀸(Quinn, 1997)은 '도발적 역할'을 활용하여 어린이를 가르치는 시도를 택한 것으로 알려졌다. 그 목적은 어린이가 저항을 연습하고, 설득하려고 제시하는 생각과 겁을 주는 성인의 관점을 거부하는 방법을 배우도록 돕는 것이다. 퀸의 접근방법은 어린이가 논리성을 갖추고 압력을 받으면서도 비판적 자세를 유지하도록 가르치는 것을 포함한다. 그것은 저항과 용기, 철학적 탐구에서 추구되는 유연성을 결합한 것이다.

어떤 집단에서든 다른 사람보다 목소리가 큰 사람이 있기 마련이며, 때로는 어린이들 스스로 어느 정도의 과묵함을 지키려 할 때 토론이 더욱 즐거워지기도 한다. 이러한 현상은 한 어린이가 "난 데이비드가 생각하는 것을 알고 싶어요."라고 말하였을 때 일어났다. 어떤 어린이는 집단 전체 앞에서 자세히 혹은 길게 이야기할 준비가 될 때까지 오랜 시간이 걸릴 수도 있다. 나는 한 소녀가 도도하게 자신의 여동생에 대해 '정말로 말을 많이 안 해요.'라고 말했던 것을 기억한다. 이는 어느 정도의 시간까지는 사실인 것으로 보인다. 그러나 4년의 시간이 흐르는 동안 그 말 없는 여동생은 자신감이 넘치게 되었고, 철학적 질의탐구에서도 명확하게 자신의 의견을 말하게 되었다. 요컨대 잠자코 조용히 있는 것도 토론에 참가하는 한 가지 방법이다.

다른 한 소녀도 꽤 오랫동안 조용히 있었다. 처음 이야기할 때 그 소녀는 자세하면서도 분명하고 힘 있게 이야기하였다. 그동안 그녀는 자신의 생각들을 내부적으로 흡수하고 논쟁을 벌여 왔음이 분명하다. 그녀가 마지막으로 말할 즈음에는 나머지 급우들은 전례 없이 주의를 기울였다. 모두가 그녀가 말하고자 하는 것에 흥미를 보였다. 토론에서 어린이들이 다양한 대화 주제를 정리해 가며 다룰 수 있음을 보여 준 것은 놀라운 일이었다. 예를 들어, '젬마가 말한 것으로 돌아가면…….'과 같은 표현을 듣게 되는 것이다.

3. 침묵을 위해 무엇이 준비되어야 할까

나만의 세상에서 저 멀리 간다면, 조용하고 아주 좋아요. 아무도 나를 방해하거나 성가시게 하지 않아요.

(캐롤린, 8세)

눈을 감고, 어딘가로 가라고 할 때 아주 좋아요. 난 그냥 뒤로 기댄 채 어딘가로 가면 되죠. 놀이 집단에 있었던 때로 돌아가는 것처럼 말이죠. 특히 아주 조용한 곳 어딘가에 있을 때가 정말 좋아요.

(크리스트리, 9세)

어린이들은 대체로 시끄럽고, 경청하지 못하고, 끊임없이 움직인다고 생각되기도 한다. 어린이들의 경우, 특히 주의 집중 시간이 확실히 짧다. 이는 가끔 고정된 발달 특성으로 제시된다. 그러나 놀고 있는 어린이들의 주의 집중을 2~3분 혹은 10분 이내로 제한하려는 발달 기반의 주장들이 틀렸다는 것은 쉽게 알 수 있다. 어린이와 성인 모두에게 결정적으로 중요한 관건은 당면한 활동에 대한 개인의 관련성의 정도다.

5세, 6세, 10세 어린이도 철학적 질의탐구에서 그들 자신의 질문에 대하여 토의할 때에는 주의 집중하고, 토론에 관련됨을 유지하는 데 거의 어려움이 없다. 생각과 말하기에 연관되어 있는 동안 어린이들은 오랜 시간 동안 앉아 있는다. 점심이나 놀이 시간 때문에 토론을 멈추어야 할 때는 종종 '아' 하는 실망을 나타내기도 한다.

유창함과 주의 집중이 늘어나는 것은 순수한 대화가 진행되고 있음을 나타낸다. 이를 위하여 교사는 이륙점을 인식하고, 계획된 구조나 방향을 밀어붙이기보다는 토론이 자연스럽게 진행되도록 하는 법을 배워야 한다.

4. 경청하기의 지표

교실에서 경청하기를 방해하는 것으로 보이는 여러 요인들이 있다. 강압적인 교육체계하에서는 어린이가 경험하는 권력의 불균형을 인식하지 못하기 쉽다. 교사는 다른 교육 및 학습환경에 시간을 할애함으로써 불균형에 주의를 기울일 수 있다. 어린이는 토론에 열악한 환경, 틀리거나 다르거나 놀림받을 수 있다는 예상으로 인해 두려워하고 허약해질 수 있다. 교사는 자신도 모르게 평가를 지나치게 강조할 수도 있고 완벽한 발언만이 받아들여진다는 인상을 줄 수도 있다. 시간의 부족과 교과의 과잉에 대한 인식 부족은 교사들에게 문제를 불러일으킨다. 관련성의 경계를 너무 경직되게 정하면, 토론 기회가 제한될 수 있다. 협소한 교육과정의 목표는 대화를 통한 양질의 의견교환과 발달을 방해한다.

성인들이 이러한 제한점들의 일부를 극복하고자 한다면 많은 영역에서 실천을 늘려야 한다. 첫째로, 우리는 어린이의 생각에 신뢰를 표시하여야 하고, 그들 자신의 이해와 경험에 대한 권위를 믿어야 한다. 또한 우리는 어린이가 말하는 것을 경청할 준비가 되어 있어야 한다. 우리는 어린이에게 대화를 위하여 교실에서 더 좋은 조건을 만들 힘이 있다는 것을 그들에게 인식시켜 주어야 한다. 이로써 대화를 위한 여지를 만들 수 있고, 열린 마음으로 가치를 인정하는 것을 배울 수 있다. 어린이 개개인이 기여하는 공헌도를 인정하는 방법도 찾을 수 있다. 우리는 '반쯤 덜 익은' 아이디어에 기반한 작업이 풍성한 결과를 만들어 낸다는 것을 받아들일 수 있다. 어린이에게 그 관점을 공개적으로 공유하도록 부탁함으로써, 그들의 관점으로부터 우리는 사물을 바라볼 수 있다. 마지막으로 일련의 '해야 할 것'과 '하지 말아야 할 것'을 알도록 시작하는 것이 아니라, 민감성과 직관을 더욱 잘 활용하는 법을 배워야만 한다. 이러한 것들은 토론에서 언제 개입해야 할지와 하지 말아야 할지를 아는 데 있어서 매우 중요하다. 이러한 것들은 어떤 집단의 발달에서 우리가 결정적 단계에 주의를 기울일 수 있도록 도움을 준다.

교사는 형이상학적 담론을 만들어 냄으로써, 어린이의 능력을 키우는 데 중요한 역할을 한다. 중간 중간 코멘트를 하고, 질문을 던져 어린이의 주의를 그들 자신의 생각의 특징과 진행 중인 질의

탐구의 더 큰 그림에 돌림으로써 이런 역할을 수행한다. 질의탐구의 결말에 도달해서 교사들은 다음과 같은 질문을 하며, 토론의 과정과 일반적 결과를 이끌 수 있다.

- "다른 사람의 생각에 영향을 받은 적이 있니?"
- "무엇 때문에 생각을 바꾸게 되었지?"
- "이 집단에서 새로운 생각을 발견했니?"
- "집중했니? 아니면 주의가 산만했니?"
- "모든 토론이 우리가 했던 다른 토론들과 연관되어 있니?"

교사가 만들어 낸 형이상학적 담론을 경청하고 참가하는 모습은 질의탐구에서 겉보기에 분리된 부분들을 어린이가 연결하도록 도움을 준다. 그것은 또 어린이가 리뷰하기를 연습하고, 요약기술을 키우는 데도 도움을 준다. 뿐만 아니라 논쟁의 과정을 탐구하고, 생각하기에 참여하고, 새로운 아이디어를 소개함으로써 얻어지는 것이 가치 있음을 강조함으로써 논쟁에서 이기거나 지는 것은 그 자체로서 좋은 평가를 받지 못한다는 것을 알려 준다.

5. 개방된 질의탐구와 대화에서 경청하기: 고려할 사항

어린이는 다음 상황에 대해 확신을 가져야 한다.

- 자신의 경험과 의견을 설명하는 것은 존중받을 가치가 있으며 이는 받아들여질 것이다.
- 교사는 어린이가 기여한 세세한 점들에 대해서도 충실할 것이다.
- 말하는 시간이 주어질 것이다.
- 조롱받거나 모욕받지 않을 것이다.
- 생각하는 데 있어서 임시적이고 유희적이며 탐구적일 것이다.
- 원한다면 생각을 바꿀 수도 있다.
- 소수의 의견도 지지를 받을 것이다.
- 현재 상태에 대한 도전이 질의탐구의 일부과정으로서 제기된다면, 처벌받지 않을 것이다.

교사는 다음과 같은 노력을 해야 한다.

- 어린이에게 열린 마음 유지하기
- 확립된 생각도 다시 고려하고, 사실, 생각, 이론을 임시적인 것으로 보기
- 새로운 생각을 좀 더 분명하게 하려는 노력을 지지하기
- 각자의 기여에 대하여 적당한 시간을 허락하기
- 여러 생각들의 연결성을 인식하는 기술 키우기
- 질의탐구에 교사 자신의 이익을 고려하지 않기
- 가능한 오해가 있는지 조사하기

- 유연하고 직관적이기
- 유연해지기: 토론의 역동성에 적절한 반응 보이기

경청하기는 기계적으로 해석하는 기술이 아니다. 그것은 의사소통과 복잡한 사고를 일으키는 한 측면이다. 따라서 교사들은 다음과 같은 사항을 고려해야 한다.

- 학교교육의 본질, 제시된 지식을 바라보는 관점들, 학교의 맥락에서 권력과 권위의 자리
- 경청하기는 생각하기이므로, 우리는 경청을 하면서 모든 종류의 판단과 선택을 한다.
- 학교수업에서 경청하는 것을 방해하고 주의 집중을 흐트러뜨리는 수준
- 학부모, 더 큰 공적 집단, 정부, 학생들 혹은 교직원 집단 등의 다양한 압력. 이러한 압력은 교사들이 자신의 결점과 행동에 대하여 걱정하게 하고 그들이 학생들에게 반응하는 데 지장을 준다.

제8장

이완하기, 명상하기, 그리고 침묵하기

집중, 숙고, 주의 기울이기 등의 능력은 교사에 의하여 세심하게 길러질 수 있는 것들이다. 학교수업에서 조용히 있기(이하 침묵)는 일반적으로 학생들의 개인적인 자유와 연결되지 않는다. 그것은 형식적이고 획일화된 교육, 성인 권위의 강요 및 처벌과 더 빈번하게 관련된다. 그러나 한 세대 전만 하여도 침묵은 학교 내에서 광범위하게 강요되었다. 학생들은 그들이 토론으로 이끌어졌을 때, 단순하고 반복적인 형식을 취했다고 말한다. 개인의 프라이버시가 경직된 체계하에서는 아마도 다음의 상황이 그리 궁금하지 않을 것이다. 적어도 몇몇 학생들에게는 긴 시간 동안 강요된 긴 침묵이 실제로는 '부여된 권위와 엄격함으로부터 벗어나게 해 주는 것을 의미한다.' 고 하겠다. 상상은 자유로운 상태를 유지할 수 있다. 마음 그 자체로서 프라이버시를 가진다.

가르침에 관한 저서와 강좌들에서는 언어적 상호작용의 중요성을 강조한다. 교사는 학생들과 대화하고, 학생들은 또 서로서로 이야기하도록 격려된다. 일반적으로 집단 상호작용은 학생들의 지식과 이해를 발달시키는 데 매우 중요하다. 주의 깊게 집중된 교사의 이야기와 교사-학생 간 대화 모두 교실 내에서 학습효과를 높이는 데 중요하다. 많은 교사는 학생들의 구어 기술과 경청의 부족에 대해 걱정한다. 그들은 또 학생들과 대화할 시간이 부족하다고 불평한다. 이 책의 대부분은 교실 내에서 말하기와 듣기를 통한 학습의 중요성을 다루고 있다. 토론 사용이 강조되는 것도 이와 일맥상통한다. 그래서 이 시점에서 침묵의 목적과 가치를 살펴보는 것은 시기적절한 것이다. 한 세대 이전의 공식적이고 권위주의적인 교육 권력체계의 부분으로서 강요된 침묵보다는, 침묵이 어린이들의 생각의 자유와 일반적 행복감의 발전을 위하여 기여할 수 있는지 여부를 고려할 것이다. 이는 현재의 관심사이기도 하다.

나는 침묵이 사고과정을 지원하고, 숙고와 개인적 표현을 반영하는 기회를 제공한다고 제안하고 싶다. 침묵과 함께 마음을 가라앉히고 집중을 높이는 다른 기술들은 그 자체로서뿐만 아니라 언어적 상호작용의 질을 높이는 데에도 가치가 있다. '가만히 있으면서 경청할 준비를 갖추어라.' 라는 말은 토론 시작 시 내가 사용하는 문구다. 그러한 경우 스티븐은 제대로 듣기 위해서는 신체 내부뿐만 아니라 신체 외부도 가만히 있어야 한다고 말하였다. 스티븐의 이러한 언급으로 인하여 신체 내부뿐만 아니라 외부도 가만히 있는 것이 무엇을 뜻하는가에 대한 토론이 시작되었다. 이 시점부터 원래의 문구가 약간 수정되었으며 '너희들 자신을 가만히 두어라. 외부와 내부 모두'가 되었다. 내부적 움직임과 가만히 있음의 조절은 철학적 질의탐구와 교실에서의 다른 시간에도 흥미를 자아내게 되었다. 6세인 앨런은 몸 안에서는 혈액순환과 심장박동이 있는데 이를 스스로 멈출 수 없으므로, 내부적으로 가만히 있기는 불가능하다고 하였다.

교실에서의 다른 활동 중에 린다는 '좋은 의도'로 급우들에게 다음과 같이 설득하는 말을 들은 적이 있다고 하였다. "데이비드, 너의 내부를 좀 가만히 두렴." 어린이들이 보이는 이와 같은 반응은 지속적인 토론 또는 높은 집중을 요하는 다른 학습의 시작과 적절한 준비에 대해 훨씬 더 많이 생각해야 함을 시사한다.

많은 교사는 요가와 명상 수업을 듣고, 바쁜 개인들이 생활을 꾸려 나가는 데 요가나 명상이 도움이 된다는 것을 인정한다. 교사가 침묵과 이완의 용도를 교육적으로 탐색해 보는 것은 교사 자신의 행복을 위해서 침묵이나 이완을 발견하거나 혹은 재발견하는 과정이다. 이제 어린이도 이완하고, 평정 상태를 유지하며, 내부적으로 재충전할 필요성을 고려할 필요가 있다. 교사는 어린이에게 단지 가만히 있으면서 원하지 않는 외부 소음과 소란을 차단하고 내면으로 돌아가 평정 상태를 유지할 수 있는 기회를 제공하기만 하면 된다.

대화를 시작할 때 조용한 이완을 함께 하기를 권장한다. 이러한 제안은 실제 상황에서 고려할 점에 기반한 제안이다. 교실 내에서의 시간의 흐름은 소모적이고, 단편적일 수 있다. 심사숙고를 증진시키는 교실활동의 기회는 극히 소수이지만 우리는 시를 배우는 시간뿐 아니라 체육시간, 힙합시간 혹은 동호회 활동 시간에도 어린이에게서 심사숙고된 반응을 찾을 수 있다.

교실 내에서의 명시적인 연습을 통하여, 조용히 있으려면 어떻게 해야 할지 모르는 어린이도 많은 부분에서 도움을 받을 수 있다. 시끄러운 어린이들 모두가 분주하고 어지러운 상태로 살아가기를 원한다는 생각은 어리석은 일이다. 조용히 있고 싶어 하는 것은 조용히 있는 법을 명시적으로 배워야 가능한 일일 수도 있다. 이완하고 진정하는 방법을 배우면, 마음의 평화를 얻을 수 있고, 우리의 인생에서 보다 훌륭한 행동 감각을 키울 수 있다.

자신의 행동에 조심스럽게 주의를 기울임으로써, 어린이는 평안이 어떻게 잘 유지되고, 그 주변에 불편함을 야기하였던 산만함을 어떻게 감소시키는지 알게 된다. 신체적 이완은 행복과 같은 평온한 감정을 통해 만들 수 있다. 중간에 잠시 침묵을 지킴으로써 모든 사람들은 수행 사고로부터 회복시간을 가질 수 있으며, 작업 모드를 바꾸는 것도 쉬워진다. 이완으로 이끌면, 마음과 신체의 상태에 대해 더 잘 알 수 있다. 눈을 감고 침묵하는 시간은 자신의 생각을 바라볼 기회를 준다. 신체적 혹은 심리적 이완을 위한 지식과 기술은 자존감을 높이고, 자기제어와 개인가치를 향상시킨다. 규칙적인 이완 훈련은 사려 깊은 행동과 형이상학적 인식능력을 발달시키는 데에도 기여한다.

질의탐구 동호회에서는 활동 시 참가자들의 특정 행동이 필요하고, 특정 행동을 만들기 위해 명시적으로 주의를 기울여야 한다. 어린이는 제공된 행동에 완전히 빠져들고 싶지 않다면, 시간을 배제할 수 있어야 한다. 이것은 확실히 다른 어린이의 생각하는 기술과 개인적 인식을 발달시키는 데 도움을 준다.

교사들이 명상기술을 시작하기 위하여 전문적 교육을 받을 필요는 없다. 잠깐 동안 인터넷을 검색하면, 이완 기술에 관한 수많은 책과 테이프를 찾을 수 있다. 요가는 신체적 이완, 호흡과 명상을 위한 방법을 알려 주고, 이러한 방법은 어린이와 함께 수행해 보고 적용할 수 있는 것들이다. 최근에는 어린이에게 요가를 가르치는 새로운 방법이 등장하고 있다. 많은 어린이들은 종교적 · 문화적 관습에 기인하는 명상기술에 대해 잘 알고 있다. 다른 어린이들은 이러한 관습을 금기 혹은 자신들의 종교적 전통과 대조된다고 간주하기도 한다. 교실에서 중요한 것은 학생들로부터의 관찰과 반응(feedback)을 활용하여 그 연습을 수정하며, 집단의 목적에 부합하도록 하는 것이다.

명상의 개념은 고학년 어린이들에게는 더 이상 새로운 것이 아니다. 명상을 가지면서 시작된 한 교실에서 다수의 어린이가 다리를 꼬고, 손은 무릎 뒤에서 위를 향하고 검지와 엄지를 맞닿은 요가의 전형적인 자세를 조금 흉내 내었다. 그러한 자세를 어떻게 알았는지를 물어보면, TV가 답이다.

학생들에게 이러한 행동들을 해 보도록 권유할 때 가장 적합한 것은 스포츠의 영역이다. 축구선수와 다른 경쟁 종목 선수들은 현재 정신적 준비기술을 훈련하고 있으며, 시각화 등과 같은 기술은 경기능력을 향상시킨다. 트레이너들은 성공에 대한 선수들의 반응을 높이기 위하여 이런 연습을 권장한다. 이러한 연습은 긴장을 낮추고 원하는 목표에 초점을 맞추도록 함으로써 에너지와 집중력 향상에 도움을 준다. 심신의 교육을 위한 통합적 접근방법에 대한 필요성을 인식하는 데 있어 신체교육은 가장 앞에 서 있다. 어느 아동용 TV 프로그램에서는 다양한 연령의 달리기 선수들이 훈련받는 과정을 시각화함으로써 강한 영국 남성을 보여 주었다. 그 프로그램은 어린이에게 눈을 감도록 한 뒤 자신이 달리기 대회에서 우승하는 장면을 상상하라고 요구한다.

1. 이완과 명상 연습에 대한 어린이의 반응

어린이에게 처음 명상을 시켰을 때, 나는 어린이들이 안전하고 편안하게 느끼기를 원했다. 그래서 흔한 이완 연습방법인 시각화 연습을 활용하였다. 나는 어린이에게 우리가 안전하다고 느끼는 장소로 갈 수 있다고 말하였다. 또한 가장 안전한 장소를 상상할 수 있도록 했다. 우리는 장난감이나 테디베어처럼 아끼던 물건을 상상할 수도 있다고 말했다. 더 나아가 어린이들에게 그 물건에 집중하고, 그것을 만나거나 잡는 행동을 상상해 보라고 말하였다. 고학년 어린이들을 위해서는 그들이 가장 좋아하는 곳으로 가서 현실적으로든 상상으로든 그곳에서 잠시 머물도록 연습시켰다.

이 방법은 무척 인기가 좋았다. 어린이들은 나를 만날 때마다 "우리가 제일 좋아하는 곳으로 가도 되나요?"라고 내게 물었다. 어린이들은 나중에 가장 좋아하는 장소에 대해 말하고 싶어 했고, 어떤 어린이에게는 이러한 시간이 정말 축복받은 시간이 되었다. 저학년 어린이들도 이러한 행동들을 하는 데 거의 어려움이 없었다. 한두 명의 고학년 어린이들이 좀처럼 눈을 감으려 하지 않았던 사실을 제외하면 말이다. 아마도 그 어린이들은 눈을 감는 것이 위험하다고 느꼈을 것이다. 이러한 명상은 부드럽게 진행되어야 한다.

때때로 나는 이완 방법을 사용하였고, 이는 매우 훌륭한 구조를 제공하였다. 내가 즐겨 사용한 표현은 '나는 네 마음을 ~로 가도록 하면 좋겠다' 였다. 이어서 신체 부위들(너의 발가락, 너의 발의 영혼 등)에 대해 말하였다. 어떤 경우에는 이러한 말들이 토론을 시작하는 계기가 되었고, 토론이 끝날 때까지 아무도 집에 가고 싶어 하지 않을 때도 있었다. 제니는 내가 이런 이야기를 했을 때, 아주 조그만 사람들이 자신의 몸의 일부분에서 다른 부분으로 옮겨 가는 것을 보았다고 말하였다. 그녀는 자신이 기억할 수 있는 옛날부터, 아마도 말을 할 수 있게 된 무렵부터 조그마한 사람들을 이런 식으로 시각화할 수 있었다고 말했다.

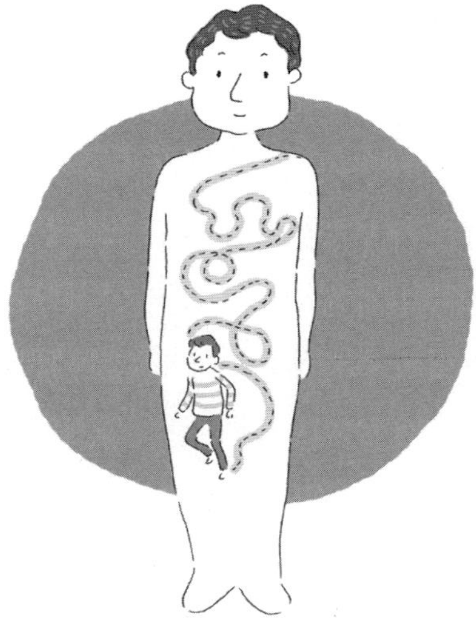

이러한 연습으로 인하여 인지 경험에 대한 토론이 시작되었다. 인지가 부분적인 것인지 혹은 전체적인 것인지, 마음속에 있는지 혹은 머릿속에 있는지, 피부를 이용해서 알 수 있는지 혹은 배를 이용하여 알 수 있는지 등에 대한 토의 말이다. 다른 수준에서는 그것은 가정을 세우는 것과 관련되어 있다. 한 사람의 몸이 다른 사람의 몸과 동일한 방식으로 만들어졌다고 가정할 수 있는가? 한 사람의 몸을 들여다보아도 '조그마한 사람'들을 볼 수 없었다면, 다른 사람의 몸에서도 마찬가지일 것이라고 확신할 수 있는가?

그 토론은 한편으로는 개인이 특정한 신념을 가질 권리, 그리고 어떤 점에서는 각자의 견해 차이가 있음을 받아들일 권리와 관련되어 있다. 이것으로 인해 어린이는 다른 사람들의 견해에 의문을 품는 적당한 수준이 어떤 것인지에 대해 주목할 만한 섬세한 토론에 빠져들었다. 그 토론에서는 타인의 견해에 의문을 품는 적절한 방식에 대해서도 논의되었다. 어린이가 얼마나 많은 의견불일치를 스스로 감당할 수 있는지, 그들의 자신감이 어떤 압력을 용인할 수 있는지, 그리고 논쟁에 있어서 상호존중의 경지에 대하여 기술하였다.

2. 교실에서 침묵적 이완을 시작해야 할 순간

일단 편한 자세로 앉는 것이 중요하다. 자리를 권하는 것과 자신에게 맞는 자리를 스스로 찾도록 하는 것 사이에는 균형이 있어야 한다. 대부분의 새로운 방식이 그렇듯이 초반에는 안내를 더 많이 해야 한다. 개개인의 어린이에게 다른 어린이와 서로 닿지 않도록 넉넉한 공간이 주어져야 한다. 나는 어린이에게 숨을 깊게 쉴 수 있는지, 폐가 확장되도록 척추를 꼿꼿이 세울 수 있는지를 확인하라고 요구한다. 그리고 어린이들에게 신체의 특정 부위가 이완되었는지 알아야 한다고 제안한다. "팔과 손이 느슨하게 놓여 있니?" "어깨는 펴져 있고 입은 편안하게 이완되어 있니?" "이마는 매끈하니?" 나는 주변을 둘러보고 모두들 편안하게 보이는지 확인한다. 그리고 어린이들에게 앞으로 수 분간 최대한 조용히 앉아 있을 것이라고 상기시킨다. 모든 준비가 끝나고 웅성거림이 사라지면 다들 눈을 감는다. 나 역시 눈을 감는다. 이 순간은 큰 집단이 눈을 뜨고 인식하는 상황에서 눈을 감고 심사숙고하는 상황으로 옮겨 가는 놀라운 변화의 순간이라고 나는 계속 말한다. 격려는 이 짧은 순간에서 형성된 친밀감으로부터 발생한다. 나는 어린이에게 걱정과 좌절감을 던져 버리고 이 짧은 순간 동안 자신을 위해 즐기라고 격려한다. 또한 문을 닫고 외부가 아닌 내부를 바라보라고 주문한다. 때때로 긴장을 덜고 더 편안한, 물리적으로 정적인 상태로 발전하기 위하여 우리는 이 시점에서 깊은 숨을 쉬기도 한다. 나는 조용히 있으려고 노력하는 어린이를 위해 천천히 눈을 뜬다.

3. 내면을 보기 위한 아이디어

나는 침묵의 짧은 시간을 늘리기 위하여 어린이들과 함께 몇 가지 새로운 시도를 하였다. 그 시도의 대부분은 즐거운 침묵과 침잠의 감각을 불러일으키기 위하여 고안된 상상으로의 길지 않은 여행이다. 여행은 매번 완전하게 정적으로 종결되었고, 그 시간은 점진적으로 늘어날 수 있다. 예를 들면 다음과 같이 말이다.

여러분이 가장 좋아하는 곳에 있다고 상상해 보세요. 안전하고 행복하다고 느끼는 곳 말이에요. 집에 있는 여러분 방이나 정원, 공원 혹은 들판처럼 실제로 누군가와 함께일 수도 있고, 혼자 있어도 괜찮아요. 상상 속의 장소도 좋아요. 그곳이 어디인지 결정했다면 이제 그곳에 대해 자세하게 마음속에 그려 보세요. 그곳에 있는 것은 어떤 느낌인가요? 무엇이 좋은 것이지요? 이제 아주 조용히 그곳에 머물 수 있지요? 아주 잔잔한 물 위에 떠 있는 에어매트를 타고 떠난다고 상상해 보세요. 날씨는 따뜻하고 햇볕은 좋은 날이에요. 날아다니는 새들도 보이고, 부드럽게 물이 찰싹거리는 소리도 들려서, 여러분의 몸은 나른해지고, 에어매트 위에서 졸음이 몰려와요. 여러분은 이 흔들리는 움직임을 좋아하게 될 거예요. [나이든 어린이들은 이러한 상상을 좋아한다.]

아지트를 직접 여러분이 만든다면 어떨까요? 좋아하는 무엇으로든지 만들 수 있어요. 나무 위에 만들 수도 있고, 집이나 정원 어디에도 괜찮아요. 상상 속의 장소일 수도 있고, 여러분 마음의 눈으로 그릴 수도 있어요. 한번 해 보세요. 비밀의 입구가 있나요?

여러분이 꿈에 그리던 아지트를 만들고 그 안으로 들어가는 상상을 한 뒤 여러분이 특별히 좋아하는 물건이나 장난감을 들고 있다고 생각해 보세요.

테디베어나 인형, 꼭 껴안을 수 있는 장난감도 괜찮아요. 아주 예쁜 돌이나 조개껍질일 수도 있고, 작은 미니카나 피겨도 좋아요. 장난감은 여러분이 직접 만든 모형일 수도 있어요. 그것을 들고 만졌을 때 정확히 어떤 느낌인지 기억하려고 해 보세요. 부드럽나요? 아니면 딱딱한가요? 매끄럽고 반짝이는지, 긁힌 자국이 있고 거친지, 날카롭고 차가운지, 아니면 털이 나고 보드라운지 등등 말이에요. 가능한 한 자세히 들여다보고, 조용히 들고 있으세요. [저학년 어린이일수록 이런 상상을 좋아한다.]

여러분 몸 여기저기를 여행하는 상상을 해 보세요. 먼저 발에 신경을 쓰세요. 발가락 하나하나를 생각해 보고, 발톱, 발들, 그리고 발의 영혼, 발에 있는 뼈들, 발목도 생각해 보세요. [계속하든지 혹은 신체의 다른 부위에서 다시 시작한다.]

아주 높은 산꼭대기에 있다고 상상해 보세요. 워낙 높아서 수마일 밖에서도 산을 둘러볼 수 있어요. 거의 하늘에 닿은 셈이지요. 그곳은 너무도 조용해서 바람 한 점 없는 곳이에요. 여기서는 아무도 여러분을 귀찮게 하지 않아요. 아무도 무엇을 하라고 여러분에게 말하지 않아요.

이러한 시도들은 어린이에게 각각 다른 반응을 불러일으켰다. 어린이들은 간혹 자신의 여행에 대한 이야기를 하고 싶어 한다. 때때로 우리는 심적 시각화에 대하여 토론하고, 어린이들은 철학적 질의탐구에 자주 빠져든다. 사라는 이런 상상의 순간 자신이 애니인 척하고, 나중에 커서 닮고자 하는 사람이 바로 애니라고 이야기한다. 다른 어린이들도 이런 상상의 순간을 나름대로의 방식으로 활용하고, 이는 용인된다. 이러한 연습은 어린이에게 베풀어지지만, 꼭 해야 하는 의무로 부가되지는 않는다.

루이지와 사라는 위에 열거된 마지막 시나리오에 대해 불평했다. 그들은 완전히 혼자 있는 것을 결코 좋아하지 않고, 항상 누군가와 함께 있는 것이 더 좋다고 했다. 이러한 요구사항은 시각화의 내용을 검토할 때 반드시 고려되어야 한다.

명상에 대한 안내서에는 정신을 집중하고 생각을 비우기 위하여 호흡을 활용하는 많은 연습을 제공한다. 어린이들이 깊은 한숨으로 침묵시간을 시작할 때, 몸을 이완하는 데 명상이 어떤 도움을 주는지 스스로 인식함으로써 명상을 시작할 수 있다. 어린이들은 호흡할 때 코를 사용할 때와 입을 사용할 때의 차이점을 알 수 있고, 폐 대신 다른 부위에 공기를 채우는 것을 구별할 수 있다. 다른 방식으로 호흡을 센다든가, 콧구멍과 같이 특정 위치에서 들어오고 나가는 숨에 대해 집중하는 연습도 가능하다. 호흡을 이런 식으로 세고 관찰하는 것은 주의를 끌어당기고 조용한 집중 상태를 유도하는 리듬을 만들어 낸다. 물론 쉬운 일은 아니다. 노력도 해야 하지만 너무 열심히 하려는 자세 역시 바람직하지 않으며, 그 사이에서 균형을 찾아야 한다.

때로는 키득거리는 웃음소리와 크게 한숨 쉬는 소리 또는 하품하는 소리도 들린다. 옆 친구를 살살 밀기도 하고, 쿡 찔러서 집중을 방해하기에는 좋은 기회다. 나도 키득거리는 순간의 기쁨을 알기에, 그러한 행동을 크게 우려하지 않는다. 어린이에게 이러한 방해 요소를 무시하고, 자신의 생각에 집중할 수 있는지 알아보도록 주문할 뿐이다. 어린이는 방해가 되는 요인들을 무시할 수 있는 여러 방법에 대해 말하고, 자기제어를 하는 자신의 능력에 대해 자랑스러워한다.

침묵의 시간을 몇 분 이상 가진 후, 나는 어린이들에게 우리가 앉아 있던 방으로 돌아오도록 시켰고 눈을 다시 뜨게 하고 토론 준비가 되었다는 것을 알렸다. 몇몇 어린이들은 이보다 시간을 더 길게 끌고 싶어 한다. 언제나 분위기는 조용하고 편안하다. 이따금씩 어린이들은 돌아오고 싶지 않아했으며, 그 시간이 충분히 길지 않았다고 말했다. 내가 이완의 시간을 만들지 않으면, 어린이들이 자주 요청하곤 했다. 클리브와 팀은 토론을 시작할 때 이완의 상태에 성공적으로 빠져드는 것과 질의탐구의 나머지 시간에 집중하고 적절히 참가하는 능력 사이에 연관이 있음을 알아차렸다고 말하였다. 어린이는 이완에 실패했을 때 앉아서 경청하기가 어렵다는 것을 알게 된다. 나는 어린이들에게 다른 시간에도 이러한 이완 기술을 시도한 적이 있었는지 물었다. 한두 명은 집에 혼자 있을 때 해 보았다고 말하였다. 몇몇은 시도했지만 혼자서 하기엔 어려웠다고 말하였다. 나도 마찬가지의 경험이 있다. 이처럼 집단 설정은 역설적으로 집중력을 흐트러뜨리기도 하고, 집중력을 지원하기도 한다.

4. 토론에서 단일한 주제의 발전 과정

상상으로의 여행에 대한 대안적 방법은 사물에 집중하고, 한 장소에서 우리의 상상을 시도하고 마음에 잡아 두기 위해 심적 재구성을 활용하는 것이다. 이러한 방법은 별개로 진행되는 많은 수업을 통해 발전될 수 있다. 돌, 조개껍질, 전나무 방울, 나무나 천 조각들과 같은 물건들이 연습에 적당하다.

첫 번째 시간에는 여러 장소의 길 위에서 우리 가족이 모은 돌을 수업시간에 가져오게 했다. 나는 그것을 나무 그릇에 넣고, 원형으로 둘러앉은 어린이들에게 돌려서 각자 하나씩 가지도록 하였다. 그리고 어린이들에게 그 돌을 만져 보고 색깔, 모양, 크기, 패턴, 질감, 온도와 무게 등을 알아보라고 주문하였다. 그리고 눈을 감고, 마음속으로 그 돌의 모습을 그려 보라고 요구하였다. 또한 그 상상 속 모습을 잘 기억하라고 당부하였고, 다른 생각이 들려고 할 때마다 그 돌에 다시 집중하라고 했다. 우리는 3분 동안 완전한 침묵의 시간을 가졌다. 이러한 관점에서의 성공은 거의 의미가 없다. 이러한 노력은 흥미로웠고 어린이들은 눈을 감았을 때 벌어지는 일에 대해 이야기하는 것이 즐거웠다. 타릭은 자신의 돌이 캄캄한 곳에 있다고 말하였다. 네일은 돌이 빙글빙글 돌았다고 말하였다. 루이지의 돌은 엄청난 바위가 되었다. 우리가 처음 돌들을 사용하였을 때 몇몇 어린이들은 돌을 굴리고 공중으로 던지면서 손에서 손으로 전해 주었다.

두 번째 시간에는 그 돌들을 사이잘(sisal)이란 식물로 만든 바구니 안에 두었다. 이 네모난 바구니는 안이 깊지 않아서 돌들이 담기면 돌 전체가 모두 분명히 보인다. 나는 어린이들에게 돌들을 나누어 주기 전에 계약을 맺고 싶다고 말하였다. 계약 내용은 그 돌을 꼭 가지고 있어야 하며, 절대 손 안에서 놓치지 말아야 한다는 것이다. 또한 돌을 떨어뜨리거나 던지거나 굴리면 계약은 파기되고 돌을 반납해야 한다고 하였다. 나는 어린이들이 한동안 그 돌을 가만히 쥐고 있으면서 정적과 침묵의 시간 동안 가지고 놀지 않기를 원하였다. 나는 어린이들을 불러, 바구니 안에 담긴 자신의 돌을 알아차릴 수 있는지 살펴보게 하였다. 대부분의 어린이들은 그 즉시 자신의 돌을 알아차리고 그 돌을 손에 쥐었다. 자신의 돌을 못 알아차린 경우는 돌이 변했기 때문이었다. 나는 어린이들에게 돌의 소유자로서 맺은 계약에 대하여 상기시켰다. 이러한 시나리오는 사건의 진행에 있어서 진지하고 신비로운 경험을 주었으며 책임감을 높이는 것은 물론, 더욱 깊은 정적을 조성하였다. 그 정적이 노력 없이 자연스럽게 이루어지고, 5분 정도 유지되었다는 면에서 정적의 질도 유달리 좋은 것이었다. 내가 침묵의 시간을 마쳤을 때 많은 어린이들은 명상에 푹 빠져 있었다. 몇몇 어린이들은 눈을 다시 떴을 때, 다른 어디로부터 돌아온 것처럼 미소를 지었다.

세 번째 시간에는 돌들을 집에 두고 가져오지 않았다. 수업을 시작하자마자 어린이들은 내가 돌을 가져왔는지 물었다. 나는 어린이들에게 나를 쳐다보게 시킨 뒤, 내 마음을 읽어 보길 원한다고 말하였다. 나는 명상하기 좋은 자세로 앉았다. 어린이들이 각자 나와 비슷한 자세를 취했을 때, 나는 그들이 내 마음을 읽는 데 성공했다고 이야기해 주었다. 케빈은 여전히 어수선하였다. 나는 그에게 읽어야 할 무엇인가가 내 마음속에 한 가지 남아 있다고 말하였다. 그가 부산스럽게 행동하기를 멈추자 나는 "네가 내 마음을 읽는구나. 어떻게 그렇게 했지? 나는 무슨 생각을 하고 있지?"라고 물어보았다. 그는 "선생님은 '가만히 있어라.' 라고 생각하셨죠?"라고 대답하였다. 나는 케빈이 내 마음을 그렇게 읽은 것에 대해 대단하다고 칭찬해 주었다. 이것은 놀이처럼 재미있으며 어린이들에게 의사소통의 다른 형태인 마음의 본질과 관련되는 통로를 제공하였다. 이로써 똑같은 지식의 집합을 반복하는 단조로움을 덜 피할 수 있다.

나는 어린이들이 눈을 감았을 때 바구니로 다가와 자신의 돌을 찾아 집어 들고, 손에 쥔 채로 가만히 앉아 있는 것을 상상 속에서 수행하도록 요구하였다. 또 돌의 모양, 차가운 정도, 매끄러움이나 거칢을 기억해 내고, 손에 꼭 쥐고 있으라고 하였다. "애들아, 그 돌을 마음속에 그려서 지난번에 했던 것처럼 손에 꼭 쥘 수 있겠니?"

이러한 시각화 과정은 어린이들이 돌을 바구니에 반납할 때 종결된다. 몇몇 어린이들은 생생하게 상상하였다고 말하였으나, 다른 어린이들은 어려웠다고 하였다. 침묵의 시간 동안 한 소년이 무척 산만하게 행동했다. 계속하여 소음을 일으켰으며, 잠시 동안 방을 나가기도 하였다. 다시 방으로 돌아왔을 때, 그 소년은 평정심을 찾았다. 나는 다른 어린이들이 그 소년의 행동에 아무 반응을 보이지 않아서 무척 놀랐다. 나는 어린이들에게 어떻게 느꼈는지 물었다. 린다는 처음 명상을 시작할 때는 '오늘은 집중할 수 없겠구나.' 라고 생각하였다고 말하였다. 그러나 그녀는 집중에 성공하였고, 곧 이완된 느낌을 받았다. 제니는 웃음을 참으려고 혀를 살며시 깨물었다고 말하였다. 다른 어린이들 역시 움직이지 않은 채로 눈을 계속 감기 위해 의식적으로 노력하였다고 말하였다. 어린이들의 자기제어는 생각보다 대단하였다.

네 번째 시간은 12월 중에 있었다. 그전 주 일요일에 어린이들은 동네 교회에서 예배를 드리고 참석자 전원은 오렌지에 꽂힌 촛불을 들고 있었다. 우리가 캐럴을 부르는 동안 촛불은 꺼졌다. 촛불은 남녀노소를 불문하고 사람들의 얼굴을 비추었고, 오래된 석조 건물 안의 냉기 속으로 따뜻함을 불어넣었다. 나는 촛불의 불꽃이 명상을 위해 집중할 대상이 될 것으로 생각하며, 초를 교실로 가져왔다. 때는 금요일 오후였고, 크리스마스 연휴가 있던 주의 주말이었다.

학급 어린이들은 지쳐 있었고, 어수선하였으며, 자리를 잡고 앉으라고 설득하기조차 힘들었다. 나는 물러서지 않고 촛불을 켜서 어린이들이 그 불꽃을 바라봄으로써 명상을 시작하도록 하였다. 우리는 조용히 있고자 노력하였다. 그것은 힘든 분투였고, 몇몇 어린이들은 성공하였다. 나는 한 소년이 애드리안의 뺨에 바람을 불어 주의를 흐트러뜨리려고 하는 것을 보았다. 그러나 그의 행동은 소용없었다. 애드리안은 조용한 자세를 유지하였고, 눈을 뜨지 않았다. 나중에 애드리안은 주위 공기를 밀어 버리는 손에 대해 상상하고, 집중을 유지하기 위하여 그 불꽃을 계속 마음속에 떠올렸다고 하였다. 어떻게든 조용히 집중된 자세를 유지한 어린이들은 촛불의 불꽃을 이런저런 방식으로 이용하였다. 이날 나는 노력에도 불구하고 성공하지 못하여 나머지 시간 내내 힘들었고, 우리의 철학적 토론을 포기하느냐 계속 밀고 나가느냐에 관해 고민하였다.

다섯 번째 시간은 겨울 학기의 마지막 날에 있었다. 그날은 처음으로 금요일 아침 수업이었다. 나는 가장 긴 침묵의 시간에 도전하기로 하였다. 우리가 아무런 행동 없이 5분 동안 침묵을 유지할 수 있을까? 케빈은 "선생님 마음을 읽어도 돼요?"라고 물었다. 나는 그의 제안을 허락하였고 이것을 명상을 준비하는 신호로 이용하였다. 몇 초 만에 어린이들은 침묵을 시작할 준비를 갖추고 앉았다. 종종 침묵을 방해하였던 다니엘에게 이제 노력하는 모습을 선물로 보여 줄 수 있는지 물었다. 다니엘은 나의 부탁을 받고 많은 노력을 하였다. 평소 그의 행동과 비교했을 때 그날 그는 훨씬 많은 주의를 기울였으며, 전체 시간 동안 침묵에 대해 한 번만 상기시키면 될 정도였다. 그의 행동은 오랫동안 막혀 있던 뭔가를 확 뚫리게 해 주었다. 지난주에 침묵을 지킬 수 있었던 어린이들은 촛불의 불꽃을 이용하여 침묵을 유지하였음을 다른 어린이들에게 상기시켰다. 그러자 4, 5분가량의 침묵과 정적의 시간이 이어졌다. 마침 학교 행정직원이 문을 열었고 1분만 시간을 내줄 수 있는지 물었으나, 우리가 취하고 있던 침묵의 자세를 보고는 사과하고 이내 돌아갔다. 어린이들은 그럼에도 움직이지 않았다. 우리는 1분 더 침묵의 자세를 유지하였다. 사후보고 시간에 어린이들은 불꽃의 시시각각 변하는 모습을 본 대로 묘사하였다. 몇몇 어린이는 주의를 산만하게 하는 일이 일어났을 때 계속 침묵과 정적을 유지하라는 상상의 목소리를 들었다고 했다. 그들은 자기제어를 유지한 채로, 소란에 직면하여도 꿋꿋이 침잠을 견제하는 다양한 기술들을 습득한 것으로 보인다. 옆방의 교사는 창문 너머로 우리가 촛불 주위에 조용히 둘러앉아 있는 것을 보고 무척 부러웠다고 말하였다.

5. 교사가 고려해야 할 사항

연습은 경험을 향상시키는 데 도움을 준다. 어떤 어린이는 연습을 매우 쉽게 하는 반면, 다른 어린이는 많은 주의와 격려를 필요로 한다. 교사는 적절한 단어를 찾고, 이에 맞는 문장을 만들어 내야 한다. 내가 즐겨 쓰는 안내 유형의 문장은 다음과 같다. '걱정은 떨쳐 버리세요.' '마음속으로 주의를 기울여 보세요.' '다른 생각이 들면, 그냥 지나가도록 놓아 두고 다시 시작하면 돼요.' '마음속에 어떤 일이 일어나는지 알아보세요.' 그리고 '마음속 깊은 그곳에 무엇이 있나요?' 이러한 말들은 어린이에게 직면한 문제와 관련되어 있는 양질의 주의를 불러일으키고자 할 때 사용된다. 그러한 주의는 자기인식을 향상시키고, 자기지향적이며 평온한 집중을 향상시킨다. 또한 이러한 행동은 형이상학적 인식에 관한 토론에 쓰일 수 있는 다양한 소재를 제공한다. 형이상학적

인식은 조용히 있고자 시도할 때, 마음속 생각이 오락가락하는 것을 알게 되면서 시작된다. 나는 내가 유용하다고 믿는 자세와 학생 배열의 유형을 모형화하려고 하였다. 나는 일체의 행동을 보다 작은 단계로 세분화하여 한 단계씩 거치면서 어린이에게 이야기해 주는 방법을 깨닫게 되었다. 목소리의 톤과 말하기 속도도 이런 행동에 적합하도록 변경되어야 한다. 이 밖에도 인내와 유머감각도 키워 나가야 한다.

6. 무엇이 진정한 명상인가

명상이란 용어는 다양한 실제를 가리킬 수 있다. 명상에 익숙하다고 일컬어지는 여러 집단과 개인들도 앞에 기술된 행동들과 명상의 실제 차이점에 대해 다른 견해를 보일 수 있다. 명상은 지도되는 상상, 숙고와 침묵의 조용한 순간, 혹은 호흡과 이완의 기술을 포함한다. 몇몇 실습자들에게는 강한 영적 차원과 지향하는 하나의 이상이 존재한다. 나는 '명상'이라는 용어를 함축적 의미로 사용한다. 그것은 깊고 조용히 생각하고 자신의 마음속에서 계획을 구성하는 행동을 의미한다. 어떤 경우에는 생각하기를 자극하고 명료화하는 데 쓰일 수 있다. 또 다른 경우에는 생각을 초월하고, 휴식 그 자체로 도달하는 심적 상태를 촉진한다. 데이비드 폰타나(Fontana & Slack, 1997: 5)는 그러한 연습을 다음과 같이 기술한다.

> 생각이나 아이디어의 훈련에 집중하는 것이 아니고, 하나의 분명하고 정비된 자극에 집중하는, 본질적으로 차분하고 방향성을 가진 집중의 상태다. 방황하는 생각이나 생각하기의 방향성을 가진 훈련과도 상반되는 개념이다. 그것은 아무 행동도 하지 않으면서 조용히 앉아 있는 매우 특별한 유형의 부작위다. 그동안 마음은 명료하고 가라앉아 있으며 주의를 기울이고, 주위를 세심하게 살피는 동시에 생각 속에 매몰되는 위험으로부터 자유롭다.

나는 '명상'이란 단어를 어린이들과 함께 사용하기로 하였는데 그 이유는 다음과 같다. 첫째, 다른 사람들이 명상의 의미에 대해 어떻게 생각하는지에 관한 토론을 시작하기 위해서였고, 둘째, 어린이들 스스로 명상의 의미를 만들어 가도록 하기 위해서였다. 나의 의도는 명상을 함께 탐구하고, 그것의 잠재력, 어려움, 한계와 우리가 쓸 수 있는 용도 등에 대한 우리의 경험을 공유하는 것이었다. 나는 어린이들 각자가 명상에 관해 이미 알려진 사실에 그들 나름의 의미를 보탤 수 있다고 생각한다.

폰타나는 자신의 저서에서 어린이에게 명상을 소개하는 성인들은 민감함을 보여야 한다고 지적하였다. 명상의 소개는 자세히 설명되거나 강요되는 방식으로 이루어져서는 안 되고, 어린이가 자유롭게 그 효용을 판단하고, 그에 따라 명상을 받아들이거나 거부할 수 있어야 한다고 주장하였다. 또한 그의 저서에는 모든 연령의 어린이가 명상할 수 있는 방법에 대해 탁월하게 안내하고 있으며, 이러한 명상 실습은 잘 알려져 있고, 근거가 확실한 접근방법을 채택하고 싶어 하는 교사에게 필수적이다.

7. 강연의 일부로서의 명상

서구사회에서는 신체와 정신이 별도의 실체라고 보는데, 이 견해가 아직도 흔하게 받아들여진다. 이러한 사고방식은 너무나도 큰 영향을 주기 때문에 그런 견해가 근본적 진리가 아니거나 난공불락이 아니라고 인식하는 것이 쉽지 않을 수도 있다. 많은 전통적 철학자들은 신체와 정신을 분리할 수 없는 것으로 본다. 레이코프와 존슨(Lakoff & Johnson, 1999)은 두뇌에 관한 지식과 인지과학에서 이룬 최근의 발달로 인하여 의식과 사고가 구체화된 과정이라고 확인한 것으로 보인다고 주장하였다. 두뇌와 감각기관들의 구조에 의하여 우리가 보고 듣고 알게 된 과정이 조직화된다.

교실 내 활동은 '실제적인 것'과 '비실제적인 것'으로 나눌 수 있다. 이러한 분류는 학교 교과목과 지식의 위계적 체계 내에서 특정한 위치를 의미할 수 있다. 철학자는 고상하고 우아한 활동에 몰두하는 고독한 사람으로 그려진다. 그러나 철학은 개인적이라기보다는 협동적이며 집합적인 실천을 행하는 활동으로 여겨진다. 이러한 견해에 따르면, 새로운 아이디어뿐만 아니라 참여자들의 행동, 토론의 규칙, 사회적 상호작용에 대해서도 주의를 기울여야 한다. 교실 내에서 철학을 수행하는 것은 논리와 논쟁의 기술뿐 아니라 집단 내에서 생각하기, 듣기와 말하기의 신체적이고 감정적인 면에 대해서도 많은 주의와 관심을 기울여야 하는 활동이다.

8. 실제적이고 물리적인 활동으로서의 철학: 고려할 사항

철학적 탐구를 하는 동안 물리적 신체의 요구들에 대하여 생각할 필요가 있는데, 이는 다음과 같다.

- 시간을 두고 전환하기: 집중을 높이기 위하여 침묵의 시간, 이완 혹은 시각화 활동 등을 포함하여 생각해 보기
- 어린이가 편안해하고 그 상태를 유지하는지 확인하기, 좌석과 환기에 관심 보이기
- 이동, 속도조절, 안락함과 집중을 위한 기회 포함하기와 휴식시간 끼워 넣기
- 모두가 서로 볼 수 있도록 좌석 배치하기
- 장시간의 집중을 위하여 어린이의 체력 기르기

양질의 상호작용을 지원하고자 할 때 고려할 사항은 다음과 같다.

- 어린이에게 혼자 생각할 시간, 서로 이야기할 시간과 소집단

에서 토론할 기회 부여하기

- 어린이에게 자신이 하고 싶은 말을 교사를 통하여 하기보다 전체 집단 내 모두에게 말하도록 격려하기
- 어린이들이 반 전체 토론에 익숙해지면, 되도록 뒤로 물러서 있기: 어린이 개개인의 행동을 지적하거나 언급하고 싶어도 참기
- 새로운 생각을 시각적으로 표현하거나 도식의 여러 방법으로 기록할 때 어린이들을 참여시키기

질의탐구 시간 동안 어린이들이 활발하게 참여하도록 하는 실제적인 몇 가지 방법은 다음과 같다.

- 모든 어린이가 필요할 때 사용하도록 종이, 연필, 포스트잇, 큰 종이, 보드, 마커 등을 준비하고, 더 필요한 것이 있으면 요청하기
- 토론을 시작하거나 다른 관점을 제시할 때, 연극처럼 대화의 활동적 표현을 시도하기
- 개인 혹은 쌍 혹은 소집단으로 하기에 적당한 구조화된 활동 고안하기: 이것은 그림 그리기, 대화록 작성하기, 브레인스토밍, 마인드맵이나 아이디어 맵 만들기, 질문 작성하기, 질문 모으기, 아이디어를 명료화하기 위해 기준 작성하기, 벤다이어그램, 리스트, 사고력 게임 등을 포함한다(Murris & Haynes, 2000; Fisher, 1997).

제9장

철학적 감각 키우기

"나는 정말로 생각하는 것을 좋아하기 때문에 철학을 좋아해요. 사람들이 선생님을 보살펴 주고 있고 선생님 얘기를 들어 주고 있다는 느낌을 가져 봤을 거예요."

(줄리, 9세)

"선생님이 철학을 가르친다면 선생님도 철학을 통해 도움을 받으실 거라고 생각해요. 선생님께 가르침을 받는 우리들에게도 도움이 되겠지만, 선생님 또한 우리가 어떻게 느끼고, 좋아하는 것이 무엇인지, 왜 그런 식으로 생각하는지를 이해하실 수 있을 테니까요."

(캐롤린, 10세)

> “어른은 어린이가 자기 견해를 표현할 수 있고, 상의할 수 있고, 의사결정을 할 수 있는 여지를 만들어 주어야 하며, 그런 과정을 격려해야 한다.”
>
> (유니세프, www.unicef.org)

기본적인 철학적 사고의 대부분은 사실 당연하다 여겨질 정도로 우리의 일상적인 생각의 부분이자 단편들이다. 이 점을 인식해야만 매일의 대화 속에서 철학이 이루어질 수 있다. 그러나 철학과 일상은 구분되고 있다. 우리는 정신과 육체, 감정과 사고, 주관과 객관, 그리고 내면적 자아와 표면적 자아 같은 개념들을 대조적으로 보는 경향이 있다. 그래서 우리의 경험, 이해, 지식도 그렇게 대조적으로 구조화되어 왔다.

이런 이원론은 과학적 측면과 철학적 측면에서 지양해야 할 것으로 지적되고 있으나, 여전히 세상을 바라보는 우리의 관점을 형성하고 있으며 영향을 미치고 있는 실정이다(Kennedy, 1992). 즉, 이원론적 관점은 철학적으로 제기된 질문에도 그렇지 않은 질문에도 영향을 미친다. 따라서 철학적 탐구는 가장 기본적인 질문 및 우리의 신념을 지배하는 원칙들에 대해 다시 한 번 생각해 볼 기회를 제공한다.

사고의 역사는 철학이 어떻게 도약되어 왔는지를 보여 준다. 철학사에 있어서 위대한 도약은 대부분 과학적 발견 및 경제적 · 사회적 변화로 인해 촉발되어 왔다. 그러나 철학사의 현시점에서는 어린이들이 철학적 도약에 기여할 것으로 본다.

어린이와 함께하는 철학에서 한 가지 흥미로운 점은, 어른들의 신념과 담론에서 당연히 받아들여지는 어떤 것들이 어린이의 마음속에는 그다지 강하게 자리 잡고 있지 않다는 점이다. 어린이의 질문이 천진난만하게 느껴지는 이유 중 하나가 바로 이것 때문이다. 그러나 어른들은 어린이가 철학적 발전에 기여할 수 있다는 사실을 등한시하여 기여 여부를 가늠할 기회조차 잃어버리고 있다.

이 책에서 주장하고 싶은 것은 성인이 어린이의 혼란스러운 사고에 기꺼이 동참할 때 어린이의 철학적 대화가 풍부해질 수 있다는 것이다. 명백한 것을 탐구하는 것은 어린이가 그 명백한 것에 관심을 가질 때만 가치가 있다. 성인은 어린이가 느끼는 것만큼 혼란스러움을 경험하지 않을 수도 있지만, 중요한 것은 어린이로 하여금 무엇이 철학적인 것이고 무엇이 철학적이지 않은 것인지를 결정하는 과정에 참여할 수 있도록 여지를 만들어 주는 것이다.

이 장에서는 성인이 어린이의 생각을 존중할 필요가 있다는 책무감과 민감성에 대해 논의하고자 한다. 즉, 어림과 상대적 미숙함에서 나오는 장점, 지혜, 약점을 이해하기 위해 무엇이 필요한지를 살펴보고자 한다.

1. 철학적 질문이 될 수 있는 여지를 만들기

어떤 종류의 질문들이 어린이에게 허락되는가? 어린이 철학에 관련된 문헌들을 살펴보면, 어린이에게 철학적 질문을 가능하게 해 주는 것이 무엇인지에 관한 지면이 많다. 철학적 질문은 중요하면서도 보편적이고, 논쟁의 여지가 있는 개념들을 포함하고 있다. 요컨대, 철학적 질문이란 경험적 탐구를 통해서라기보다는 추론과정을 통해 답이 얻어지는 질문이다(Gardner, 1995; Lipman, 1997). 철학적 가능성을 갖는 질문이 무엇인지 이해해 보려는 성인을 위한 수많은 지침서들이 있었다. 이들 지침서에서 강조되는 것은 철학적 이슈에 대해 과잉 일반화된 혹은 상투적인 해석(예를 들면, '사랑이 무엇인가?' '정의가 무엇인가?' 등에 대한 해석)에 빠져들지 않아야 하며, 어린이의 사고를 명확히 하기 위해 가끔은 어린이가 표현하는 용어에 철학을 담는 법을 배워야 한다는 것이다. 만 4~5세 어린이들이 던지는 다음의 질문은 철학에 속할까, 그렇지 않을까?

- 고양이들은 어떻게 키스해요?
- 남자는 왜 젖꼭지가 있어요?
- 강은 어떻게 만들어져요?

이런 질문들이 철학에 속하는지 아닌지에 대해 어른이 정해 버린 규정을 어린이에게 어떻게 설명할 것인가? 서양 철학의 초기 단계에서는 모든 종류의 지식이 철학에서 비롯되었다. 즉, 지금은 구분되어 있는 학문들이 모두 철학에 그 뿌리를 두고 있다.

일단 어린이가 자신의 경험이나 교육을 통해 인간의 지식이 학문적으로 구분된다는 것을 알게 되면, 자기 질문이 애초에 어떤 식으로 탐구되어야 할 질문인지 깨닫게 된다. 이를테면, 질문에 대해 어떤 종류의 반응이 나올지에 대한 암묵적 감각이 있다. 예를 들면, 어떤 질문은 과학적 설명을, 어떤 질문은 종교적 해석을, 어떤 질문은 상식적인 대답을 기대하는 것이다. 그러나 5~7세의 아동은 역사적 · 과학적 혹은 언어적 탐구의 경계에 대해 잘 모른다. 이들은 교과에 얽매여 있지 않기 때문이다. 그래서 어린이의 질문은 성인에게 어려운 선택을 요구하곤 한다. 다시 말해, 우리가 어떤 학문적 기준을 선택하느냐에 따라 그 질문에 답해 줄 수 있는 것이 달라질 수 있다.

어린이들이 철학을 시작하게 되면, 탐구공동체란 '어린이가 혼란을 느끼는 것들에 대해 질문하도록 격려되는 곳'이라는 점을 이해하게 된다. 탐구공동체 안에서 어린이는 평소에 이해하기 어렵고 혼란스러운 것을 질문으로 바꿀 수 있도록 도움을 받으며, 모든 종류의 궁금증을 다룰 수 있음을 깨닫게 된다.

어린이는 탐구가 자신의 질문을 중요한 문제로 만들고 궁금한 생각이나 감정이 단어로 바뀔 수 있도록 시간과 공간을 제공해 주는 것임을 이해하게 된다. 본래 중요한 질문은 자기 자신을 추구할 때 생겨나기 마련이다. 그 순간에는 다른 사람들이 이전에 유사한 질문을 했었는지조차 상관이 없다. 궁금한 상태를 인식하고 유지하는 법을 배우는 것이 철학적 과제의 근본이다.

어른들은 어린이의 질문을 특성별로 결정할 때 조급히 서둘러서는 안 된다. 카린 머리스(Karin Murris, 1997)는 질문이 철학적 토론을 이끌 수 있는지 없는지를 결정하는 데 있어서 중요한 것은 질문 그 자체가 아니라 질문이 제기되는 맥락과 그 질문자의 의도라고 주장한다. 따라서 우리는 질문의 근원과 왜 그런 질문이 제기되었는지를 이해할 필요가 있다. 질문이 무엇에 관한 것인지 혹은 어디로 이끌어 갈지에 대한 판단을 하기 이전에 질문을 명확히 하고 그 질문이 어디에서 비롯된 것인지를 검토하는 것에 시간을 들여야 한다.

서로 다른 유형의 지식과 탐구방식이 있음을 보여 주는 것도 도움이 될 것이다. 일반적으로 추상적인 철학적 이론을 어린이에게 설명하기는 어렵지만 철학이란 학문은 조금 특별한 방식으로 질문을 다루고 있음을 실제적으로 보여 줄 수 있다. 따라서 어떤 질문이 철학적이지 않다고 해서 치워 버릴 것이 아니라 그 질문이 어디서 왔는지, 철학적 아이디어와 어떻게 연결될 수 있을지를 조사해 보는 것이 필요하다. 교사는 과학자, 예술가, 철학가들이 질문에 접근하는 방식이 각각 다르다는 것을 어린이에게 알려 줄 수 있다.

2. 철학을 통해 정서를 고양하기

철학적 탐구는 참여와 동기부여의 극대화를 추구한다. 사고하기, 듣기, 말하기는 우리의 육체, 마음, 그리고 정신을 동원해야 하는 활동들이다. 교육과정 안에 철학이 포함된 학교들은 마치 수학과 체육교육을 하고 있듯이 철학을 '하고' 있다고 말한다. 하지만 철학은 실제적이고 완전히 빠져들게 만드는 그 무엇이다. 즉, 철학은 삶의 방법이다.

성공을 판가름하는 한 가지 징표는 적극적인 참여와 생각을 가지고 몰입하는 것이다. 어린이들은 중요한 어떤 문제에 대해 토론하느라 너무 바쁘기 때문에 성인에 의해 통제될 필요가 없다. 그들은 방해물 또는 선결요건 등이 제거될 때 동기화되며, 성인이 불필요한 규칙과 엄격한 통제를 없앨 때 더욱 생산적으로 생각할 수 있다. 또한 어린이들의 흥미는 그들이 충분히 보살핌을 받을 때 높아진다. 따라서 어린이의 탐구를 확장, 심화시키는 일은 성인에게는 힘든 일이지만 그만한 가치가 있는 일이다.

1) 철학적 감정

탐구공동체에서 철학적 실제의 정서적 측면은 명확히 드러나며, 인지적 과정과 한데 얽힌다. 어린이들은 당황스러움, 호기심, 그리고 놀라움을 경험한다. 또한 일치의 즐거움과 불일치의 좌절을 경험하기도 한다. 때로는 혼란, 분쟁, 환멸을 만나기도 하고,

흥분, 좌절, 당혹감을 조절하는 법을 배우기도 한다. 이 모든 감정은 사고과정과 철학적 탐구의 정신적 특성이다. 어린이들의 정서는 얼굴 표정과 신체 동작을 통해 읽을 수 있다. 주름진 이마, 심각한 얼굴, 벌어진 입, 눈물로 가득한 멍한 눈이나 뭔가를 깨달은 듯 기쁨에 넘치는 눈, 또는 말하고 싶어 안달하는 온몸 등이 이에 속한다.

어린이들은 그들에게 있어 정말로 문젯거리인 일들을 토론한다. 그들은 철학적 대화를 통해 자신의 존재감이 달라지는 직접적인 경험을 한다. 철학적 대화에서 어떤 생각의 교환은 웃음을 가져오기도 하고 어떤 교환은 슬픔의 눈물을 낳기도 한다. 가끔씩 철학적 대화는 '외계인이 존재하는지 아닌지 어떻게 알까?' 와 같은 주제를 다룸으로써 재미있는 모험이 되기도 한다. 또 다른 경우 철학적 대화는 개인에게 아주 중요한 문제(예를 들면, '우리는 죽은 다음에도 사람들과 이야기할 수 있을까?')를 다루기도 한다.

2) 개인 경험

이야기, 시, 혹은 다른 것으로부터 야기되는 철학적 질문에 답하기 위해 어린이들은 또 다른 이야기나, TV에서 본 프로그램 또는 책이나 다른 데서 보고된 예를 연결짓기도 하고 비교를 하기도 한다. 그런 비교들은 토론 중인 문제를 좀 더 명확히 해 주기도 한다. 어린이들은 자신의 삶에서 일어난 일들을 폭넓게 사용한다. 여러 가지 이유에서 그렇게 하는데, 일단 어린이들의 경우 세상에 대한 공적인 지식을 다양하게 획득하기가 쉽지 않다. 대신 그들의 사적인 지식은 직접적이고 친숙한 것들이므로 어린이들은 자신의 경험, 자신이 이해한 세상, 그리고 자기들 삶에 대해서는 자신 있고 확신에 찬 자세로 말할 수 있다.

사적인 경험은 모든 사람에게 특별한 것이므로 우리는 고려해 볼 만한 각자의 사례를 제안할 때는 나름대로 전문가적 인식을 갖게 된다. 이전 장에서 이미 묘사된 바와 같이 왜 곰 인형이 자신이 놓아 둔 위치에 있지 않은지를 이해하려는 애나의 시도나 누군가를 주먹으로 때리는 것이 가족으로 인한 고통을 멈추는 길이라는 잭의 제안이 그 예다. 이런 특정 사례의 내용은 중요한 문제다. 어린이들은 종종 그런 실례를 찾아내고 자신들이 가져온 사례의 원인이 된 모든 환경적 여건들을 지적하느라 많은 시간을 소비하게 된다. 개인의 구체적인 사례들이 교육적인 것이 되려면 경청하는 시간을 할애해 주어야 한다. 어린이들은 사례에 대한 개인의 생각을 논리적으로 설명할 때 상세한 데까지 주의를 기울인다. 교실에서 그런 설명들은 개인 사고의 복잡성을 이해하는 데 통찰력을 제공해 줄 뿐만 아니라, 가정과 학교 사이, 그리고 어른과 자신들의 삶 사이의 모순되는 가치에서 비롯되는 딜레마를 어린이가 어떻게 관리하는지 보여 준다.

3. 철학적 대화에 어린이의 개인적 경험 담아내기

어린이들의 개인적 경험은 탐구 그 자체의 초점이 될 수도 있고, 대화거리가 안 될 수도 있으며, 혹은 두 가지 모두에 해당할 수도 있다. 이는 어린이들이 이야기 속 주제를 자기 삶에서 중요한 무엇인가와 결부시키는 경우로, 이럴 때는 탐구할 만한 것인지 그 근거가 빈약하면서도 강력해 보인다. 이는 탐구가 즐겁고 재미있을 때와는 사뭇 다른 교육의 기회가 될 수 있다.

『스코그 섬(*The Island of the Skog*)』을 보면 쥐들은 지속적인 고양이의 괴롭힘 때문에 집을 떠난다. 그들은 모형선에 양식을 싣고 새롭고 안전한 집을 찾아 항해를 떠난다. 쥐들이 식민지로 개척하고자 했던 섬에는 스코그가 거주한다. 쥐들은 섬 가까이 도착해서 대포알을 섬에 퍼붓는다. 섬에 발을 들여놓았을 때 거대한 발자국을 보았기 때문이다. 쥐들은 스코그를 잡기 위한 덫을 놓는다. 그런데 얼마 후 쥐들은 스코그의 정체가 아주 작은 생명체였음을 깨닫는다. 스코그는 섬에 새로 들어온 자들에 대한 공포심 때문에

자신을 괴물처럼 위장한 것이다. 스코그와 쥐들은 평화를 되찾고 함께 살아가기로 합의한다.

이 이야기에 관한 영화를 본 후 어린이들에게 이야기 속에서 일어났던 일들 중 자기의 과거 경험을 떠오르게 하는 것이 있는지, 세상에 대해 무엇을 알게 되었는지를 질문했다. 어린이들은 쥐에 대한 고양이의 행동을 놀림 또는 왕따 행동으로 동일화했다. 린다는 '성급한 결론'이라는 문구를 쓰며 성인들은 때때로 어린이들의 행동에 대해 성급하게 결론을 내린다고 말했다. 조 다른 어린이들은 위험, 침략, 그리고 전쟁으로부터의 탈출과 같은 주제를 확인하기도 했다.

베키는 TV에서 보았던 인종차별의 왕따 사례들을 떠오르게 한다며 왕따 행동에 관심이 있다고 말했다. 그러자 어린이들은 〈글상자 9-1〉에서 보는 바와 같이 왕따에 대한 질문 목록을 만들었다. 한 사람의 아이디어가 다른 예들을 유발한 것인데, 연속적인

〈글상자 9-1〉 왕따에 대한 어린이들의 질문

- 사람들은 왜 종종 자기 가족을 괴롭힐까?
- 어떤 사람들은 왜 자기들과 같지 않은 다른 사람들을 괴롭힐까?
- 왜 악당들은 자기들을 괴롭힌 적이 없는 사람들을 괴롭힐까?
- 왜 악당들은 학교에 처음 온 애들(전학생)을 괴롭힐까?
- 왜 사람들은 학대받거나 상처가 있는 사람들을 괴롭힐까?
- 왜 악당들은 나이 든 사람들을 괴롭힐까?
- 왜 사람들은 자신들이 전혀 알지 못하는 사람들을 괴롭힐까?

질문의 구조적 유사성을 보여 준다. 어린이들은 인종차별적 왕따 탐색으로 시작하기를 원했다. 그들은 왕따의 이유에 대해 생각해 본 후, 가해자들은 시기심이 많고 심심하고 다른 사람들을 억누르고자 하는 사람들이며, 그렇게 하는 것이 멋있거나 재미있다고 생각하기 때문에 왕따가 생긴다고 했다. 또한 가해자들이 다른 사람보다 낫다는 생각 때문에 혹은 그들 자신이 놀림받는 것을 피하려고 왕따를 한다고 했다.

어린이들은 만장일치로 왕따를 불공평하고 나쁜 것으로 비난했으나 특별히 민족차별주의에 초점을 맞추지는 못하였다. 대신 모든 사람들이 왜 똑같아야 하는지, 서로 다른 차이가 중요한 문제가 되어야 하는지에 대한 토론이 있었다. 초반에는 어린이들이 TV에서 다루었던 인종차별주의의 에피소드들에 대해 말하긴 했지만 그 어떤 어린이도 민족주의적 학대나 인종차별에 대한 직접적 경험에 대해 언급하지 못했다(탐구공동체를 실시한 학교가 백인 중심의 시골에 소재해 있었기 때문이라 여겨진다). 백인 중심의 시골 사회에서는 민족주의가 표면적으로 드러나지 않는다. 대신 다른 유형의 왕따나 괴롭힘의 경험이 토론에 소개되자마자 그런 경험이 있는 어린이들이 대화를 진행시키기 시작했다.

카렌은 다음과 같이 말함으로써 토론이 새로운 방향으로 진행되도록 도왔다.

> 나는 사람들이 자신의 인기를 위해 왕따를 한다고 생각해……. 나 역시 친구와 말다툼을 해서 두어 번 왕따를 당한 적이 있어. 그

> 애가 나보다 더 인기가 많았기 때문에 모든 애들이 그 친구를 옹호했고 나는 왕따를 당했어. 그 누구도 나를 좋아하지 않았기 때문에 말이야.

카렌의 개인적 고백이 있자마자 교실 분위기가 정서적으로 변화하기 시작했다. 앞에서 언급한 바와 같이 이런 예를 탐색한다는 것은 일정 부분의 위험이 있을 수 있음을 인식하는 것이 중요하다. 그런 사건과 연관된 모든 종류의 강한 정서들이 떠오를 수 있기 때문이다. 카렌의 고백은 집단 내에서 사람들의 실제적 경험에 관한 이야기가 가상의 이야기나 TV를 통한 경험과는 어떤 식으로 다르게 다루어져야 하는지를 생각해 보는 기회가 되었다. 또한 개인적 경험의 공개는 보다 신중해야 함이 강조되었다.

어떻게 하면 공적인 영역에서 지극히 사적인 경험을 통한 학습을 가능하게 할 수 있을까? 그런 상황에서는 교사나 성인에 따라 어려운 주제를 탐색하는 데 수반되는 위험 수위가 달라질 수 있다. 개인적 감정을 존중한다는 것은 매우 중요하나 자칫 잘못 판단하기 쉽다. 사람들이 질문을 할 때에는 세밀한 관찰, 민감성, 그리고 정기적인 점검이 필수적이다. 카렌의 예를 비추어 설명하면, 교사는 카렌에게 자신이 고백한 개인적 경험을 계속해서 파고들어도 되는지 아닌지를 물어봄으로써 카렌이 스스로를 통제할 수 있도록 해 주고 집단의 나머지 어린이들에게는 조심해야 할 이슈임을 알려 줄 수 있다. 개인적 사례를 건설적으로 사용해야만 심리적 통찰과 철학적 통찰에 대한 기회가 된다.

4. 인간관계에서의 힘이란 무엇인가

카렌의 이야기는 학교에서 왕따를 당하는 것에 대한 많은 이슈를 유발했다. 한 아이는 6학년생들이 어린 학년을 괴롭히는 것에 대해 이야기했다. 또 다른 아이는 자기가 집 근처 가게에 갈 때마다 괴롭히는 고학년생들에 대해 이야기했다. 이런 과정에서 어린이들은 강탈당한 경험, 별명으로 불린 경험, 남들과 다르거나 어떤 일을 못한다는 이유로 놀림받은 경험, 민족과 성 차별적인 괴롭힘을 목격한 경험, 그리고 새로 전학 온 친구를 못살게 굴었던 경험이 있음을 깨달았다.

이렇게 어린이들에게 익숙한 개인적 경험의 맥락에서 힘의 역동성이라는 개념이 출현하기 시작했고, 어린이들은 이 힘의 역동성을 이해하기 위해 탐색을 시작했다. 어린이들은 사람들이 왕따와 같은 상황에서 재빠르게 보다 힘을 가진 자들에게 합류하여 한쪽 편을 든다고 말했다. 즉, 사람들이 한 개인을 제외시키는 한 집단에 합류함을 볼 수 있다는 것이다. 우리는 왕따라는 것이 상황에 따라 누구나 할 수 있는 행위인지, 특정한 개인에게만 속한 문제인지 자기 자신에게 물어보기 시작했다. 또한 왕따를 어떻게 정의하고 있는지에 대해 생각하기 시작했다. 어린이들의 이러한 경험은 우리에게 힘의 특성, 인간행동, 그리고 인성에 대해 무엇을 말해 줄 수 있을까?

왕따는 어떻게 시작되는 것일까? 만 8세의 전학생 스티븐은 다음과 같은 예를 말해 주었다.

나는 이전 학교에서 왕따를 당했어. 5~6명의 아이들이 날 왕따시켰는데 이유는 그저 재미있어서였어. 그 애들이 날 놀지도 못하게 해서 나는 함께 놀 친구가 한 명도 없었어. 걔들은 내가 가진 모든 것을 집적거렸어. 내가 건포도를 가지고 있으면 그 애들은 그걸 토끼 똥이라고 그랬어.

스티븐의 마지막 말에서 예상할 수 있듯이 교실 한쪽에서 아이들의 킥킥거리는 소리가 들렸다. 우리는 스티븐이 묘사하고 있는, 식당에서 고립되고 걱정에 가득 찬 소년의 감정으로부터 멀리 벗어나 있었던 것이다. 스티븐이 계속 말을 하자 더 많은 어린이들이 서로를 쳐다보며 웃기 시작했다. 누가 건포도를 똥으로 혼동할까?

스티븐은 아이들의 웃음에 적잖이 놀란 듯 보였다. 나는 아이들에게 자신이 왕따당했던 것을 설명하고 있는 친구를 보고 웃는 것 역시 왕따 행동이 아닌지 생각해 보라고 했다. 우리가 재미있어하는 어떤 것이 다른 사람에게는 심각한 것이 될 수 있지 않을까? 우리는 우리의 반응에 대해 심각하게 생각해 볼 필요가 있었다. 스티븐에게 계속 이야기를 할지 물어보았다. 예상과 달리 그는 조금 더 말하고 싶어 했다.

심지어 이 학교에서도 어떤 애들은 우리 아빠가 죽었다고 말하면서 웃어. 나는 너희가 내 이야기를 재미있다고 생각하는 걸 알아. 하지만 나는 지금 아빠도 있고, 2년 동안 함께 살아온 이복형제도 있어. 그러니 다시는 날 괴롭히지 않았으면 좋겠고 우리 아빠가 죽었다고 말하면서 그것으로 재미있어하지 않았으면 해.

다시 한 번 교실 분위기가 변화되었다. 닐—가장 크게 웃었던 아이 중 하나—은 전체적으로 자기들이 깨달은 바에 대해 솔직하고 진지하게 표현했다. 적절히 요약된 표현이었다. "스티븐의 생각에 동의해. 스티븐에게 토끼 똥을 먹고 있다고 말하는 것은 아주 나빴어. 우리가 뭔가를 먹고 있을 때 누군가가 그렇게 말한다면 그건 아주 기분 나쁜 일일 거야." 스티븐에게는 실로 걱정될 만한 뭔가가 있었던 것이다. 웃는 아이들이 조용해짐으로써 스티븐은 한 걸음 더 나설 수 있었고, 자신의 호소에 집중하도록 할 수 있었다.

5. 철학적 대화에 참여할 때의 정서적 측면

앞의 예는 도덕적 이슈를 탐색하기 위해 참여자들이 개인적 경험을 나누는 토론에서 어떤 정서가 특히 부각되는지 명확히 보여준다. 이와 비슷한 사례를 겪는 교사들에게는 정신역학에 대한 이해가 큰 도움이 될 수 있다. 그러나 감정으로 가득 찬 정서적 경험이 토론에 제시되건 아니건 간에, 각 개개인은 집단의 참여로 인해 생기는 감정을 다룸으로써 배우는 것이 있을 것이다. 자신이 철학적 질문과 개념에 대한 생각을 할 때 느끼는 감정뿐만 아니라 많은 다른 감정이 다른 사람들의 이야기를 듣는 맥락에서 생겨난다. 철학적으로 사색한다는 것은 열정적인 참여를 필요로 한다.

현대의 철학자들은 정서를 인지와 분리시키는 것 혹은 정서를 이성과 대립적인 것으로 보는 것은 난센스(nonsense)라고 주장한다 (Corradi Fiumara, 1995, 2001; Nussbaum, 2001). 코라디 피우마라 (Corradi Fiumara)는 욕구 없이는 인간이 세상과 연결될 수 없으며, '가정된 객관 세계'에 대한 모든 참조물도 인간의 노력과 욕구에 의해 걸러진다고 주장한다. 그녀는 "(정서적) 욕구들은 과학적 이성을 포함하여 이성적으로 사고하는 데 적합하며 필수적이다. 따라서 지식의 미래는 우리의 정서적 삶의 복잡한 특성에 의존할 수도 있다."고 주장한다(2001: 4).

6. 탐구공동체에서 이성과 열정의 상호작용

철학적 탐구의 목적이 이성과 논리적 사고를 강화하기 위함이라고는 해도 그것이 정서교육을 소홀히 해도 된다는 것을 의미하지는 않는다. 오히려 탐구공동체는 정서교육의 좋은 기회를 제공한다.

감정에 좌우되지 않는 사고는 이성과 열정이 어떻게 상호작용해야 하는지를 깨달음으로써 얻어진다. 사랑과 분노는 우리로 하여금 특정 사건이나 이슈에서 정의로움을 추구하게 한다. 비통과 상실은 우리의 가장 깊은 신념에 대해 생각해 보게 한다. 다른 사람이 우리가 말하는 바에 동의하지 않을 때 위협을 느끼면, 대안적 관점이나 설명을 제시하려는 우리의 능력은 나쁜 영향을 받는다. 자존심 때문에 우리가 마음을 바꾸었음을 인정하지 못할 수 있고, 시기심 때문에 토론을 위한 누군가의 좋은 질문을 선택하지 못할 수 있다. 우리는 종종 집단 중 누군가가 전혀 발언하지 못하도록 행동한다. 우리 삶에서 진행되는 어떤 것들은 관련이 있건 없건 다른 사람들로부터 주의 집중을 갈망하게 만들 수 있다.

한 집단에서 만 10세의 남자아이는 다른 친구들이 자기 관점에 동의하지 않았을 때 혹은 우리가 어떻게 해야 하는지에 대한 자기 제안에 동의하지 않았을 때 눈물을 멈출 수가 없었다. 그 아이가 계속해서 눈물과 당혹감으로 고군분투하고 있을 때, 다른 친구들은 어려운 경험에 관한 사례들에 대해 말할 용기를 찾았다.

어떤 집단에서든 참여하고 싶지 않은 의사를 보이거나 토론을 분열시키는 산란한 또는 냉담한 사람이 있을 수 있다. 한 집단과 그 안에 있는 개개인의 정서적 요동은 진보하고 있다는 중요한 지표가 된다. 따라서 우리는 우리의 정서를 관찰하고, 수용하고, 거부하고, 즐기면서 배워야 하며 때때로 정서에 따라 단호히 행동해야 한다.

7. 적절한 제한의 필요성

학교는 공적 기능을 하는 곳으로 규정된 정치적 기관이다. 어린이들은 성인과 똑같은 권력을 갖지 않는다. 어느 정도 보호되기는 하지만 권력과는 거리가 멀다. 많은 어린이들이 상당한 책임을 수행하지만 그에 상응할 만큼의 선택의 자유를 즐기지는 못한다. 그래서 어린이들은 주류가 아닌 소외계층으로 불린다. 탐구집단을 시작할 때 교사는 흔히 탐구의 시작점으로 질문하기를 권하는 사람이 되곤 한다. 그러나 어린이들이 점차 질문하기와 그들이 토론하고 싶은 주제 선택에 익숙해지면 여기저기서 자신의 경험에서 우러나오는 질문들로 자연스럽게 시점이 전환된다. 그러면 어린이들은 "우리 자신의 문제를 철학적으로 질문할 수 있을까?" "우린 단지 정해진 이야기로부터만 질문할 수 있는 걸까?" "나에게도 철학에 관해 말해 보고 싶은 뭔가가 있는데."라고 말하게 된다.

그러면 교사는 어린이들에게 토론해 보고 싶은 것을 제안해 보도록 격려할 필요가 있다. 만일 어린이들의 발언이 점심시간 또는 방과 후 수업시간에 일어난다면 어린이들의 흥미에 의한 주제 토론은 공식적인 교육과정의 일부라기보다 자발적 활동으로서의 철학이 된다. 그런 상황에서 교사는 무엇이 허락되고 무엇이 허락되지 않는지에 대한 윤리적 고려사항을 안내할 수 있어야 하고 왜 그런 제한이 필요한지 설명하고 정당화할 수 있어야 한다. 교사의 이런 설명과 정당화는 어린이들로 하여금 규칙과 관례를 탐색하는 풍부한 근거를 제공해 줄 수 있다.

1) 비밀에 대한 토론

현재와 같은 분위기, 그리고 보호 상황 또는 학교 상황에서 비밀이라는 용어는 거의 필연적으로 아동 학대와 아동 보호의 이슈와 연관된다. 많은 교사들은 학급 토론의 주제로 비밀이라는 것에 대해 다루기를 의도적으로 피하려고 하는데 이는 어리석은 일이다. 그러한 회피는 비밀이라는 것이 금기시되는 주제임을 말해 주는 것인데, 사실 비밀이라는 것은 철학적으로 풍부한 주제이기 때문이다.

결혼과 관련된 갈등과 이혼문제로 시작된 토론에서 칼리는 왜 부모님들은 가끔씩 비밀을 갖는지 알고 싶다고 말했다. 칼리는 엄마가 아빠가 아닌 한 남자와 키스하는 사진을 봤다고 말했다. 그러자 많은 어린이들이 자신의 부모님도 비밀 상자나 비밀 서랍을 가지고 있다고 말했다. 어린이들은 이 주제에 관해 매우 탐색해 보고 싶어 했다. 나 자신도 비밀이라는 주제로 토론해 보고 싶긴 했지만 어린이들이 제시한 예를 생각해 볼 때, 자칫 가족들의 개인생활을 침해할 위험이 있기 때문에 그렇게 하는 것은 부적절하다고 제안했다. 가족들이 동의한 것도 아니고 자기 관점을 설명하기 위해 그 자리에 있지도 않기 때문이다. 나는 그것이 무엇을 의미하는지 예를 들어 줌으로써 학급 어린이들에게 '비밀보호'라는 용어와 그 필요성에 대해 설명해 주었다.

2) 개인의 권리와 권위

우리는 어린이들이 언제, 어디서, 어떻게 그런 주제를 탐색하면 좋을지, 그런 토론이 철학적 요령과 용기와 초점에 근거한 더욱 멋진 작업이 되게 하려면 어떻게 해야 하는지에 관한 문제에 도달하게 되었다. 우리는 비밀보호와 관련하여 개인의 사생활이라는 주제로 제한된 토론을 하였다. 여기서 제한적이라 한 것은 앞서 문제로 촉발되었던 경험들은 예에서 배제되었기 때문이다. '비밀보호'라는 용어를 설명하는 데 있어서 나는 어떤 사건을 설명할 때 실제 이름을 거명하지 않고도 언급할 수 있음을 예시해 주었다. 이는 차후에 이런 일이 또다시 있을 때를 위해 제안한 방법이었는데 그 효과는 토론을 위축시키는 결과로 나타나고 말았다.

그래서 비밀보호라는 규칙을 침해하지 않고도 토론할 수 있는 비밀에는 어떤 종류가 있는지에 대한 더 나은 대안을 탐색하기 시작했다. 그때의 상황에서는 이 토론이 토론의 경계를 이해하는 데 획기적인 사건이 되었다. 우리는 벤이 그 가족 내에 있는 정신질환에 대해 질문하고자 했을 때, 그리고 수잔이 학급 내 한 아이가 아빠의 괴로운 감정적 폭발에 대해 토론하기를 원했을 때 어떤 의사결정을 했었는지 그 경험을 떠올리게 했다. 그러자 도덕적 적절함과 부적절함이라는 관념뿐 아니라 성인과 학교의 한계점에 대한 인식이 학급 내에서 형성되었다.

최근에 나는 몇 년간에 걸쳐 정기적으로 함께 활동했던 몇몇 어린이들을 만났다. 그 어린이들은 '어떤 어른들은 순간순간에 좀 변덕스럽다.'고 불평했으며, 또 노는 시간은 다툼과 꾸짖음으로 이어졌다고 말했다. 학생 중 하나는 놀이터에서 수많은 싸움이 있었고 한 아이는 심하게 다쳤다고 보고했다. 어린이들은 내게 다시 돌아와 철학을 좀 더 다루어 줄 수 있는지 질문했는데, 이는 철학이 모든 사람들로 하여금 서로에게 귀 기울이고 여러 가지 것을 생각하게 하는 데 도움이 될 것이라고 믿었기 때문이다.

즉, 어린이들은 일상생활을 유지하는 데 있어 철학을 적용하는 것이 유익함을 깨달은 것이다. 실용적 철학자들은 이제 상업적·산업적 저널에 철학이 업무적 문제를 해결하는 실용적 수단이 될 수 있다는 광고를 낸다. 철학이 무엇인지, 그리고 그것이 무엇을 할 수 있는지의 개념은 유동적이다. 우리는 더 이상 과거의 고정관념에 사로잡힐 필요가 없다.

제10장

혼합 연령 집단으로 탐구하기

10세의 루이스가 "죽는다는 것은 이 세상을 공유하는 것이에요."라고 말한다. 우리는 이처럼 어린이들이 삶, 죽음, 도덕, 우주와 같은 문제를 스스로 발견하고 표현하는 시적 · 논리적 측면을 보고 깜짝깜짝 놀라곤 한다. 어린이들의 발견은 종종 성인의 기대치를 넘어서며 예기치 못했던 통찰력을 보여 준다. 우리를 놀라게 하는 이러한 능력은 어린이의 언어와 독창성에서 비롯되는 것으로 보인다. 어린이들은 신기해 보이는 새로운 경험을 좋아한다. 그래서 습관적이지 않거나 규칙에 얽매이지 않는 반응들을 보여 준다. 그렇다고 어린이들이 그런 문제(삶, 죽음, 우주 등)에 관해 말하는 모든 것이 옳은 정보이거나 심오한 것이라고는 할 수 없다. 다만, 철학적인 어떤 의미를 찾고자 할 때 어린이의 연령이 필수적으로 중요한 요소는 아니라는 것을 분명히 해 두고 싶다.

인간은 오래 살수록 이리저리 저울질하는 일들이 많아진다. 그러나 또 한편으로는 편견, 금지, 특정 문화에 의해 조건화된 것 등으로 짓눌리기도 한다. 우리는 사람이 경험으로부터 배운다는 주장에 동의하지 않는다. 철학적 질문에 대해 답을 구하고자 할 때 중요한 것은 얼마나 많은 경험을 했느냐가 아니라 그 경험이 무엇인지이기 때문이다.

학교에서 교사들은 어린이들의 연령이나 학년을 상당히 의식하는 경향이 있다. 학습목표는 각 학년에 따라 구분되어 제시되는 경우가 많고, 대부분의 학급에서는 연령이 같은 어린이들이 한 명의 교사와 함께 시간을 보낸다. 학습해야 할 것이 많아지고, 목표에 도달해야 하는 수준이 높아지면서 연령을 기준으로 삼는 것이 점점 더 강조되고 있다. 교사들은 상당히 높은 수준의 학습기초기능을 가르칠 새로운 방법과 학습부진을 개선할 새로운 해결책을 찾으라는 압력을 받는다. 그 결과로 나타난 것이 평가와 목표설정에 대한 지나친 강조 현상이다. 그러나 어린이들을 모든 학습분야에서 동일 연령 집단으로 조직하는 것이 바람직할까?

무엇이 바람직한 교육인가에 대한 관점은 시대에 따라 상당히 변화되어 왔다. 또한 문화권에 따라서도 상당히 다른 관점을 보여준다. 이는 어린이들의 사고와 언어발달과정을 보면 명백히 드러나는데, 우리가 인식하는 것과 어린이들이 표현하는 것의 상당 부분은 문화적 규준과 기대뿐 아니라 우리(어린이들)가 속한 사회적 · 경제적 위치에 따라 달라지는 것을 볼 수 있다. 어느 사회든 어린 영유아를 위한 형식적인 학교교육에서 어떤 경험을 다룰 것인가에 대해 폭넓은 관심을 가져 왔다. 참고로 잉글랜드의 형식교육은 유럽의 여러 나라들이 추구하는 실제와 조화된 교육과는 거리가 멀다고 보인다. 형식적인 교육을 상대적으로 더 늦게 시작하는 나라의 교육자들은 잉글랜드에서 만 4세아를 (영유아의 특징을 고려하지 않고) 기존의 보편적 방식으로 가르치고 평가하는 것이 잔인하다고 본다. 잉글랜드의 교육체제가 역효과를 낳을 수 있다는 몇 가지 증거가 있는데(Mills & Mills, 1998), 예를 들면, 웨일스의 유아교육과정은 잉글랜드보다 훨씬 더 놀이 중심으로 구성되어 있다.

유아교육과정은 뉴질랜드의 유아교육과정인 Te Whariki (www.minedu.govt.nz/curriculum)에서 볼 수 있듯이 나라에 따라 상당히 다를 수 있다. 이 교육과정은 '권력이양' '총체적 발달' '가족과 공동체' '관계'라는 네 가지 주요 영역으로 구성된다. 이는 유년기 발달의 변화 폭이 크다는 점을 고려한 것이며 개인적 선택, 책임감, 그리고 점진적인 독립을 강조한 것이다. 뉴질랜드의 교육과정 이외에 또 다른 특이한 교육과정은 각각의 유아, 유아가 맺는 다양한 관계, 공동체, 환경을 강조하는 이탈리아의 레지오 에밀리아(Reggio Emilia) 유아학교에서도 발견된다(Edwards, Gandini, & Forman, 1998). 레지오 에밀리아 유아학교에서 만들어진 어린이들의 작업물 전시회가 2000년 한 해 동안 영국을 순회한 적이 있다. '어린이들의 백 가지 언어'라고 명명된 이 전시회는 특정한 조건하에서 어린이들은 일반적으로 기대 이상의 예리한 관찰력과 사고력을 보여 줄 수 있음을 증명했다. 그러한 관찰과 사고를 가능하게 했던 특정한 조건이란 어린이들에게 상당한 자유를 제공하는 것, 그리고 다양한 방식으로 아이디어를 표상해 보도록 기회와 자료를 제공하는 것이다. 어린이들은 질문하고 답을 찾고 직감을 따를 기회를 가져야 한다. 또한 어린이들은 학교 환경을 조성하고 유지하는 데 참여해야만 하며, 개인으로서의 자율성을 누릴 자격이 있다.

레지오 에밀리아 유아학교에서는 어린이들이 사회적 상호작용을 한다. 이러한 상호작용은 사회적 발달 측면에서의 이점 이외에도 또 다른 중요성을 갖는다. 어린이들의 토론과 질문은 교육과정의 출발점이 되고 매일매일의 작업이 된다. 어린이들은 다양한 분야의 성인들과 접촉하는데, 성인들은 어린이들의 질문을 존중하며 자신의 경험을 들려주고 어린이들과 더불어 개방적인 대화에 참여한다. 이러한 상호작용은 산파 역할을 한다. 즉, 교육과정이란 살아 숨 쉬는 채로 태어나는 것이며, 어린이들의 호기심과 성인들의 특별한 기술과 지식을 바탕으로 성장하는 것이다.

질 높은 사고와 대화는 어린이들의 신체적 자유와 탐색 놀이를 제한하지 않고도 가능하다. 그 증거가 레지오 에밀리아 유아학교의 어린이들이 보여 주는 2차원 및 3차원적 표상이며, 그 표상에서 보여 주는 다양한 형태의 언어는 어린이들의 추상적 · 창의적 · 복합적 사고능력을 증명해 준다.

이탈리아 유아교육과정의 주요한 관심은 어린이들이 지적 · 사회적 · 정서적으로 참여하여 주도한 탐구거리라면 그것이 어떤 것이든 계속 유지되고 심화될 수 있도록 방법을 찾는 것이다. 그래서 레지오 에밀리아 어린이들은 뭔가에 집중하고 그것을 세밀히 관찰하는 데 많은 시간을 보낸다. 또한 그들은 성인과 또래들에게 귀를 기울이고 오랜 시간 동안 독립적인 활동뿐만 아니라 협동적인 활동에도 몰입하는 시간을 갖는다. 북유럽 국가들의 학교에서는 일반적으로 실외 활동과 상상놀이를 강조하며, 어린이들에 의해 주도된 탐구에 호의적이다. 이러한 접근은 미래에 획득되어야 할 기술보다는 현재의 어린이들의 능력과 장점을 강조함에서 비롯된다. 현재 기술이 부족하다고 해서 어린이들의 학습 주도력이 발달되지 않는 것은 아니라고 보는 것이다.

철학적 탐구는, 성인들을 종종 놀라게 하는, 무엇인가에 몰입하고 지속적으로 참여하는 영아들의 능력과 같은 범주에 있다. 어린이들에게 철학적 접근이 가능한가? 이에 대한 대답은 기대하는 것이 무엇인지, 학습 습관은 어떤지, 중재하는 성인의 기술은 어떤지, 그리고 출발점은 어떤지에 달려 있다. 그림책을 통한 철학적 접근은 네덜란드의 철학자이자 어린이 사서인 카린 머리스(Karin Murris)에 의해 시작되었는데, 머리스는 그림책을 통한 철학적 접근의 훌륭한 예를 보여 준다. 예를 들어, 머리스의 초기 작품에서 발전된 『현명한 이야기(*Storywise*)』(Murris & Haynes, 2000)는 다양한 연령 집단의 어린이들과 함께한 탐구의 예를 제공하며, 'Web of Intriguing Ideas'라는 절에서는 교사들에게 철학적 주제의 범위와 철학자들의 사고를 소개하고 있다. 이는 교사들이 어린이들의 아이디어를 발전시키고 집단토론을 촉진하기 위해 어떻게 개입할 것인지 결정하는 데 도움을 준다.

1. 그림책을 통한 철학에의 접근

만 4~6세로 이루어진 소집단의 어린이들은 모리스 센닥(Maurice Sendak)의 잘 알려진 이야기 『괴물들이 사는 나라(*Where the wild things are*)』(1992)에 대해 다음과 같이 질문한다. '맥스의 침실이 어떻게 숲으로 변했지?' '맥스가 꿈을 꾼 것일까?' '맥스가 상상한 것인가?' '거기 나온 괴물들은 진짜였을까?' '맥스는 야생의 옷을 입고 있었기 때문에 거칠었던 것일까?' '맥스가 오랜 시간 동안 떠나 있었는데도 어떻게 저녁 식사가 따뜻했을까?' 등등이다. 어린이들은 자신의 생각을 탐색해 가며 그림을 그리고 바닥에 두셋씩 모여 앉아 옆에 있는 친구들과 함께 수다를 떤다. 시간이

좀 지난 후 어린이들은 소집단에서 나누었던 질문을 공유하기 위해 대집단으로 다시 모여 앉았고 교사는 모든 어린이들이 볼 수 있도록 질문을 기록했다.

또 어떤 경우에는 이야기를 반복해서 읽는다. 이를 위해 같은 책을 여러 권 준비해 둔다. 어떤 어린이들은 책의 일부분을 읽을 수 있는가 하면 또 어떤 어린이들은 누군가가 읽어 주는 것을 듣고 그림을 쳐다본다. 어린이들은 어떤 질문들이 있었는지 다시 한 번 생각해 본 후 다시 책을 읽고 듣는다. 이를 통해 '꿈꾸는 것'에 대한 토론이 발전된다. 데이비드는 "나는 우리가 하고 있는 것이 꿈을 꾸고 있는 거라고 생각해."라고 말한다. 린다는 "나는 우리가 꿈꾸는 거라고 생각하지 않아. 왜냐하면 우리 모두 지금 여기에 있잖아."라고 말하며 이에 동의하지 않았고 나탈리도 "일단 우리가 잠자러 가지 않았으니까 꿈꾸고 있는 것은 아니야."라고 덧붙인다.

꿈꾸고 있는 것이 아니라는 관점은 "꿈은 우리가 집에 있을 때 침대에서만 꾸는 거야."라고 말한 로버트에 의해 더 분명해졌다. 그러나 며칠이 지난 후 만 5세의 어린이들 중 한 명은 교사에게 "제가 지금 꿈을 꾸고 있나 봐요. 우리 모두가 꿈을 꾸고 있는 것일 수도 있어요. 어쩌면 세상 모든 사람들이 꿈꾸고 있는지도 몰라요. 우리는 깨어나지 않을지도 몰라요."라고 말했다.

그림책을 통한 철학적 접근법의 두드러진 특징 중 하나는 성인들까지도 철학적 토론에 빠져들게 한다는 것이다. 잘 선정된 이야기는 어린이들뿐만 아니라 성인들에게도 호소력을 갖는다. 잘 선정된 이야기는 우리에게는 익숙하지만 해결되지 않는 인간사의 여러 측면을 표현하고 있고 독자나 청자들의 사색을 불러일으킬 만큼 애매하고 복잡한 내용을 다루기 때문이다. 『괴물들이 사는 나라』는 모든 이들에게 강력한 반응을 불러일으키는 것 같다. 어떤 사람들은 이 책이 신비로우면서도 재미있다고 평하지만 한편으로는 무시무시하다고 말하기도 한다. 이 책의 주제는 선과 악, 분노와 사랑, 시간, 꿈꾸기와 상상하기를 포함한다. 교사는 어린이들에게 책을 읽고 나서 책에 대한 자신의 느낌이 어떤지 생각해 보게 하였다. 그런 다음 어린이들에게 "왜 우리는 좋아하는 것을 먹고 싶어 했을까?" "맥스는 벌을 받아야 마땅할까?" "우리들의 거친 면을 어떻게 표현해야만 할까?" "맥스는 꿈을 꾸고 있었을까?" 등과 같은 질문을 던졌다.

2. 혼합 연령 집단의 장점

이상에서 살펴본 것처럼 철학적 탐구는 연령에 따라 무엇을 얻을 수 있는가에 대한 관심에서 벗어나 학습의 또 다른 측면, 즉 인성적 · 사회적 발달에 초점을 맞출 수 있게 한다. 이는 완전히 다른 종류의 새로운 탐색이며 무엇이 현명한 것인지, 어린이들의 성취는 어떤 것인지에 대한 우리의 인식을 바꾸게 해 준다. 또한 지식이나 진실을 알고자 하는 개인의 권리를 강조한다. 소크라테스식 교수법의 특징을 설명하면서 피터 앱스(Peter Abbs, 1994)는 "교육은 경험에 대해 특별한 정서적 · 비판적 태도를 갖는 마음의 활동이다."라고 언급한 바 있다. 소크라테스식 교수법은 문답법(elenchus)이라고도 불린다. 문답법은 강하게 믿고 있던 신념으로부터 벗어나 불확실성으로 가는 것이며 확신에서 불안으로, 그다음엔 사색적인 호기심으로 옮겨 가는 것이다. 불확실성과 불안을 가질 때 진정으로 의미와 이해를 추구하게 된다. 문답법은 우리의 마음을 어지럽게 하거나 신선하고 기발한 생각을 방해하는 시시한 것들을 내다 버림으로써 학습 공간을 창출하게 한다. 즉, 이전에 가지고 있던 신념이나 가정들에 대해 지적 · 정서적으로 도전하는 것이다. 앱스는 지적하기를 "교육은 가르친다는 윤리적 행위이며 부분적으로 비평가를 자유롭게 해 주는 활동이자 예술이다. 또 다른 한편으로는, 미리 알 수 없는 최종 결과물을 만들어 내는 윤리적 과정이라고도 할 수 있다."고 하였다. 탐구공동체에서 교사는 반드시 진정한 참여자여야 하며, 문답법의 가치를 증명해 보일 필요가 있다.

혼합 연령 집단으로 탐구공동체를 실행하는 것은 많은 장점을 갖는다. 우선 다양성과 놀라움이라는 요소가 있다. 일단 어린이들이 동생들에게도 배울 수 있을까라는 의구심이나 형들과 함께 배울 수 있을까라는 두려움을 극복하게 되면, 나이의 제한과 경계를 없애 버림으로써 보다 자유로워질 수 있다. 여러 가지 다른 형태의 상호관계를 구성함으로써 얻어지는 분명한 이득이 있다. 가령 사람들은 나보다 지식이 많은 사람으로부터 알게 된 지식에 대해 다시 생각해 볼 기회를 가질 수 있다. 혼합 연령 구성은 교사들에게 색다른 도전을 제공하며, 그들을 자유롭게 하여 학생들의 또 다른 측면을 보게 해 준다.

어떤 집단에서 생긴 질문이든 이는 그들의 흥미와 입장을 반영하는 경향이 있다. 그러나 같은 이야기에 대해 다양한 집단에서 생성된 질문을 비교해 보면 중복되는 부분도 많다는 것을 확인할 수 있다. 질문들이 한 집단의 당시의 입장 또는 관점을 표현하기도 하지만, 대개의 경우 주요한 철학적 탐구 영역에 이르게 된다.

3. 학교교육과 학습

토니 로스(Tony Ross)가 지은 『마이클(*Michael*)』(1990)은 시종일관 순응하기를 거부하고 교사가 지워 버렸음에도 불구하고 자기 이야기에 매달리는, 학교에 적응하지 못한 한 남자아이의 이야기를 다루고 있다. 이 이야기는 마이클이 혼자만의 심도 깊은 연구 끝에 재활용품을 이용해 만든 로켓을 타고 날아가 버리고, 선생님들은 이런 마이클의 행동에 대해 "언제가는 마이클이 아주 멀리가 버릴 줄 알았어."라고 말하며 끝이 난다.

나는 이 이야기를 읽은 후 서로 다른 세 집단(초등학생들, 초등학교 교사들, 그리고 교사 훈련가 집단)의 사람들에게 질문을 만들어 보게 했다. 초등학생들은 '마이클이 수업을 제대로 듣지 않았는데 로켓 만드는 법을 어떻게 배웠을까?' '우리가 배우고 싶은 것을 배울 수 있을까?'라는 질문을 했다. 이에 반해 교사들은 '마이

클은 무엇을 해야 하는지 어떻게 알았을까?' '왜 마이클은 그렇게 결심했을까?' 라는 질문을 했고, 교사 훈련가들은 '비순응자는 위험한 것일까, 자유로운 것일까?' '마이클은 어떤 종류의 교육을 받아야만 할까?' 라는 질문에 대한 답을 찾고자 했다. 토론에서 만 7~11세 어린이들의 경우 다음과 같은 이슈를 생각해 볼 수 있다.

제 임 스: 마이클이 로켓에 관해 읽을 때는 절대 장난스럽지 않았어. 그는 다른 애들이 배우는 것과는 좀 다른 것에 대해 배우고 있었거든. 그러니까 다른 애들이 하고 있는 공부 대신 자신은 로켓에 관해 공부하고 있는 거야.

카　　일: 나는 제임스가 뭘 말하는지 알 것 같아. 제임스는 우리가 좀 더 크면 나중에 마이클처럼 진짜 로켓을 만들 수도 있다고 말하는 거야. 마이클이 이루어 낸 모든 것을 우리도 할 수 있다는 거지.

탐　　신: 카일 말이 맞아. 너희들도 학교에서 배우는 것에는 도통 관심이 없잖아. 내 말은 학교를 벗어나서는 배우고 싶은 어떤 것을 배울 수 없다는 뜻이 아니야.

제　　인: 어떤 면에서 마이클은 버릇없기도 했지만, 또 한편으로는 버릇없었던 게 아니야. 선생님이 말하는 것과 가르치는 것을 듣지 않았던 건 버릇없었던 게 맞아. 하지만 로켓에 관해 자기 자신만의 뭔가를 배우고 있었다는 것은 잘못된 게 아니야.

스테이시: 나는 탐신의 말이 맞다고 생각해. 마이클은 뭔가를 배우고 있기도 했지만 한편으론 배우고 있지 않은 거라고 봐. 마이클은 선생님이 하라고 한 것은 하지 않았고 자기가 하고 싶은 것을 했어. 그러니까 마이클은 계속해서 뭔가를 배우고 있었던 것인데 그게 수학이나 과학 같은 것이 아니라, 로켓에 관한 어떤 것이었다는 거지.

로　　라: 마이클을 전적으로 버릇없다고 말하긴 어려워. 축구할 시간에 책을 읽었던 것처럼, 마이클은 노는 시간에 축구를 하거나 다른 일을 하지 않고 자신만의 공부를 했으니까.

카　　일: 그래, 로라 말이 맞아. 어떤 면에서 보면, 마이클은 뭔가를 꾸준히 배우고 있었으니까—마치 어떻게 읽는지를 배우고 있는 것처럼—선생님들은 행복해해야 돼. 물론, 마이클이 선생님이 가르치는 책을 읽은 게 아니라 자기 자신만의 뭔가를 읽고 있었지만 말이야.

교사와 교사 훈련가들은 학교교육의 특성과 목적, 그리고 학교교육과 학습의 차이점에 관한 생각을 탐색해 보기 위한 출발점으로, 이 이야기와 이야기에 대한 자신들의 질문을 사용했다. 학생, 교사, 교사 훈련가들을 모두 토론에 참석하게 함으로써 얻어지는 이익은 무엇일까? 철학적 대화는 서로 다른 집단의 서로 다른 소리를 조절해 주는 위대한 이퀄라이저(equalizer)[1]가 될 수 있다.

4. 연령이 문제가 되는가

기업의 고용주와 교육정책 입안자들은 융통적이고 적응적인 학습자의 필요성을 제기해 오고 있다. 어린이들은 도덕적으로 민감해져야 한다. 그들은 문제해결자요, 의사결정자이며 창의적 사고자여야 한다. 그런데 어떤 종류의 교육이 그런 학습을 가능하게 만들 수 있을까? 현대적 교육공학에 의해 가능해진 보다 독립적인 학습(예를 들면, 인터넷을 통한 학습)에 대한 요구, 그리고 교사와 얼굴을 맞대고 소위 '기초학습'을 하는 학교교육에 대한 요구 사이에 긴장감이 엿보인다. 이러한 모순된 요구에 부딪혀 주도적이고

1) 역주: 녹음실의 콘솔(console)과 함께 장치되어 여러 개의 음원을 조절하는 기기.

독립적으로 탐구할 여지가 있을까? 학습 양식과 교수 양식 사이의 균형을 바로잡을 수 있을까?

테오도르 젤딘(Theodore Zeldin, 1998)이 쓴 『대화(*Conversation*)』를 보면, 과잉전문화는 대화할 수 있는 능력을 약화시킬 수 있다는 코멘트를 하고 있다. 그는 또한 토론, 이야기, 대화는 일하는 장소에서 그 어느 때보다 훨씬 더 두드러지는 특성을 갖는다고 지적한 바 있다. 그렇다면 초등학교 교실에서의 과잉전문화는 어린이들의 대화하는 능력에 어떤 효과를 갖는 것일까? 최근 많은 사람들은 어린이들의 말하고 듣는 힘이 부족해지고 있음을 염려하고 있다. 젤딘의 주장에 따르면, 그것은 교육과정의 과잉전문화 때문이며 적어도 어느 정도는 교육과정에 그 책임을 물어야 한다. 그러나 구조화된 언어적 교수법에 대한 관심 증가가 어떻게 어린이들의 대화 능력과 대화 기회의 상실을 가져온 주요 요인 중 하나가 될 수 있단 말인가?

학교에서 이루어지는 일의 상당 부분은 어린이들이 발달과정의 일정 '단계'에 있음을 전제로 구조화된다. 따라서 특정 단계에 대해 우리가 어떤 전제를 가지고 있는지를 생각해 보고, 단일 연령 집단으로 학습하는 것이 항상 도움이 되는지를 질문해 보는 것이 좋다. 우리는 왜 연령에 집착하는 것일까? 우리가 학습환경을 구조화하는 특정한 한 가지 방식(예를 들면, 같은 연령으로 집단화하는 것)에 집착함으로써 잃게 되는 것은 없을까?

5. 탐구기반 학습: 교실 구조화와 운영의 측면

- 어떤 방식으로 그리고 어떤 자료로 강의를 시작할지 출발점을 신중히 생각하라.
- 늘 똑같은 일상에 얽매이는 것을 피하고 뜻밖의 일을 펼쳐라.
- 가르치는 데 있어서 서로 다른 교과 영역이 교차되도록 하라. 예를 들면, 음악으로 과학수업 시작하기, 시 한 편으로 역사수업 시작하기 등이 있다.
- 수업 계획과 준비를 융통성 있게 하는 것은 물론 열의를 보이고 계획 단계에서 어린이들과 상담하며, 계획안을 기꺼이 변경하라.
- 어린이들에게 질문할 수 있는 여지를 주며(학습주제의 시작 단계 시) 그 질문들을 기록하고 전시하라. 가르치는 과정에서 그 질문들을 참고하고 복습 및 평가 시간에도 질문에 대한 언급을 하라.
- 전시는 단순히 최종 결과물을 보여 주는 것이 되어서는 안 된다. 그보다는 어린이들의 발전과 작업의 진전과정을 볼 수 있도록 해야 한다. 어린이들의 생각이 점진적으로 발전해 왔다는 증거를 제공하라.
- 자기 작업에 대한 어린이들의 소유권을 존중하라.
- 연령, 능력, 그리고 교과 영역을 재검토하라.
- 어린이들이 탐구, 제안, 대안적 해결책, 그리고 계획을 주도할 수 있도록 여지를 주어라.

- 교실에 대한 주인 의식을 공유하고 공간 및 자원을 구조화하는 의사결정에 어린이들을 참여시켜라.
- 자유롭게 움직이는 시간과 탐색시간을 제공하라.
- 침묵과 사색의 시간을 제공하라.

제11장

사고의 실마리를 붙잡고 확장하기

어떻게 하면 어린이가 탐구의 길을 가도록 도울 수 있을까? 어떻게 탐구를 어린이의 흥미에 맞게 발전시킬 수 있으며, 나아가 탐구를 위한 효율적인 구조와 원리를 제공할 수 있을까? 다음에서 두 학기에 걸쳐 수행된 탐구의 예를 제시해 보겠다. 탐구에 참여했던 어린이들은 작은 시골 학교에 다니는 7~11세 아이들로 한 반의 정원은 20명가량이었다. 어린이들은 2주에 한 번 철학적 탐구시간을 가졌다.

나는 어린이들에게 그들의 생각에 관심이 있음을 말해 주었다. 즉, 함께 이야기를 하거나 시를 읽을 때 어린이들의 마음속에서 어떤 생각들이 생겨나고 있는지 말이다. 탐구의 초반에 어린이들은 사고의 특성을 탐색하는 과정에서 '얼마나 많은 생각을 마음속에 유지할 수 있을까?' '마음이 생각으로 가득 차서 더 이상의 여지가 없으면 어떻게 되지?' 와 같은 질문들을 제기했다. 이러한 질문에 대해 토론을 하다 보니, 어린이들에게 자신의 마음을 종이에 표상해 보도록 제안하게 되었다([그림 11-1], [그림 11-2] 참조). 이는 그 순간에만 잠시 외도를 하자는 요량이었는데, 마음에 대한 어린이들의 작업은 이후로도 여러 번 수면에 떠올랐다. 철학적 토론을 하는 그 어떤 집단에서든 그렇듯이, 많은 주제가 서로 다른 시간에 어린이들의 토론에 지속적으로 나타난다.

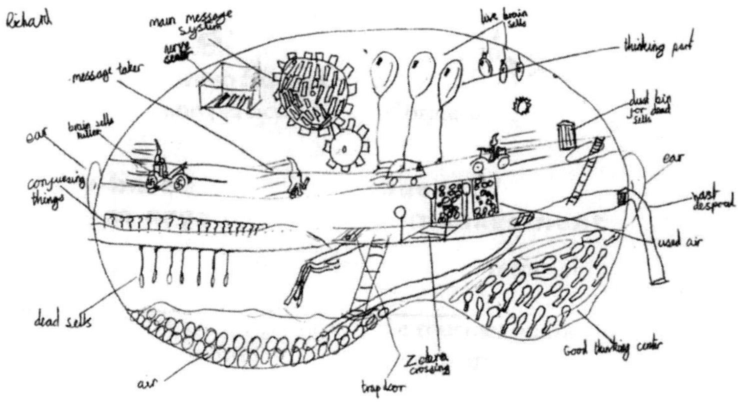

[그림 11-1] 리처드가 생각하는 뇌의 그림

이 집단에서 가장 인기 있는 토론은 동물들이 이야기를 전개해 가는 데 있어서 중요 역할을 한다는 내용의 여러 책에서 비롯되었다. 예를 들면, 개는 질투를 경험하고, 닭은 공주라는 지위를 얻기 위해 경쟁하고, 코끼리는 바이올린 연주에 열심이다. 이런 책들은

[그림 11-2] 도덕에 대한 켈리의 생각

다음과 같은 풍부한 질문거리를 제공했다.

- '어떻게 왕과 닭이 서로 의사소통을 할 수 있게 되었지?'
- '어떻게 코끼리가 춤을 출 수 있게 되었지?'
- '어떻게 개가 그 여자에게 말할 수 있었지?'

이 모든 질문들은 머리스와 헤인스(Murris & Haynes)의 『현명한 이야기(*Storywise*)』(2000)의 특징을 이룬다.

위의 세 가지 질문을 따로따로 토론 주제로 삼아, 각 질문의 범위 내에서 어린이들은 동물들의 행위에 대한 질문을 계속했다. 매번 토론이 그런 행동들은 동물의 특징이 아니며 절대로 있음 직하지 않은 일이라는 주장으로 시작된다. 하지만 대부분의 어린이들은 동물들이 인간과 의사소통할 수 있으며 인간처럼 행동할 수도 있다는 점을 보여 주는 여러 예를 연달아 내놨다. 그런 예들은 처음부터 인간과 동물과의 의사소통은 질문거리가 못 된다(너무나 당연하다)고 주장했던 어린이들이 제시하였다. 이런 종류의 탐구

〈글상자 11－1〉 인간과 다른 동물의 유사점과 차이점

〈유사점〉

- 인간은 포유동물과 비슷하다.
- 우리는 원숭이로부터 진화했고 원숭이는 동물이다.
- 앵무새는 사람들이 말하는 것을 모방할 수 있다.
- 개는 신호를 보낼 수 있다.
- 우리는 동물과 같은 병에 걸린다.
- 포유류는 뛰거나 빨리 움직일 수 있다.
- 여자들은 성적 접촉을 갖게 되면 아기가 생긴다.
- 동물은 뇌를 가지며 어떤 동물들은 인간과 같은 뇌를 갖는다.
- 동물은 자기 배설물을 처리한다.
- 동물은 감정을 갖는다.
- 어떤 동물은 옷을 입는다.
- 동물은 도구를 사용한다.

〈차이점〉

- 인간은 알을 낳지 않으므로 닭과 같지 않다.
- 우리는 긴 꼬리가 없기 때문에 모래쥐와 같지 않다.
- 우리는 치약으로 이를 닦는다.
- 우리는 구두를 신는다.
- 동물은 자기들만의 교통수단을 만들지 않는다.
- 인간은 개개인마다 매우 다르게 생겼다.
- 우리는 헤어스타일을 만든다.

에서는 대개 확고한 결론이 나지 않으며 토론이 놀이터나 그 이외의 장소에서 계속되어 간다.

이어지는 모임에서는 어린이들에게 이 주제들 간의 연결고리를 찾을 수 있는지를 질문했다. 어린이들은 답을 찾기 위해 두 집단으로 나뉘어 작업했고 인간과 다른 동물들 사이의 유사점과 차이점이라고 볼 수 있는 주장들을 종이에 요약했다(〈글상자 11-1〉 참조).

두 집단의 분위기는 빠르게 달아올랐고 어떤 어린이들은 이를 경쟁으로 여기기도 했다. 몇몇 어린이들은 집단을 구성하는 문제로 싸우기도 했다. 한두 명의 어린이가 특히 지배적이었고 한 어린이는 이의 제기를 받았을 때 매우 화를 내며 분개했다. 특히 두 명의 어린이가 전례 없이 강한 감정의 폭발을 보였다.

토론 시간이 얼마 안 남았을 때, 어린이들은 자기들이 작성한 리스트를 읽었고 그중 어떤 관점이나 추측에 대해서는 약간의 이의 제기가 있었다. 그래서 어린이들은 돌아가며 최종 발언의 기회를 가졌는데, 엘리자베스가 최후의 발언자로 나왔다. 엘리자베스는 "글쎄, 만약 내가 달팽이였다면, 나는 '아, 내가 달팽이라는 게 끔직해.' 라고 생각할 거야." 라고 말했다.

1. 생각을 물고 늘어지기: 유지하고 심화시키기

엘리자베스는 얼떨결에 발전의 가능성을 담은—내가 보기에—생각을 표현한 것이다. 그래서 나는 엘리자베스가 한 말을 붙잡고, 교실 전체의 주의 집중을 유도한 후 어린이들에게 다음 시간에는 달팽이에 관한 질문 및 그와 관련된 어떤 생각이 가능하고 가능하지 않을지를 다룰 것이라고 알려 주었다.

다음 모임을 시작할 때 나는 어린이들에게 지난 토론에 대한 나의 기록을 읽어 주었다.

> 나는 지난 시간에 일어난 일에 대해 많이 생각해 봤다. 각자의 신념에 대한 감정표현이 매우 강했던 것 같은데, 그렇게 할 필요가 있었다고 본다. 어떤 친구들은 발언할 시간이 더 필요하기도 했고, 어떤 친구들은 다른 사람들의 이야기를 조용히 들어 주거나 침묵하고 있기도 했다.

어린이들은 이 기록에 대해 생각이 많은 듯 보였다. 고개를 끄덕이는 어린이들은 이 기록에 동의한다고 하였다. 나는 어린이들에게 현재의 생각을 더 확장하여 우리가 할 수 있는 최대한의 한계를 넘어서 보고 싶다고 말해 주었다. 그들은 이 말에 웃으며 자리에서 일어나 까치발로 최대한 자기 키를 늘리는 시늉을 했다. 나는 어린이들에게 엘리자베스가 한 말에 대한 각자의 생각을 가지고 토론에 임해야 함을 상기시켰다. 어린이들은 일정 시간 동안 침묵하며 개인적으로 생각하는 시간을 가졌고 나는 기록과 그림 그리기를 할 수 있도록 종이를 제공했다.

2. 아이디어의 발전

질문의 세 가지 요소가 나타나기 시작했다. 대부분의 어린이들은 '만약 내가 달팽이였다면' 과 '달팽이인 것이 끔찍해.' 라는 두 가지 생각에 착수했다. 어린이들은 달팽이가 처한 상황, 끈적끈적함, 새들에 의해 먹힘, 그리고 달팽이 배설물을 먹는 것에 대한 염려를 표현했다. 어떤 어린이들은 [그림 11-3]에서 보는 바와 같이 자기 자신을 달팽이로 상상하기도 했다. 잭은 "나는 정말이지 나 자신으로 있기를 원해." 라고 말하기도 했다.

달팽이의 생각에 대해 말하는 어린이도 있었는데, 어떤 어린이들은 자신이 그린 그림에 생각 주머니를 그려 넣고 그 안에 자기들의 생각을 나타내기도 했다. 예를 들어, 린다는 "나는 달팽이는 다른 식으로 생각한다고 봐. 왜냐하면 그들은 '좋아, 오늘은 과자

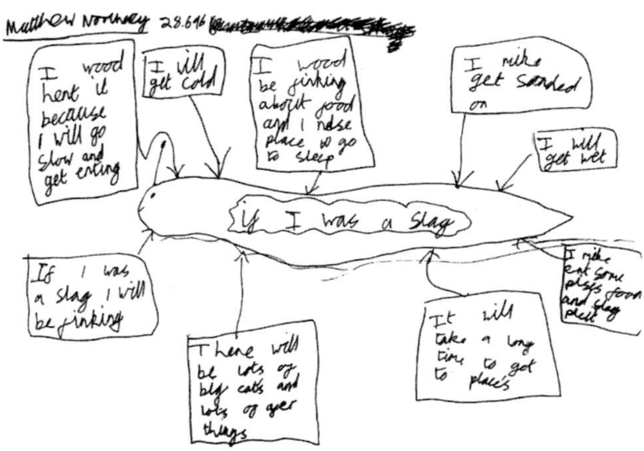

[그림 11-3] '만약 내가 달팽이라면…….'

를 먹어야지.' 라고 생각하지 않거든." 이라고 적었다.

한편, 로버트는 자진해서 전체 학급 토론을 시작했다.

> 나는 달팽이가 생각할 수 있을 거라고 생각해. 달팽이에게 뇌가 없거나 생각이 없다면, 움직이거나 미끄러져 가지도 못할 거고, 숨을 쉬거나 그 어떤 것도 할 수 없을 테니까 말이야. 그러면 뇌가 없으니 일종의 죽은 상태나 마찬가지잖아.

로버트가 언급한 것 이외에, 달팽이가 할 수 없는 일들의 또 다른 예가 수없이 제시되었다. 이런 아이디어들은 뇌와 생각하기가 상호 교환되며 계속되었다. 톰은 "나는 로버트와 케이티의 생각에 동의해. 뇌가 없다면 우리가 누구이며 무엇인지, 그리고 그 외의 모든 것들에 대해서도 알 수 없기 때문이지. 뿐만 아니라 우리는 그 어떤 것도 알지 못할 테니까." 라는 말을 했다.

그런데, 톰은 뇌와 생각하기를 상호교환적으로 사용하는 데서 생기는 문제점을 발견하고는 다음과 같이 말했다.

> 나는 로버트에게 동의하지 않는 부분이 있어. 우리는 달팽이가 뇌가 없다고 말하는 것이 아니잖아. 우리는 달팽이는 생각하지 않는다고 말하는 거야. 생각하는 것과 뇌는 전적으로 서로 다른 거야. 왜냐하면 우리가 생각할 수 없을 때에도 여전히 뇌는 가지고 있으니까. 글쎄, 뇌가 없다면 생각할 수조차 없겠지. 하지만 뇌를 가지고 있다고 해도 달팽이는 생각할 필요가 없어.

이 부분에 있어서 어린이들은 서로 다른 식으로 해석했다. 몇몇 어린이들은 비활동적이거나 흥미를 주지 못하거나, 생산적으로 생각하지 않는다는 의미에서 자신들이 뇌를 가지고 있음에도 불구하고 항상 생각하는 것은 아니라는 데에 동의했다. 린다는 만약 사람들이 '기분이 좋지 않을 때'의 자기와 같다면 그 어떤 것도 생각할 수 없을 거라고 말했다.

시간이 조금 지난 뒤 로버트는 톰이 한 말로 되돌아가 발언했다.

나는 톰의 생각에 동의하지 않아. 달팽이에게 뇌가 있다면 언제든지 생각할 여지가 있다고 보기 때문이야. 왜냐하면, 잠잘 때조차도 꿈을 꾸고 뭔가를 생각해야 하니까. 그것은 어떤 측면에서 볼 때 생각하는 거야. 우리가 아무것도 하지 않은 채로 앉아 있을 때도 우리는 여전히 뭔가를 생각하거든.

이에 엘리자베스는 덧붙여 말했다.

> 나는 톰의 생각과는 좀 다르고 로버트의 생각이 더 맞다고 봐. 모든 사람들은 뇌를 가지고 있고, 나 역시 늘 생각을 하고 있으니까. 만약 너희들이 뇌가 없이 생각하고 있다면 너희들 머릿속에는 아무것도 없이 텅 빈 공간만 있을 거야. 나는 그런 머리로는 너희들이 과연 무얼 생각할 수 있을지 모르겠어.

이 토론은 뇌가 없는 달팽이에게 무슨 일이 일어날지에 관한 아이디어로 계속되었다. 매튜가 달팽이에 대한 관찰에 근거하여 자신의 주장을 제기할 때까지 토론은 지속되었다. 그리고 관찰에 근거한 매튜의 주장은 그럴듯해 보였다.

> 달팽이에게 뇌가 없다면 그들은 그 어떤 곳에도 가지 못할 거야. 나는 달팽이가 움직이면서 벽과 흙과 꽃을 향해 전진하는 것을 보았어. 만약 그들에게 뇌가 없다면 원으로 뱅뱅 돌기만 할 거야.

이에 대해 저스틴은 "맞아. 내가 달팽이를 볼 때마다 항상 어딘가를 향해 가고 있었어. 나는 매튜의 생각에 동의해."라고 덧붙였다.

린다는 늘 그랬듯 그녀만의 유머러스한 방식으로 달팽이는 어떤 종류의 지식을 가지고 있을 거라고 말했다.

> 나는 달팽이가 뇌를 가지고 있다고 생각해. 왜냐하면 그들에게

뇌가 없다면 뭘 먹을지 알 수 없을 테니까 말이야. 우리가 앉아 있는데 달팽이가 우리의 맨발에 가까이 온다고 생각해 봐. 달팽이가 무엇을 먹어야 하는지 알지 못했다면 우리 발을 먹을 수도 있었을 거야.

리는 달팽이의 지식에 관해 또 다른 측면을 제시했다. "달팽이들이 생각할 수 없거나 뇌가 없다면, 우리가 달팽이의 크고 긴 눈을 만졌을 때, 몸 안으로 눈을 당겨서 보호하는 행동을 할 수 없을 거야. 그렇지 않겠어?" 라고 말이다. 나는 리에게 달팽이가 누군가가 자기를 만졌을 때 어떻게 반응할지에 대해 생각하는 것이 틀림없는지 물었다. 그러자 그는 확신에 차서 "누군가가 우리를 때리려고 다가오면 거기서 신속히 벗어나야 한다고 생각하잖아요." 라고 대답했다.

어린이들은 시간이 다 되었다는 것을 알고는 깜짝 놀랐으며, '참 좋았어.' '정말 멋졌어! '재미있다!'라는 자발적 탄성이 여기저기서 흘러나왔다. 이번 시간에는 어린이들의 집중과 강도 높은 토론이 있었는데 이는 이전의 노력이 빚어낸 결실로 보였다.

3. 교사를 위한 교훈

가드너(Gardner, 1995)는 교사는 탐구의 초점에 있는 철학적 진실을 존중하며 탐구 방향을 유지하고 깊이를 자아내는 견실한 안내자이자 파수꾼이어야 한다고 지적하였다. 그녀는 이것을 목표를 향한 전진이라고 언급했는데 그 목표란 탐구를 가치 있게 만드는 목표를 의미한다. 가드너는 '진실'과 '참여자의 자율'이라는 두 가지 아이디어 사이에서 교사가 느끼는 긴장감에 대해 언급하였다.

이 긴장감은 앞서 소개한 어린이들과 함께하는 탐구 교사의 경험을 살펴볼 때 명백히 드러난다. 즉, 교사가 의도한 질문 및 방향을 유지할 것이냐 혹은 학생들이 토론거리로 제시하는, 흔히 간과되기 쉬운 소소한 것들에 대해 주의 집중을 할 것이냐 사이의 갈등이 그 예다.

매튜 립먼(Mattew Lipman, 1997: 3)은 철학적 토론수업을 희망하는 교사들은 '근본적으로 결정이 가능한 개념'과 '근본적으로 논쟁할 수 있는 개념'을 구분할 필요가 있다고 주장했다. 그들이 오직 후자, 즉 논쟁이 가능한 개념만이 참으로 철학적인 것임을 이해한다면 말이다. 가드너는 '철학적 질문이 주는 당혹감[1]에 대한 교사 자신의 관심은 어쩌면 철학적 토론을 이끄는 최상의 안내자가 될 수 있다.'고 제안한다. 당혹감은 인지적 불확실 상태일 뿐만 아니라 그 상태에서 느끼는 정서적 요소를 말한다. 어린이를 대상으로 하는 철학 교사들은 어린이들의 당혹감에 어떻게 반응해야 할지 생각해야만 한다. 그러나 어린이들이 진실성을 가지고 토론을 진행해 나가게 하며 발달의 가장 중요한 지표인 철학적 통찰을

1) 역주: 무엇을 이해할 수 없어서 느끼는 당혹감.

획득하게 하기 위해서 초반에는 그 당혹감에 반응해 주지 않기도 한다.

4. 탐구공동체를 구조화하고 자유를 제공하기

탐구의 체제를 갖추는 데 있어서 중요한 것은 교사가 질문을 적절히 사용하는 것이다. 교사들은 다양한 방식으로 질문하는 것에 익숙해질 필요가 있다. 다음의 목록은 대화의 깊이를 더해 주고 정확한 질문을 할 수 있도록 돕는 절차적 질문의 종류를 예시한 것이다. 이는 교사가 탐구의 내용을 이끌거나 교사의 관점을 표현하지 않고도 '진실'을 향해 나아갈 수 있도록 해 주는 질문들이다.

1) 듣고 명료화하기

네가 뭘 의미하는지 설명해 볼 수 있겠니?
다른 방식으로 말해 볼 수 있겠니?
예를 들어 줄 수 있겠니?

2) 확장하고 파고들기

그렇게 말하는 이유가 무엇이니?

왜 그것이 이 경우라고 생각하니?
어떻게 알아낼 수 있을까?
너는 ○○라고 가정하는 것이니?

3) 연결하기, 일반화하기, 구별하기

그래서 너는 ○○에게 동의하니(동의하지 않니)?
그게 언제나 그럴까?
x와 y의 차이점은 무엇이니?

4) 사색하기, 시사점과 맥락 이해하기

만약 ○○라면?
○○라는 게 가능할까?
그것이 우리 관점을 바꾸게 하니?
우리가 이것을 모든 상황에 적용할 수 있을까?

5) 평가하기, 검토하기, 요약하기, 결론 내리기

서로 다른 견해들을 모두 이해한 것이니?
우리가 말한 것을 누가 요약해 볼 수 있겠니?
우리가 배운 것은 무엇이니?

오래지 않아 여러분은 어린이들이 스스로 교사가 보여 준 언어를 사용해 서로에게 위의 질문들을 하는 모습을 확인할 것이다. 교사는 또한 탐구의 핵심을 이루는 아이디어와 관련하여 개방된 형태의 실질적 질문을 선택할 수도 있다. 개방된 형태의 실질적 질문은 아이디어의 내용에 초점을 맞추며 현재 토론되고 있는 철학적 · 추상적 개념의 핵심에 주의 집중을 하게 한다. 예를 들어, 시간의 처음은 어디인가? 공주가 사랑했다는 것이 무슨 뜻인가? 왜 그 강도가 나쁘다고 생각하는가? 규칙이 없다면 어떨까? 만약 호랑이가 말을 할 수 있다면?

교사는 철학적 사고의 기회를 인식하고, 서로 다른 아이디어와 탐구거리들을 연결지어 주고, 어린이들의 토론에서 반복되는 주제에 대해 피드백을 제공하며 다양한 방식의 아이디어 표현법을 보여 줌으로써 생각의 발전을 지원해 줄 필요가 있다. 대화식 교수법에서 교사는 일련의 철학적 조치를 취하는데, 이러한 조치들은 가방에서 끄집어내듯 그냥 나오는 것이 아니다. 그보다는 순간과 흐름을 따라가게 하기 위해, 숨 돌릴 여유를 제공하기 위해, 사고를 깊이 있게 하기 위해 신중하게 선택하는 것이다. 위에서 예로 든 질문들과 같이 '생각하는 시간'을 요구하는 것, 두 명씩 짝을 지어 혹은 집단으로 일하도록 격려하는 것, 개념적 도구를 소개하는 것, 부분적 검토를 해 주는 것 등이 철학적 조치에 포함된다. 뿐만 아니라 교사는 철학적 공동체 자체를 구성하고, 참여를 격려하며, 탐구의 범위와 질을 잘 조절함으로써 대화가 점차 철학적인 것이 되도록 돕는다. 성숙한 탐구공동체는 대화 이상의 것을 가능하게 하며, 개개인의 대화 및 집단 생활에서의 발전 상태를 관리한다. 이상적인 것은 발전과정이 점차 교사에 의해서가 아니라 어린이들 자신에 의해 관리되는 것이다.

제12장

철학적 탐구과정을 계획하고 점검하기

교사는 학생들이 학교에서 보내는 시간을 낭비하지 않고, 지적인 도전감을 갖고 학업의 향상을 꾀하도록 하는 데 관심을 갖는다. 향상은 순차적으로 일어나는 발달이나 연속적인 단계를 거치는 발달뿐만 아니라 비연속적으로 일어나는 발달을 모두 포함하는 것이다. 여기서 이야기하는 향상은 학습이 학습 그 자체의 과정을 따라가도록 해야 한다는 것이다. '학습이 학습 그 자체의 과정을 따라가도록 한다.'는 것은, 교사는 모든 것에 통하는 일반적인 방법이 아니라, 각각의 학급이 보여 주는—이는 학급 전체가 보여 주는 것과 개별 학생들이 보여 주는 것을 모두 의미—역동성에 반응하는 것에 더 관심을 가져야 함을 뜻한다. 철학적 대화에서 각 학급의 관심과 흥미는 학생들이 반응하면서 전개해 나갈 수 있는 수업 진도 혹은 수업과정을 결정하게 된다. 토론이 생동감 있게 자발적 참여에 의해 진행되는지의 여부에 따라 철학수업의 성공 여부가 결정되는 것이다. 탐구학습에서는 학생의 흥미에 관심을 기울이고, 아울러 일부 학생의 상태나 지엽적으로 일어나는 사소한 일 등에도 민감하게 반응할 것을 요구한다.

철학적 탐구에서 사전에 문서화된 계획을 수립하는 것이 가능한가? 많은 경우 학교 측에서는 문서화된 계획을 수립할 것을 요구하는데, 이 경우 학생들의 철학적 능력 향상을 위한 계획을 수립함으로써 학교 측의 요구를 만족시키는 것이 가능하다. 철학적 탐구 계획은 형식적 교육과정과 연계될 수 있으며, 경우에 따라서는 형식적 교육과정의 일부로 포함될 수도 있다. 많은 교사들은 영어, 윤리, 사회 교과목같이 기존에 운영되고 있는 형식적 교과목들과 통합하여 운영하고자 한다. 학급에서 협동적 탐구가 일어나도록 계획할 때, 교사는 어린이들의 연령과 경험을 고려해야 한다. 학습내용이 무엇이든지 간에, 학습자들이 이전에 그 내용과 관련하여 어떤 경험을 했는지에 따라 학습의 정도가 달라질 수 있기 때문이다. 학년과 상관없이 어느 학년에서든지, 특히 초등학교 단계에서는 철학 수업이 너무 딱딱하지 않고, 학생들이 그 주제에 대해 재미있다고 느낄 수 있도록 하기 위해서 이야기, 시, 그림, 사진 등과 같은 여러 가지 학습자원을 활용하는 것이 가능하다. 다양한 연령층에 적합한 자원들 중에서 교사나 학생이 선택하여 활용할 수 있다.

교사는 학생들의 철학적 능력 향상을 위하여 일반적인 토론 진행에 대한 계획을 수립하며, 또한 전체 학급 구성원이 선정된 주제 혹은 질문을 중요한 것으로 받아들이도록 하기 위하여 학급토의에 참여하는 것에 더 많은 관심을 보여 주려고 노력할 것이다. 초등학교 고학년 학생들을 위한 반 학기 계획은 다음과 같이 수립될 수 있다.

사고과정(thinking process)

- 질문과 이슈 간에 관련성 만들기
- 적절한 제목 밑에 질문들을 묶어 보기
- 다른 질문 유형들을 확인하기
- 상상을 사용하기

사회적 학습과 정서적 학습

- 우리의 생각과 의견 바꾸기
- 소집단에서 협동적으로 혹은 협력적으로 작업하기
- 소집단에서 과제를 공유하기
- 서로 지지하기

정서적 학습과 발전

- 자기통제력과 관련하여 자신의 강점과 한계 인지하기
- 자신의 수준에 맞추어 도전감을 갖고 도전해 보기
- 이완 기술을 학습하기
- 개인적 한계를 인지하기

신체적 안녕(well-being)

- 주의를 기울일 대상을 사용하여 이완과 주의 집중 훈련의 질을 개선하기
- 자신과 타인을 위하여 개인의 공간적 경계를 유지하기

앞에서 제시한 주제 영역들은 교사에게 한 가지 주제에 대한 활동을 계획하고, 주제가 전개되는 동안 학생들의 관심을 이끌어 가는 지침이 된다. 평가는 이러한 목표하에 이루어질 수 있다. 이와 같은 반 학기 분량의 계획은 실제로 반 학기를 넘겨 진행될 수 있고, 수업이 진행되는 과정에서 다양한 주제들이 다루어질 수 있다.

비디오, 스토리, 학생의 질문 같은 것이 철학적 탐구를 위해 선정될 수 있다. 이런 것 중에는 학생들이 개인적으로 흥미를 느끼고 친숙함을 갖는 것들이 있다. 이렇게 학생의 흥미와 친숙성을 반영하면서도 동시에 철학적 탐구과정을 일으킨다는 확신을 줄 수 있는 것이 선정되어야 한다.

교사는 탐구과정에서 생기는 주제를 다루는 데 있어 익숙한 자원에 의존하고 싶어질 때가 종종 있다. 하지만 위험을 감수하고 새로운 영역을 찾아내야 한다. 익숙한 것과 새로운 것, 이 두 가지의 균형을 유지하려는 노력이 필요하다.

모호함을 지니고, 당황하게 만들며, 깊이 생각하게 하는 스토리, 그림, 애니메이션, 시 혹은 사물들을 찾아야 한다. 이러한 것은 관찰을 통해서나 사실을 언급하는 것만으로는 쉽게 해결되지 않는 그런 종류의 의문을 갖게 한다. 따라서 불확실성과 가능성의

여지를 많이 갖고 있는 것일수록 좋다. 뿐만 아니라 현재 진행되고 있는 주제에 잘 맞는 교재를 사용하여 수업을 진행할 수도 있다. 하지만 이와 같은 것을 선택한 것만으로 교사가 학생의 탐구 방향에 영향을 미칠 수 있다고 확신해서는 안 된다. 교사가 무엇을 가지고 수업을 전개하든지 간에 이 모두는 학생들이 흥미를 가질 만한 것이어야 한다.

1. 교사의 기록

일부 교사들은 계획과정에서 자신의 교수법이나 학급 내 개별 학생의 관심사항들을 고려하고자 한다. 교사는 수업시간에 다루고자 하는 이슈나 질문들을 기록해 놓음으로써 수업준비과정을 개선시킬 수 있다. 3년간 초등학생을 대상으로 철학적 탐구를 가르친 경험이 있는 한 교사는 철학수업을 계획하는 과정에서 사용될 수 있는 질문을 선정하여 〈글상자 12-1〉과 같이 제시하였다.

〈글상자 12-1〉 계획을 위해 사용한 교사의 질문

- 학급의 두 학생이 산만하지 않고 수업을 방해하지 않으면서 그들 자신의 아이디어를 제시하도록 어떻게 도와줄 수 있는가?
- 한 가지 주제를 너무 오랫동안 다루지 않으면서 보다 깊이 있게 토론하도록 어떻게 격려할 수 있을까?
- 판에 박힌 기계적인 과정이 되지 않도록 철학적 탐구과정에서 우리가 하는

방식을 어떻게 다양화할 수 있을까?

- 탐구과정에서 어떻게 하면 교사가 더 나은 관찰자가 될 수 있을까?
- 토론과정에서 만들어지는 관점에 대한 나의 반응의 적합성과 다양성을 어떻게 개선시킬 수 있을까?
- 학급에서 가장 어린 학생과 가장 나이 많은 학생 모두의 요구에 반응할 수 있는가?
- 전체 학급장면에서 말하는 것을 어려워하는 어린이에게 어떻게 도움을 주어야 하는가?

이러한 질문들은 교사가 학기 동안 학생들의 학습의 면면에 주의를 기울이고 관찰하며, 이에 대해 직접적인 행동을 취하는 데 도움을 준다. 뿐만 아니라 학기가 진행되는 동안 교사가 반성적으로 생각할 수 있도록 해 준다. 학기가 끝나 갈 때쯤이면, 교사는 집단 속에 있는 개별 학생들에 대한 기록을 남겨 놓을 만한 가치가 있다는 것을 느끼게 될 것이다. 결정적 사건의 기록과 분석은 유용한 평가 도구가 된다(Tripp, 1993). 1장에서 이런 에피소드의 몇 가지 예를 제시한 바 있다.

어린이들의 대화가 잘 일어나도록 준비하는 과정에서 교사는 학생들에 대해 집단적으로 또는 개인적으로 생각해 보아야 한다. 학생들이 서로의 이야기에 귀 기울이도록 돕는 방법은 무엇인가? 학생들의 생각에 교사의 생각을 어떻게 맞출 수 있을까? 토론의 흐름을 따라가면서 끼어들지 않고 토론이 좀 더 진전되도록 안내할 방법은 무엇인가? 질문을 던지고, 생각에 대한 이유를 제시하고, 한 사람에서 다른 사람으로의 이야기 흐름을 따라가고, 조용해지거나 아무도 이야기하지 않는 그런 상황에서 어떻게 할 것인지에 대해 생각해 보아야 한다. 탐구내용을 준비하는 과정에서 교사는 자신이 선택한 자료에 대한 생각을 미리 정리해 보는 것이 필요하다. 자료와 관련하여 어떤 생각이 떠오르는지, 어떤 질문이 생길 수 있는지, 어떤 감정이나 느낌이 드는지, 친구들로부터 예상되는 반응은 무엇인지 등등에 관해 교사가 사전에 생각해 보는 시간을 가져야 한다.

1) 질문과 코멘트 기록

토론과정에서 어린이들의 이야기를 간단히 메모해 두거나 녹음한 후 이를 다시 들으면서 글로 적어 두는 방법을 통해 토론의 전개과정을 기록해 두는 것은 중요하다.

대사 없이 음악으로만 되어 있는 팻 허친스(Pat Hutchins, 1987)의 '변화, 변화' 라는 비디오를 본 후, 토론을 했던 어린이들의 모든 코멘트를 기록하였다. 교사는 학생들의 있는 그대로의 이야기와 자신의 생각을 표현하는 방식을 가능한 한 자세히 기록하였다. 〈글상자 12-2〉는 토론과정에서 있었던 몇몇 코멘트의 예를 제시한 것이다.

〈글상자 12-2〉 지속적으로 변화되는 어린이들의 코멘트 기록하기[1)]

- 앞을 못 보는 사람이 비디오를 듣는다면, (비디오에서 나오는) 음악을 그들의 머릿속에서 상상할 수 있는 단어들에 대한 일종의 모사(模寫)로 받아들일 것이다. 음악은 사람들에 대한 모사다(B. P.).
- 앞을 못 보는 사람에게 음악이 바뀌는 부분은 서로 다른 의미를 갖는 단어의 모음을 의미한다. 소리로 자동차가 움직이는 때를 아는 것처럼, 음악도 의미 있는 단어처럼 들릴 것이다(J. W.).
- 음악은 사람들에게 말하는 것이다(N. N.).
- 음악은 이야기를 할 수 있다. 무언가 다른 일이 일어났을 때, 음악은 다른 소리를 낸다(E. S.).

2) 피드백

교사는 토론과정에서 생긴 몇몇 질문을 다시 학생에게 던질 수 있다. 다음에 제시한 항목들은 학생의 이야기를 듣고 난 후, 초기에 제기한 질문의 해답을 찾아 가는 과정에서 새롭게 제기된 질문들이다. 보다 발전된 이와 같은 심도 깊은 질문들이 특별한 주제에 대한 탐구과정을 마무리하는 것은 아니다. 교사가 다음의 탐색과 관련짓거나 심화될 수 있다고 생각한다면 다음 시간에 다시 동일한 질문을 다룰 수 있다. 하지만 이때 탐구가 반드시 해결되어야 하는 것은 아니다.

1) 역주: 〈글상자 12-2〉 내용 중 괄호 안 이니셜은 코멘트를 제공한 어린이의 이름을 나타낸 것임.

- 음악은 우리에게 무슨 이야기를 해 주는가?
- 다루어진 이야기는 무엇이었나? 단 한 가지 이야기만 있었는가?
- 비디오를 볼 때 우리는 단어를 만들었는가, 아니면 단어 없이 이야기를 만들었는가?
- 앞을 못 보는 사람은 음악을 들을 때 마음속으로 그림을 보는가?

이 학급은 몇 주 동안 하나의 탐구과정을 진행하고 있었다. 학생들은 소집단으로 모여 토론을 하고, 초반부에 면밀히 다루어진 질문들은 전 학급 토론이 핵심을 갖고 진행되는 데 도움을 주었다. 학생들은 소집단 토론과정에서 자신의 수행 정도에 대해 코멘트할 수 있었다. 자신의 질문과 관련하여 토론을 해 나갈 때 간혹 탐구과정의 주제에서 약간 벗어난 적이 있긴 하지만, 대부분 핵심에서 벗어나지 않았으며, 질문에 답을 하려는 성급한 시도도 보이지 않았다. 소집단 토론과정에서는 향후 전 학급 토론과정에서 다루어지게 될 대부분의 내용들이 미리 다루어졌다. 다음에 제시한 항목은 철학적 탐구의 정규시간에 주로 다루어지는 학습내용들이다. 모든 학생에게 철학적 탐구를 가르치려고 결정한 학교는 사회적 · 정서적 · 인지적 목표에 기초한 평가 도구를 개발해야 하며, 이는 학생의 진행과정을 확인해 나가는 방식으로 통합되어야 한다. 교사의 관찰, 학생 그림이나 기록의 수집물, 토론의 기록, 학생 자신의 평가, 그리고 핵심적 학습 영역에서의 중요한 질문에 근거하여 평가가 이루어져야 한다. 이들의 예시를 다음에 제시하였다.

말하기, 듣기와 관련하여 다음과 같은 사항을 확인한다.

- 소개하기
- 질문하고 질문에 답하기
- 서로의 생각에 대해 의견 말하기
- 명쾌하게 설명하기
- 주의 깊게 듣기

개인적 · 사회적 발달과 관련하여 다음과 같은 사항을 확인한다.

- 서로를 지지하기

- 인내하고 존중하기
- 다른 사람의 생각에 의견을 더하기
- 교대하기

질문하고 합리적으로 생각하는 것과 관련하여 다음과 같은 사항을 확인한다.

- 열린 질문하기
- 근거를 제시하고 증거를 요구하기
- 증거 제시하기와 반증하기
- 대안 탐색하기
- 명료화시키기
- 비교하기와 구분짓기
- 자신의 생각에 유의하기

평가 도구는 어린이들과 함께하는 철학책 『현명한 이야기(*Storywise*)』(Murris & Haynes, 2000), 그리고 스탠리와 보킷(Stanley with Bowkett, 2004)의 교사지침서를 참고하면 도움을 받을 수 있다.

2. '향상'에 대한 관점

교사는 학생들에게 자료를 제시하는 순서를 조정하거나 난이도를 점진적으로 높여 가면서 향상(progression)을 계획하는 방식에 익숙해져 있다. 문서상의 교육과정을 따르는 교사는 탐구능력의 향상이 일어난다는 것을 확실히 하기 위해 학습전개과정에서 주도권을 가지려 한다. 대부분의 초등학교에서는 반 학기 동안의 활동계획이 한꺼번에 이루어진다. 이러한 활동계획은 교육과정상 대부분의 교과목과 모든 학년에서 공통적으로 나타난다. 목적과 목표가 한 번 결정되면 더 이상 바뀔 여지가 없다. 이러한 엄격함은 교육과정에서 가르치는 것을 묘사하는 '적용 범위(coverage)' 그리고 '전달(delivery)'이라는 용어에서도 확인될 수 있다. 교사의 임무는 이런 계획을 해석하고 매주 그리고 매일 진도가 전개되어 갈 수 있도록 계획을 세우는 것이다. 교사는 학생들의 반응을 보면서 단기계획을 수립함으로써 활동계획을 실행해 나간다.

가르치는 것을 나타내는 '전달(delivery)'이라는 용어는 중앙정부의 교육과정 개발자들에 의해 사용된 산업 모델에서 유래한 것이다. 이는 학생의 장래 직업을 준비시키기 위한 교육 비전하에 국가교육과정이 만들어졌기 때문이다. 교육과정 계획자들은 고용주들이 요구하는 것을 파악하고, 이것을 제공해 주어야 한다는 데 동의해 왔다. 고용 지향의 교육과정을 제공하기 위해서 중앙정부의 학교교육과정 개발자들은 개별적인 수행과 관련된 것들은 덜 다루게 되었다. 개별적 수행과 추구할 만한 가치가 있는 것으로서의 교육적 견해는 수정되어 왔다. 학생들은 장래 취업을 가능하게 하는 기술을 갖추는 데 전념을 기울이면서 만족감과 성취감을 느낀다.

생산성을 중시하는 교육으로의 전환은 교양교육을 무시하고 전달, 수준, 표준 등과 같은 산업용어를 사용하는 속물적 교육과정을 만들어 냈다. 이 교육과정은 교육의 질과 인간성의 부족으로 점차 거부되어 가고 있다. 학생에게 표준화된 교육을 전달하기 위한 중앙집권적 시스템은 국가의 시녀로서의 교사라는 매개물을 통해 이루어지게 되었다.

국가노동자에게 개선된 교육과 훈련을 제공해 줌으로써 글로벌 경제시대에 경쟁해야 한다는 경제적 요구는 차치하고, 지금까지의 국가시스템은 12년 동안의 학교교육을 마친 졸업자에게 경제활동을 하는 데 특별히 도움이 되는 무엇인가를 제공해 주는 데 실패하였다. 이런 점에서 학교교육의 기준을 더 강화해야 한다는 데는 논란의 여지가 없다. 따라서 학업 향상을 보장하기 위해 학교교육의 기준을 강화해야 한다는 주장이 강력히 제기되어 왔다.

3. 향상의 의미

오늘날 교육환경에서 향상의 개념은 무엇을 의미하는가? 향상과 지속성을 강조하는 목적은 교사로 하여금 계획하고, 시간표를 작성하고, 시험을 치르고, 기록하는 데 더 많은 시간을 보내도록 하는 데 있다. 교사가 시간을 정확히 지키고 목표 지향적으로 변화하며 경쟁, 도전, 광범위한 문서, 지속적인 향상을 추구하는 것 등은 성공적인 학교의 상징처럼 받아들여졌다.

이와 같은 모델 혹은 교육 비전은 어떤 문제점을 갖는가? 미리 결정된 방식으로 교육과정을 계획하고 운영하는 것은 학생을 가르치는 매일매일 혹은 순간순간의 경험과 교사와 학생 간의 관계 그리고 상호작용 유형에 영향을 미쳐 왔다. 이러한 변화는 일부 긍정적인 결과를 낳았지만 한편으로는 어려움을 양산한 것도 사실이다. 산업이나 상업 분야에서 가장 중시하는 기술 중 두 가지는 문제해결력과 집단 속에서 창의적으로 작업을 수행하는 것이다. 이 두 가지 기술은 중앙집권적이고 사전에 모든 것이 결정되어 있는 초기 요리책 형태의 교육과정에서도 다루어지고 있다. 다른 무엇보다 기본적이고 기초적인 것을 무조건 강조했던 시대를 지나 보다 최근에는 창의성과 학문 간의 결합을 강조하는 것으로 되돌아가고 있다.

사전에 결정된 교육과정은 교사에게 진도, 방향, 범위, 결과에 있어 교육과정에 나와 있는 그대로 따라 할 것을 요구한다. 이는 학생에게도 교사의 지시를 그대로 따를 것을 요구한다. 미리 계획되지 않은 어떤 일이 일어나게 되면, 이는 수업에서 기대되는 결과를 이끌어 내지 못한 일종의 실패로 간주되고 그에 따른 책임은 전적으로 교사가 지게 된다.

산업 분야를 비롯한 그 외 많은 분야의 사람들에게 분명히 인식되고 있는 것처럼, 학생이 반드시 학습해야 하는 것은 불확실한 미래에 대처할 수 있도록 평생에 걸쳐 학습할 수 있는 능력을 길러 가는 것이다. 학생이 반드시 학습해야 하는 핵심 기술은 도덕성과 정의감, 자신에 대한 현실적 믿음, 변화하는 노동시장에의 적응 가능성, 혁신과 변화에 대한 개방성, 복잡성을 다루는 능력, 그리고 다른 문화, 습관, 신념을 가진 사람들과 함께 어울려 살아가기 위한 의지와 신념이다. 학교가 반드시 준수해야 하는 형식적 교육과정에서 이와 같은 것이 교육되고 있다는 것을 어디서 확인할 수 있는가?

교육과정에서 '전달' 개념이 낳는 문제점은 이 개념이 교수행동에 미치는 영향이다. 학습계획과 구체적 목표, 그리고 활동방식에서 엄격함을 고수하는 것은 모든 교사의 머릿속에 지배적으로 자리매김하고 있다. 조사과정을 통해 표준에서 벗어난 정도를 확인하고, 이것이 확인되면 바로 처벌을 받는다. 이 결과 가르치는 일을 직업 혹은 봉사로 여겼던 믿음은 깨지고, 마지못해 하는 피상적이고, 창의성이 부족한 것으로 받아들이게 되었다. 이제 더 이상 가르치는 일을 하나의 소명으로, 혹은 학생과 부모를 위한 봉사로 보지 않는다.

하지만 이것을 교사가 수업계획을 세우지 말고, 활동과정에 대한 결과물을 만들지 말라고 주장하는 것으로 받아들이는 것은 곤란하다. 단지 사전에 결정된 교육과정에 얽매이는 둔화는 계획을 지나치게 중시하고, 교사와 학생 간의 선택 폭을 축소시키며, 비판적 사고를 비롯한 다른 여타 학습을 위한 준비를 희생하면서 지식 전달을 위한 계획만을 세우도록 한다는 점을 비판하는 것이다.

너무 세부적으로 사전에 결정된 교육과정은 교사로 하여금 교육과정에 기술되어 있는 것들을 모두 다루게 하며, 예상치 못한 방향으로 학습이 진행되는 것은 허용되지 않는 것으로 느끼도록 만든다. 교사는 학습과정에서 통제력과 주도권을 갖고 있어야 한다고 기대하며, 학생이 도달해야 하는 지점에 대한 모든 해답은 교사의 머릿속에 들어 있어야 한다.

학생의 참여를 강하게 유도하고, 어떤 문제에 대한 개인적 의견을 제시하도록 이끄는 학급에서도 교사는 여전히 학급계획에 수립되어 있는 원래 목표와 연결시켜야 한다는 의무감 같은 것을 느끼게 된다. 하나 이상의 경로가 허용되더라도, 최종 도착지점은 반드시 같아야 한다. 이와 같은 압력과 제한은 교수와 학습에 심각한 영향을 미친다. 이는 학생의 사고를 개발할 기회 및 독립성과 주도성을 제한한다. 교사가 신념을 갖고 잘 이끌어 가거나 지속적인 변화나 개입의 부정적인 효과를 효율적으로 중재할 수 있을 때 창의적 교수가 일어날 수 있다. 그러나 산업과 취업 지향적 교육과정에 너무 집중하게 되면, 결과적으로 창의성과 독창성이 축소되는 결과를 낳게 된다. 초등학교 교육과정이 국민공통교육과정으로 운영되는 것은 그다지 바람직한 것으로 여겨지지 않아 왔다. 성취수준과 목표 지점을 명시한 국민공통교육과정은 자유롭고 민주적인 사회에서는 금기시되기 때문에, 철학적 탐구와 같은 방법은 초등학교 교육과정에서 활용될 수 있는 유리한 면이 있다.

철학적 탐구는 교사에게 다음과 같은 중요한 기회를 제공한다.

- 철학적 탐구방법은 사전에 결정된 목표 지향적 교육과정에 의해 야기되는 문제점들을 극복하는 교수방법이 될 수 있다.
- 철학적 탐구방법은 민주사회 시민이 참여해야 하는 이슈들

과 공통되는 것들을 탐구하는 기회을 제공한다.

- 사고하기와 말하기의 중요성을 강조하는 데 도움을 준다.
- 교사와 학생이 개인적 기여도를 평가하고, 개인적 발전 정도를 인식할 수 있는 인본주의적인 방법을 찾아내는 데 도움을 준다.

제13장은 교사가 교실에서 열린 대화를 쉽게 이끌어 가는 방법을 습득하도록 도와줌으로써 교사 자신의 전문적 지식과 기술을 개발할 수 있는 기회를 제공해 준다.

- 학급 토론과정에서 교사는 어떻게 학생의 참여와 주의 집중을 신장시킬 수 있는가?
- 열린 탐구를 위해 무엇을 준비해야 하는가?

제14장은 탐구교수가 사고기술, 의사소통기술, 참여, 개인과 사회적 교육, 그리고 시민의식과 관련된 교육과정 요소들을 소개하는 바람직한 방법인지에 대해 설명한다. 그리고 철학이 시간표에 통합될 수 있는 방법을 제시한다.

- 철학은 교육과정에 어떤 기여를 하는가?
- 철학은 시간표에 어떻게 포함될 수 있는가?

제15장에서는 학생이 철학적 탐구에 정규적으로 참여하는 기회를 가졌을 때 얻게 되는 긍정적 효과에 대한 연구결과, 그리고 학생과 교사의 의견을 살펴보았다.

- 철학적 탐구를 통해 학생은 어떤 도움을 받게 되는가?

04

철학의 긍정적 효과

제13장

철학을 통해 교수 기술 개발하기

철학적 탐구과정에 정기적으로 참여하는 학생은 철학적 탐구과정이 교사에게도 도움을 준다고 주장한다. 왜냐하면, 교사가 학생의 의견을 들을 수 있는 기회를 갖게 되고, 학생은 관심과 흥미를 갖는 이슈나 질문을 제기하는 기회를 갖게 되므로 교사에게도 도움이 된다는 것이다. 9세의 여학생 두 명은 이에 대해 다음과 같이 이야기하였다.

> 교사는 학생에게 (철학을) 가르쳐야 한다고 생각한다. 이것은 단지 학생에게만 도움이 되는 것이 아니라, 교사 자신이 어떻게 느끼고, 왜 그렇게 느끼는지를 이해할 수 있도록 해 주기 때문에 교사에게도 도움이 된다.

> 철학을 학교에서 가르치는 것은 좋은 것이라고 생각한다. 이유인즉, 학생이 생각하는 데 도움을 주고, 교사가 생각하는 데도 도움을 주기 때문이다.

캐럴 맥기네스(Carol McGuinness, 1999)는 학교에서의 사고기술에 대한 연구보고에서 다음과 같이 이야기하였다.

> 사고기술을 개발하는 것은 학생을 위한 사고기술뿐 아니라 교사를 위한 사고기술을 포함하고, 더 나아가 학습환경으로서 학교 풍토 변화까지도 포함한다는 인식이 확산되고 있다.

열린 탐구는 특정한 지식의 습득을 계획하는 것과는 다른 종류의 기술을 교사에게 요구한다. 열린 탐구의 성공 여부는 정확한 순간에 답할 수 있고, 알지 못하고 예상할 수 없는 것을 불안해하지 않고 다룰 수 있는 교사의 능력에 달려 있다. 이는 어떤 종류의 교사 자질과 기술을 뜻하는 것일까?

학교에서 학생들 그리고 동료교사들과 함께하며 얻은 경험에 비추어 보면, 이와 같은 문답식 교수는 다양한 영역에서 일어날 수 있으며, 철학수업을 벗어나서 교수법의 근본적인 변화를 이끌어 내게 된다.

철학적 탐구과정에서 깨닫게 된 것은 '어린이들과 함께하는 것' 그리고 '바로 지금'이라고 부르는 것에 몰두해야 한다는 점이다. 학생을 가르쳤던 그 시기는 나에게 어린이를 새로운 방식으로 관찰하고 경험하는 기회를 제공해 주었으며, 수업준비는 점차 전혀 다른 성격을 띠게 되었다. 이런 변화는 철학적 탐구과정에서 촉진자로 반응하고 대화진행과정에 깊이 몰입하는 능력을 갖도록 해 주었다. 여기에는 어떤 질문을 할 것인지 깊이 생각하는 것을 포함한다. 이는 너무 엄격한 구조를 부가하거나 조정을 지양하는 반면, 도전하고 더 깊이 조사하는 것, 그리고 비판이나 공격을 수용하고, 겸손하며 창의적이고 사려 깊은 전문적 판단을 내리는 것을 포함한다. 이 장에서는 이에 대해 보다 자세히 살펴보고자 한다.

1. 교사의 존재감

초임교사는 경력교사가 별다른 노력을 들이지 않고도 학급에서 학생의 주의를 집중시키는 것을 보고 이런 능력을 부러워한다. 이와 같은 존재감은 설명하기가 매우 어렵고, 초보자가 따라 하는 것도 쉽지 않다. 어떤 교사는 다른 교사보다 더 많은 존재감을 보여 주기도 한다. 학급에서의 존재감은 특별한 카리스마의 힘을 의미하는 것이 아니며 또한 단순히 학생을 즐겁게 만들거나 무섭게 협박하는 것을 의미하는 것도 아니다. 이러한 능력은 간혹 천부적인 것처럼 보이기도 하는데, 이와 같은 존재감을 가진 교사의 학급에서 학생들은 누군가가 시켜서 억지로 하기보다는 자발적으로 참여하는 모습을 보인다.

존재감을 탐구하기 위해 가장 적합한 비유는 무엇일까? 개인의 인성이나 정신에 첨가하거나 혼합할 수 있는 내용물이 있다는 것이 가능할까? 학생과 대화하는 과정에서 나타나는 신체언어, 목소리, 세부적인 것에 주목하는 것, 희망이나 기대감, 의도, 그리고 직접 과제를 수행하는 것 등등에서 무엇인가 차이점이 있음을 알 수 있다. 하지만 이는 명확하고 정확하게 집어낼 수 있다기보다는 상호작용과정에서 자연스럽게 드러나는 것이다.

존재감을 가진 교사의 학급에서는 교사가 학생들을 확실히 장악하여 학습하는 분위기가 충분히 조성되어 있으며, 교사에 대한 믿음과 신뢰감이 팽배하면서도 개인적인 자유와 선택, 지적 독립, 이동이 허용되는 분위기를 형성한다. 이와 같은 주의 집중의 질은 교사의 위상과 밀접하게 관련된다. 존재감을 가진 교사는 편안하고 조용한 대화를 이끌어 갈 수 있다. 학생들은 교사를 두려워하지 않으며, 교사의 전문적 판단에 대한 믿음을 가지고 있다. 왜냐하면 교사의 판단은 투철한 교육적 신념과 가치를 바탕으로 하기 때문이다.

이런 존재감을 가진 교사는 인지적 · 정서적 · 정신적인 세 가지 영역에서 학습자의 요구를 파악한다. 존재감은 동일한 집단을 반복적으로 가르치는 경험을 통해 개발될 수 있다.

2. '여기'와 '지금'에의 집중

집중하기는 학습이 전개되는 과정에 정신을 집중하고 주의를 기울이는 것이다. 존재감을 키우고자 노력하는 교사는 현재 진행되는 문제에 대한 학생들 반응의 특성을 잘 파악해야 한다. 집중하기를 통해 교사는 분위기, 적절한 시점, 새로운 통찰, 다른 학습 영역과의 연계, 학생들 사고와 감정의 변화에 민감해지고 이를 알아차리는 능력을 갖게 된다.

집중하기는 특정한 사안에 초점을 맞출 수도 있고 그렇지 않을 수도 있다. 경우에 따라서 존재감은 아주 짧은 시간 동안 세부적인 것에 주의를 기울이는 것을 필요로 한다. 하지만 다른 경우에는 교사가 학급에서 일어나는 모든 것들, 그리고 전체 학생들 사이에서 일어나는 것에 주의를 기울일 것을 요구한다. 주의 집중하기는 교사가 학생들을 정확하게 관찰하고 학생들이 이야기하는 것을 이해할 수 있도록 해 준다. 교사는 학생들의 반응을 이후 교수활동의 연료로 또는 여행의 방향을 안내하는 표지판으로 삼을 수 있다. 코라디 피우마라(Corradi Fiumara, 1990)는 침묵, 내적 성찰, 머무르기, 자기변화, 공존의 추구를 포함하는 '경청'의 철학적 지향성을 중시하였다. 또한 '이성'의 개발을 위한 논리적 · 언어적 특성만을 중시하기보다는 은유, 상징, 상호작용의 정서적 차원을 중시해야 할 필요성을 제기하였다(Corradi Fiumara, 1995, 2001). 철학적 태도에서 핵심적인 두 가지 요소로 들고 있는 것은 '주의 집중하기'와 '노력하기'다. 철학적 주의 집중은 새로운 것에 의해 방향을 상실하거나 방해받지 않으면서 지속성과 회복력을 가지며 쉽게 동요하지 않고 침착함을 유지하는 것을 의미한다(Corradi Fiumara, 1990: 144-145). 철학적 노력과 관련하여, 불안감이 없이 어떤 흐름이나 여세를 타고 있을 때 '경청'은 특별히 노력을 기울이지 않아도 비교적 쉽게 해낼 수 있다. 한편 사고의 흐름에서 벗어나거나 처음에 어떤 생각을 했었는지 계속 생각하도록 요구하는 것은 매우 어려울 수 있다.

이런 종류의 노력과 집중하기를 해 나가는 교사는 진정한 대화의 길을 찾을 것이다. 이런 교사는 호기심 있는 척하거나 놀라고 당황한 척하지 않고, 교사 스스로 열린 마음을 갖고 탐구과정의 한 부분으로서 참여한다. 이것은 사고하기 훈련의 반복이 아니다. 학생은 이것의 진정성을 인식하고 이런 경험의 가치를 깊이 깨닫게 된다. 진정한 대화의 결과로 학생은 자신이 행한 것, 생각한 것, 말한 것의 가치를 깨닫게 된다. 만일 학생에게 그들의 삶과 관련된 어떤 선택이나 책임감을 훈련해 볼 수 있는 자유를 제공해 준다면, 이 속에서 학생은 진정성을 갖고 자기 자신을 발견할 수 있게 될 것이다. 이런 자유와 진정성으로 인해 불안감이 생길 수도 있다. 이 불안감은 자유와 진정성을 누린 결과 필연적으로 나타나는 것으로, 개인적 책임감을 피하고 싶은 유혹을 만들어 낸다. 철학적 질문과 대화는 무엇보다도 이와 같은 책임감을 인식하도록 만들고, 궁극적으로는 학급에서 수용될 수 있고 인정될 수 있는 것이 무엇인지에 대해 이야기하도록 이끌게 된다. 진정한 대화의 가장 긍정적인 결과는 존재감을 가진 교사와 학생 사이에 형성된 정서적 유대감, 즉 라포 관계를 유지하는 것이다. 여기에는 직관이 작용할 수 있고, 예상치 못한 일이 일어날 수 있다. 교사와 학생의 관계는 철학적 탐구과정을 새롭게 만들어 갈 수 있을 정도로 견고해야 한다. 학습계획은 출발점이고 도약점이자 안내도가 되어야지 조리법이 되어서는 안 된다.

존재감의 이러한 측면은 일종의 경계적 현상이다. 존재감은 교사가 학생의 동의를 얻어 만들어 낸 '잠재적 공간'에 속해 있다. 이 잠재적 공간에서 각각의 교과가 제공하는 가능성을 탐색하게 된다. 존재감은 교사와 학생 간의 상호작용을 통해 만들어지는 것이다. 따라서 존재감은 본질적으로 역동적인 것이다. 교사가 존재감의 이러한 측면을 개발하게 되면, 학생들 역시 이를 개발하게 된다. 학생들은 교사가 선택한 것과 같은 방식으로 활동하기 시작한다. 학생들의 집중하기에서 이루어 낸 성장은 학습 적성에서의 성장으로 연결될 수 있다.

3. 수업준비와 가르칠 준비

수업에서 가르칠 준비를 한다는 것은 일반적으로 교실을 정리하고, 책상과 의자를 수업장면에 맞게 배열하고, 수업자료를 책상 위에 올려놓고, 연필을 깎고, 오디오 · 비디오 자료가 제대로 작동하는지 확인하고, 교과서의 진도 부분을 펼쳐 놓는 것을 의미한다. 이와 같은 과정은 귀중한 시간을 낭비하고 방해받을 가능성을 줄이면서 수업이 무리 없이 진행되는 데 도움을 준다. 이를 위한 계획을 수립하고 누가 이것을 가장 잘 해낼 것인지 생각하는 것은 중요하다. 학생들도 이런 것들을 잘 해낼 수 있다. 학생으로 하여금 이런 일을 준비하도록 하면, 교사는 이 시간을 수업내용을 준비하는 데 사용할 수 있다. 이는 학생에게도 도움이 되는데, 학생 중에는 이런 일 하는 것을 좋아하는 경우도 있고, 성공적인 수업에 기여한 것 같은 만족감을 얻기도 한다. 학생들은 자신의 주위 환경과 수업자료를 관리하는 책임감을 갖게 된다. 예를 들어, 하이스코프(Highscope) 접근에서는 일상적으로 유용한 학습자원을 준비하는 과정을 학생들이 수행하도록 한다(Weikart, Rogers, Adcock, & Mclelland, 1971). 이렇게 함으로써 교사는 학습자원을 준비하고 정리하는 데 보내는 시간을 절약할 수 있게 된다.

탐구학습을 증진시키고자 하는 교사는 학기 초부터 학급조직과 수업준비에 대한 통제력을 학생들과 나누고자 할 것이다. 다음에서 간단히 논의하겠지만, 상당히 많은 교사들은 수업준비를 하는 과정에서 앞에서 이야기한 것과는 다른 방식으로 수업준비를 하고 있었다. 이는 아주 중요하지만 인식되거나 논의된 바가 거의 없는 사안이다.

1) 리허설: 장점과 단점

초임교사는 수업 전에 리허설을 많이 하게 된다. 리허설은 학습이 전개되는 과정을 머릿속으로 진행시켜 보는 것이다. 시범이나 설명과 같은 직접 교수가 이루어지는 부분에 초점을 닺추게 되고, 이는 교사가 수업 진행과정에서의 각 단계를 기억하는 데 도움을 준다. 수업매체에 친숙하지 않을수록 이것에 익숙해지기 위해 리허설을 더 많이 하는 경향이 있다. 초임교사는 교사의 적극적 수행이 학생의 주목을 이끈다는 기대를 갖고 있으며, 따라서 이 시기의 교사는 리허설을 통해 자신감을 얻게 된다. 리허설은 시범, 제시, 목소리 변화, 설명 등과 같은 수행을 수반한다. 이후 이런 것에 어느 정도 익숙해지고 수행에 대한 자신감이 생기게 되면, 초임교사는 더 이상 이런 행위를 연습하지 않는다. 리허설이 오히려 도움이 되지 않을 수도 있다. 리허설은 철학과 같은 활동에서는 위험할 수도 있다. 이유인즉, 리허설은 진행 방향을 엄격히 제한하여 이끌어 갈 수 있기 때문이다. 학생들이 철학자로 발달해 가는 것을 볼 수 있는 교사는 엄격히 계획하고 머릿속에 리허설한 과정을 따르기보다는 질문과 대화의 열린 공간을 제공해 주어야 한다.

2) 머무르기: 가르치는 것을 탐구하는 것으로 전환하기

철학자 하이데거(Heidegger)는 '무언인가가 마음속에 남아 있는 것(dwelling)'은 인간의 본질적 특성이라고 보았다. 이는 인간이 세상에 존재하는 방식을 묘사하는 것이다. 머무르기는 공간에 존재하면서 살아가는 것으로, 하이데거는 다음과 같이 설명한다.

> 당신이나 내가 존재하는 방식, 우리 모든 인간이 지구상에 존재하는 방식이 바로 머무르기다. 인간이 된다는 것은 죽을 운명으로 지구 위에 존재하는 것이다. 이것이 바로 살아가는 것이다.
>
> (Heidegger, 1971: l)

이를 교사의 경우에 적용해 본다면, 경청을 위한 진지한 시도를 묘사하기 위해 '머무르기'라는 표현을 사용할 수 있다. 이런 시도는 의미를 파악하거나 완벽을 추구하는 것이 아니다(Tubbs, 2005: 314). 이런 경청은 다른 사람을 미리 이해하도록 요구하지 않으며, 오히려 우리는 자신의 요구에 의해 다다르게 되는 무엇인가를 미리 예상하게 된다(Heidegger, 1993: 386). 코라디 피우마라는 다음과 같이 해석하였다. "진정한 철학적 순간에는, 우리 생각이 부분적으로 멈추고……, 기다림의 자세는 다른 사람으로 하여금 생각을 이끌어 내고 생각하도록 장려하게 된다." (1990: 189)

학교에서 정규 교사로 일했던 시기에, 나는 학급 상호작용의 상세하고 세부적인 면면들을 묘사하고자 할 때 '머무르기'라는 용어를 사용하였다. 머무르기 과정에서 교사는 새로운 교수매체를 만들어 내기 위해 수업에서 대두되었던 것들을 머릿속으로 다시 생각해 본다. 머무르기는 이전 활동을 이해하는 데 도움을 주고 이전 활동에 대해 다시 활동하는 것을 수월하게 해 준다(Tripp, 1993). 또한 머무르기는 학급 내 개인들의 행동이나 반응에 주의를 집중하는 데 도움을 준다. 긍정적이든 부정적이든 어떤 종류의 방해를 경험한 결과 머무르기가 생겨나게 된다. 집단학습 상황에서 머무르기란 예측하지 못했지만 알아차리게 된 예외적이고 결정적인 순간에 머무르는 것을 포함한다(Mason, 1996). 순간 알아차린 무엇인가에 머무르는 것은 인지적 · 정서적 · 사회적 · 심리적 차원에 대한 반응을 아주 세밀하게 조율하는 준비를 계속적으로 하도록 해 준다.

가르치는 과정에서 일어나는 사건들, 특히 어린이들과 하는 철학에서 열린 교수를 한다는 것은 초임교사에게 탐구과정을 반영하는 탐구의 출발점이 될 수 있다. 초임교사는 수업과 관련하여 대두되는 질문들, 즉 지식, 교육과정, 학교체제, 전문적 판단, 아동기 등등에 대해 제기되는 질문을 공유할 수 있다. 이런 질문은 초임교사에게 학급에서 직접적으로 일어나는 실제적인 문제를 (탐구 주제로) 다루고, 학생의 삶 속으로 교사가 들어가야 함을 알게 해 준다. 이는 동료들과 학문적 연구 혹은 대화를 병행해 나갈 때, 매우 의미 있는 방식으로 반성적 교수를 개발해 갈 수 있도록 해 준다. 학급에서 머무르기의 경험은 학급의 생활과 교사가 주는 도움의 영향에 대해 깊이 생각하는 수단이 되며, 이는 지속적인 교사 발전의 수단이 된다.

3) 준비: 가르치는 과정에서 자신의 인식

가르친다는 것은 많은 것을 요구하는 행위다. 교수는 상당한 지적 · 신체적 · 정서적 스태미나(stamina)를 필요로 하며, 지속적인 주의 집중을 요구한다. 교사가 가르치는 것에 대한 나름대로의 준비 방식을 찾아내면, 교사는 무의식적으로 혹은 신중하게 계획된 주제 변화에 대해 점차 대처할 수 있게 된다. 교사는 역할을 부여하거나 교사 자신이 사용하는 것과 같은 언어를 사용하도록 하는 특별한 상황극을 만들어 제공할 수 있다. 준비는 구분하는 능력을 포함하는데, 이를 통해 교수내용과 관련 없는 것들이 교수를 방해하지 않도록 하는 것이다. 집중력과 에너지를 향상시키는 정신적 · 신체적 훈련이 포함될 수 있다.

준비한다는 것은 개별적인 교사가 에너지를 쏟고, 창의성을 발휘하고, 집중을 할 수 있도록 도움을 주는 전략들에 친숙해지고 이들 전략을 사용하는 것에 기초한다. 교사가 충분히 수업준비를 하지 못했을 때 학습과정에서 학생들이 어려움을 겪었던 시기를 쉽게 생각해 낼 수 있을 것이다. 학생들이 주의 집중을 개발하고 보다 편안하게 느끼도록 돕는 수단으로 이 책의 초반부에서 제시했던 이완과 명상의 일부 예들은 교수과정에서 교사로서 갖추어야 할 정신과 신체 상태를 파악하는 데 도움이 될 것이다.

4) 자유로운 사고: 창의성에 다가가기

많은 교사들은 자유로운 사고를 하는 과정에서 최상의 아이디어가 떠오르고 문제에 대한 해결책을 찾아내게 된다. 이 순간에는 깊이 숙고하지 않아도 해결책이 떠오른다. 가이 클랙스턴(Guy Claxton, 1997)은 이를 '지적인 무의식에 다가가기'라고 불렀다. 많은 사람들은 이와 같은 창의적 순간을 선잠이 들었을 때 경험한다. 작가를 비롯한 많은 사람들은 침대 옆에 메모할 것을 준비해 두라고 이야기한다. 일부 사람 중에는 욕조에 누워 있는 동안, 수영하는 동안, 서핑하는 동안, 개와 산책하는 동안, 운전하는 동안, 심지어 다림질하는 동안에 이와 같은 순간을 경험한다. 이런 때가 바로 자유로운 사고(free wheeling)가 일어나는 것을 가능하게 해 주는 시기다. 신체리듬 혹은 반복적 행위는 창의성에 더 가까이 다가가도록 해 주는 것처럼 보인다. 깨어 있는 모든 시간을 교수에 대해서만 생각하지 않고, 삶의 다른 부분에 대해서도 생각할 수 있어야 한다. 이는 계획하기의 전통적인 수업계획 방식과는 전혀 다른 것으로, 가르치는 것을 우리 삶의 일부로 만드는 것이다. 교수를 위한 준비는 쓰기수업 계획에서 주로 경험하는 반복이나 지루함을 덜 겪는 대신 여분의 시간에 아이디어가 자유롭게 생겨날 수 있도록 함으로써 도움을 받을 수 있다.

5) 이야기식 그리고 놀이식 교수

소집단 혹은 대집단으로 이야기를 나누는 것은 학생들이 새로운 아이디어를 경험하고, 학생 자신의 사고를 확장하게 하는 독창적인 방법이 될 수 있다. 교사가 학생들을 알면, 어떤 것들 간의 관계성을 만들어 내고, 이런 관계성을 교수나 학습을 확장하는 데 사용해 볼 수 있다. 미끼(실생활 문제를 다루어 보도록 소개하기, 퍼즐, 인형이나 소설적 인물들) 그리고 연결고리(학생들이 경험했던 다른 것들)는 교사가 전체 학급과 개인의 관심을 집중시키고, 관심을 유지하고, 그 관심을 발전시켜 나가는 데 도움을 주기 위해 사용해 볼 수 있는 도구들이다. 미끼나 연결고리가 되는 아이디어는 교실 밖에서 교사가 자유로운 사고를 하는 동안 머릿속에 떠오를 수 있다. 교사가 학습전개와 잘 연결만 시킨다면, 예상치 못한 반응과의 연결이 매 순간 일어날 수 있다. 이는 학습과정에서 지적 흐름뿐만 아니라 정서적 · 상상적 흐름을 잘 이끌어 갈 수 있기 때문에 매우 효과적이다. 미끼와 연결고리는 함께 공부하는 학생들이 공유한 경험과 관련된 사소한 이야깃거리가 될 수 있다. 은유적이고 상상적인 영역으로 쉽게 옮겨 갈 수 있는 교사는 구체적이고 특별한 영역에서도 성공한 사람이다. 어떻게 놀이할지를 기억하고 장난스럽게 되는 것을 즐기는 교사는 학생들을 통제하려고 하기보다는 학생들과 함께 지내려고 한다.

탐구를 시작하는 데 사용하는 이야기나 그림책에 반응할 때, 어린이들은 선과 악, 용기와 비겁함, 부와 빈곤, 가능성과 불가능성의 대립, 그리고 그 밖의 다툼과 갈등에 상당한 관심을 보인다. 에건(Egan, 1991, 1999)은 이를 이분법적 대립이라고 불렀는데, 이러한 이분법적 대립은 유아기부터 인간의 마음과 정신을 강하게 끌어당기는 이야기 구조를 만들어 낸다. 이야기는 의미의 공간을 만들어 내는데, 이는 학생들의 생활 속 이야기로부터 이끌어 낼 수 있는 앎의 방식이다. 에건(Egan, 1988)은 목표–내용–방법–평가식 모델은 교수계획 시 기계적인 접근을 하도록 만드는 것으로, 이보다는 가르치는 데 있어서 학생과 교사의 상상력을 더 많이 사용하고, 의미와 참여가 더 많이 일어나는 접근방법을 사용해야 한다고 주장하였다. 이런 접근방법에는 교실에서의 생활, 경험, 그리고 무엇보다도 학생들에게 가장 중요한 새로운 관심사들을 확인해 보는 것이 포함된다. 이는 교수와 학습 과정에서 이야기를 나누는 분위기를 제공해 주게 된다. 에건은 계획하거나 교수하는 모든 과정에서 이야기적 요소를 포함시킬 것을 주장하였다. 특히, 익숙하지 않거나 추상적이고 잘 알지 못하는 것을 탐구할 때 더 많이 상상하도록, 그리고 우리 자신과 학생의 삶에 대해 알고 있는 것들을 새로운 지식을 탐구하는 과정에서 활용하도록 촉구하였다.

6) 적극적 경청

경력교사는 학습이 전개되는 과정에서 어떻게 반응해야 할지에 대해 순간적으로 능숙하게 판단할 수 있다. 이런 능력은 동일한 상황에 대한 경험의 축적에 의해, 그리고 자신의 상황과 학급의 일반적인 조건이나 분위기에 대해 민감성을 키우면서 길러지게 된다. 철학적 탐구에서 그와 같은 판단은 학생의 생각이 문제를 해결하거나 더 발전되어 갈 수 있도록 해 주는지의 여부에 따라 내려져야 한다. 창의적 경청은 교사가 질문하거나 해답을 찾아내도록 할 때, 끊임없이 질문을 해야 할 필요성을 없애 버렸다. 이는 부적절하거나 충분히 생각하지 못한 어설픈 해결책을 내놓지 않도록 해 준다. 적극적 경청은 서로 간의 의견을 듣고 이해하기 위해서 학생 자신의 답과 의견을 제시하도록 격려한다(Pinney,

1983). 이것이 교실에 존재하고 있는 교사의 핵심적인 역할이며, 주의 집중의 핵심적 요소다. 앞의 여러 장에서 구체적인 예를 들어 가며 이런 종류의 경청에 대해 설명하였다. 코라디 피우마라는 우리가 진지하게 경청할 때, 진지한 경청의 방향 상실로 인해 우리의 합리적이고 이성적인 관점을 잃을 수 있음을 지적하였다 (1990: 43). 코라디 피우마라는 이런 이탈을 설명하기 위해서 ('지나치게 언어 중심적인 문화'를 묘사하기 위해서 만들어 낸) '공간'이라는 개념을 사용하는데, 철학에서 '어떤 공간도 차지하지 않지만, 모순적으로 어떤 내용이 다루어질 수 있는 최적의 공간을 새롭게 만들어 내는 태도인 순수한 경청 능력을 향상시키기 위해서' 연습과 훈련이 필요하다고 주장하였다(1990: 19).

구체적 개념을 형성하기 어렵고, 굉장히 모호하고 불투명한 것들에 대한 철학적 기질 혹은 철학적 감수성의 핵심적 요소가 바로 경청이다. 코라디 피우마라는 어떤 영역도 정해 놓지 않고 어떤 공간도 차지하지 않는 것이 경청의 핵심적 특징이라고 보았다 (1990: 51).

7) 문답식 교수

문답법은 그리스 시대 철학자 소크라테스(Socrates)까지 거슬러 올라간다. 문답법은 철학을 훈련하는 핵심적 요소다. 이 장의 앞부분에서 철학적 대화를 운영하는 데 필요한 교사의 자질, 기질, 가치 등을 언급하였다. 또한 앞 장에서는 어린이들과 함께하는 철

학의 구조, 전략, 조직 및 그 과정에 대한 내용을 다루어 보았다. 이는 수학에서 다루는 간단한 공식이나 기술의 첨가라기보다는 교육에 대한 신중한 접근이라고 할 수 있다. 대화의 집단적 상보적 참여 차원을 강조하면서, 봄(Bohm, 1996: 6)은 '우리들에게 그리고 우리들을 통해서 흘러나오는 의미의 강물'로 (철학적 대화를) 묘사하였다. 또한 '사람들이 편견 없이 그리고 서로에게 영향을 주려고 노력하지 않고 서로의 이야기를 편안하게 들어 줄 수 있다면, 대화는 새로운 것을 창출해 낼 수 있게 해 준다.'고 주장하였다(Bohm, 1996: 3).

대화방식을 적용하는 교수법 개발에 대한 관심은 나날이 증가하고 있다. 참여자들이 대화법에 대한 경험을 갖고 있을 때, 관찰자가 내면적 구조를 확인해 내는 것은 쉽지 않다. 대화는 그 자체에서 생명을 갖고 있는 것처럼 보인다. '의미의 강물' 그리고 다른 사람을 설득하고자 하는 신념이나 욕망에 매달려 있을 때, 대화는 아이디어를 공유하거나 의견을 나누는 것 이상의 것이 된다. 즉, 대화가 역동적인 지향성을 갖게 되고 암묵적인 것들을 만들어 내게 된다. 또한 협력적 문제해결, 딜레마의 해법 탐색, 사고와 이해를 위한 새로운 방식의 발전을 낳게 된다. 비록 일시적일지라도 진리에 대한 진정한 탐구, 그리고 어린이와 함께하는 철학적 탐구는 새로운 지식을 만들어 낸다. 집단의 자기통제 능력과 대화는 철학적 탐구의 핵심이다. 대화는 개방성, 열정, 인내, 관용, 정의, 끈기의 미덕을 표현하게 한다. 또한 대화는 단선적인 것이 아니라 '체계적인 연구, 상보적이고, 확장된 구조적 대화'로 특징지어질 수 있다(Alexander, 2005). 하지만 아직까지 이런 종류의 교수가 학급에서 일어나는 것을 보는 것은 쉽지 않다(Alexander, 2003). 왜냐하면 교사훈련이나 전문성 개발이 제대로 되어 있지 못하고 교육과정, 평가, 학교조직 등에서 이런 교수가 일어나는 것에 대한 실제적이고 체계적인 장애가 존재하기 때문이다. 대화적 교수법은 새로운 기법들과 함께 나아갈 필요가 있다. 대화적 교수법은 말하기 활동으로만 제한되어서는 안 되고, 교수와 학습 간의 관계, 교육과정과 학습의 구조와 형태에 대한 것들과 함께 고려되어야 한다(Lyle, 2007). 애비(Abbey, 2007)는 대화적 교수가 교사와 학생으로 하여금 그들 자신과 다른 사람의 지식을 형성하게 하고, 지속적인 사고와 탐구를 위해 각각의 아이디어를 연결하도록 만든다고 주장했다. 이와 같은 학습방법이 두드러지게 사용되는 학급은 말하기 활동이 보다 활발하게 일어나고, 능숙한 교사의 질문이 이어진다. 뿐만 아니라 단순한 질문과 대답이 반복적으로 이루어지기보다는 상호작용의 교류가 좀 더 지속적이고 집중적으로 일어나며, 교사의 교수행위는 포용적이고 판단적인 행위는 덜 일어난다. 대화적 교수는 학교와 학급 문화에 실제적인 변화를 일으킬 수 있다. 이 책의 마지막 장에서는 이와 같은 작은 개혁이 왜 요구되는지에 대한 몇몇 증거들을 제시할 것이다.

이 장에서는 학생들 혹은 성인들과 함께했던 나의 경험에서 드러난 대화적 교수법의 측면들을 제시하였다. 이것들은 또 다른 실천가들에 의해 더 나은 탐구를 위한 자원이 될 것으로 기대한다. 대화를 효과적으로 촉진시키는 것에 대해 생각하고 이야기할 때, 토론을 계획하고 진행하기 위한 공식들은 많은 문제점과 제한점이 있다. 우수한 교육과정에서 간과되어 온 계획하기와 교수하기의 측면들을 설명할 수 있는 연구가 향후 이루어져야 할 것이다.

제14장

전 교육과정에서 사고교육하기

의사결정자들과 실천가들은 이른바 기초학습 능력에 대한 전통적 강조를 유지하면서, 동시에 새로운 지식 영역을 포함하는 것으로 교육과정이 확대되어야 한다는 사람들의 요구를 충족시키도록 기대되었다. 학교 역시 사회문제를 해결하고 종교적 · 사회적 · 도덕적 가치를 지도하도록 기대되어 왔다. 교육과정에 쓰여 있는 것과 학교에서의 학습 경험 및 학생의 성취에는 분명한 차이가 존재한다. 학교교육과정은 우리 사회의 경제적 · 사회적 요구에 기반하고 있다. 교육시스템은 어린이들이 사회에서 일하고 살아가고 사회에 참여하고 공헌할 수 있도록 준비시킬 것으로 기대된다.

교육과정에는 서로 상충하는 가치에 대한 정치적 특성이 포함되어 있음을 알고 있다. 또한 무엇을 가르칠 것인지에 대한 전체적인 균형이 논의되어야 하고, 학생들이 원하는 것은 고용주들의 요구와 균형을 이루어야 한다. 사회적 · 경제적 주요 흐름에 대해서는 불일치가 거의 존재하지 않는 것으로 보인다. 모든 교육시스템에서는 이런 것들이 고려되어야 하는데, 현 교육과정이 포함시키고자 하는 것은 과연 무엇인가?

의사소통 기술은 우리의 생활 속에서도 더욱 부각되고 있으며, 이런 시대적 흐름의 변화는 고용, 서비스, 가정생활, 레저활동뿐만 아니라 언어, 문학, 학습에도 영향을 미친다. 고용 패턴은 지난 25년 동안 극적으로 변화되어 왔으며, 이는 앞으로도 계속될 것이다. 경제의 특성 역시 변화되어 왔으며, 사람들은 직업을 과거에 비해 자주 바꾸고, 재교육은 일반적인 것이 되었고, 직업 간의 경계, 가정생활, 레저 등은 지속적으로 변화되어 갈 것으로 기대된다. 고용주들은 유연성, 문제해결, 의사소통, 정보처리 능력 등에 더 많은 가치를 부여할 것이다. 직업현장에서는 독립적으로 일하는 능력과 팀의 일원으로서 일하는 능력 모두 더욱 많이 요구될 것이다.

사회 영역에서, 개인의 책임감과 권리는 더욱 복잡해질 것이다. 우리는 건강, 갱생, 노인 보호와 죽음, 환경 등에 대한 도덕적 결정을 내려야 할 것이다. 또한 사회와 가족생활 패턴은 개인으로 하여금 분리, 이동, 변화에 쉽게 적응할 것을 요구한다.

정보의 성장과 증가는 지식에도 영향을 미친다. 지식은 쉽게 변화되고 대체 가능한 것이 되며, 더 쉽게 확산된다. 교사와 학생의 지식과 역할은 극적으로 변화될 것이다. 동시에 우리는 우리가 지각하고 있는 모든 것에 대한 선택과 판단을 내려야 한다. 지금과는 다른 시대에 구축되고 운영되어 온 학교가 현대화되기 위해 삐걱거리는 소리를 들을 수 있다. 오늘날의 학교는 우리가 창조하고자 하는 지식형태나 학습유형과는 상반되어 보이는 교수방식을 위해 설계된 것이다. 건물 안에서 학습이 이루어지도록 설계된 학교교육의 아이디어는 정보의 홍수에 의해 많은 측면에서 변화가 불가피해질 것이다.

교육과정 개혁에 대한 논쟁 속에서, 학습은 형식교육이 끝나면 완성되는 것이 아니라, 평생학습의 개념으로 이해되어야 한다는 주장이 제기되어 왔다. 정책결정자들은 교수의 효율성과 성공을 극대화시키는 데 관심을 가져 왔다. 따라서 학교나 성취에 영향을 미치는 사회적 · 문화적 요인에 관심을 집중시키기 보다는 개별 학습자의 자질이나 기질에 더 많은 관심을 기울이고 결과적으로 지적 능력, 학습유형, 선호도나 전략 등에 대한 새로운 논쟁을 이끌어 내게 되었다. 이런 분야에서의 전문성 개발은 효율성, 속도, 보조, 가속화와 같은 산업용어의 영향을 받았고 때로는 신체와 뇌 기능에 대한 단순하고 결정적인 설명에 도움을 받았다.

다중지능이론(Gardner, 1999; White, 2004)과 학습유형(Coffield, Moseley, Hall, & Ecclestone, 2004)에 대한 논쟁이 활발하게 제기되었다. 이런 논쟁은 교수와 관련된 오래된 낡은 방법에서 벗어나, 학습에서 개인차 그리고 학생의 자아인식과 메타인지(meta-cognitive) 능력 개발을 존중해 주는 분위기를 고조시켰다. 이는 교수에서 더 실험적인 교수방식을 이끌어 내고 개인이 학습에서 어떻게 반응하는지에 대해 교사가 더 많은 주의를 기울이도록 하였다. 하지만 코필드 등(Coffield et al., 2004)은 교사들이 너무 다양한 이론과 모델, 검증되지 않은 학습유형이나 학습선호도, 개별 학습에서 어느 정도의 정보가 다루어져야 하는지에 대한 공감대 부족 등의 문제에 부딪치고 있다고 주장하였다. 이러한 '변혁'이 때로는 무비판적으로 개개인의 학습유형을 지나치게 강조하고, 어린이들을 새로운 형태로 명명하게 만들었다. 가드너(Gardner)의 다중지능은 교육의 폭을 넓힐 수 있도록 해 주었으며, 교사가 다양한 범위의 학습활동을 권장하고 이를 가치 있게 여기도록 해 주었다. 가드너의 이런 아이디어가 널리 확산되어 감에도 불구하고, 다른 여러 가지 지식형태보다도 기본 학습을 강조하는 교육과정에는 실제적인 영향을 거의 미치지 못하고 있다. 가드너는 교육에서 엄격한 전통을 따르는 것을 원치 않으며, 지적 · 문화적 추구는 본질적으로 가치 있는 것으로 보았다. 화이트(White, 2004)의 경우 목표 추구 시 유연성을 갖고 행하는 것을 지능으로 보는 관점은 더 이상 새로운 것이 아니라고 보고 있다. 화이트는 지능의 선천성을 강조하는 생물학적 이론이 학생들을 특정한 능력에 얽매이도록 제한하며, 그러한 제한을 낳는 사회문화적 요인의 영향력을 간과하고 있다는 것에 대해 우려했다. 학교 수준에서 나타나는 사회적 요인의 예를 들면, 교육과정 자체, 교육과정의 발전과 학생의 관련성, 그리고 학습의 각 단계에 대한 학생의 참여도 등이 있다.

어린이와 함께하는 철학은 교사들이 갈피를 잡지 못하고 새로운 이론을 신뢰하지 못하게 하는 이분법적 논쟁을 초월한다. 어린이와 함께하는 철학을 지지하는 사람은 개방적인 철학적 입장을 취하고 지능, 학습, 기술에 대한 개념을 논쟁할 만한 가치가 있는 개념으로 다룬다.

어린이와 함께하는 철학교육은 사회문화적으로 중재된 것으로서 학습에 대한 아이디어를 통합하고, 상호작용, 특히 '고등' 사고와 의사소통의 중요성을 강조한다. 이런 교수법은 개인과 사회 간의 역동적 관계, 즉 구체적이고 생생하며 상황적인 관계를 강조한다. 철학적 탐구를 통한 학습 측면에 대해 앞 장에서 설명한 것처럼 학습은 사회적 · 정서적 · 인지적 영역에서의 발달을 이끌어 낸다.

1. 교육과정의 광의의 목적

학교교육과정은 경제, 기술, 그리고 사회의 변화에 맞추기 위한 정부의 노력에 의해 지속적으로 개정되고, 목표가 재설정된다. 예를 들면, 잉글랜드의 교육과정이 새로운 2000년대를 위해 개정되었을 때, 이 교육과정에는 다음과 같은 두 가지 주요 목적이 포함되어 있었다. 첫 번째 목적은 다음과 같다.

> 교육과정은 학생의 장점, 흥미와 경험을 바탕으로 진행되어야 한다……. 그리고 탐구하는 정신과 합리적으로 사고하는 능력을

> 증진시켜야 한다……. 교육과정은 학생들이 창의적 · 비판적으로 생각하고, 문제를 해결하고 더 나은 방향으로 차이를 만들어 내는 데 도움을 줄 수 있어야 한다.
>
> (DfEE/QCA: 11)

두 번째 중요한 목적은 정신적 · 도덕적 · 사회적 · 문화적 발달과 관련되고, 성인이 되었을 때의 책임감과 성인기 삶을 위한 준비에 관련된 것이다. 학생들은 옳고 그른 것을 분별할 수 있는 방법과 신념의 범위에 대해 교육받아야 한다. 2000년 잉글랜드 교육과정에는 다음과 같이 기술되어 있다.

> 학교교육과정은 가치를 담고, 학생의 통합과 자율성을 계발시키며, 사회의 발달에 기여할 수 있는 시민으로서의 능력과 책임감을 기르도록 도움을 주어야 한다……. 동등한 기회를 제공하고, 학생들이 차별과 고정관념에 도전할 수 있도록 해 주어야 한다.
>
> (DfEE/QCA: 11)

현재 많은 교육과정에서 개인과 사회의 발달, 창의적 · 비판적 사고, 자기 신념, 타인과 협력할 수 있는 능력 등이 학생의 교육적 성공 및 기타 영역에서의 성취에 결정적이라고 강조한다. 학생의 정신적 발달은 자아개념의 성장을 포함하고 책임감 있는 도덕적 의사결정을 내릴 수 있는 능력을 포함한다. 또한 사회성 발달과 관련하여, 학생들은 그가 속한 사회의 민주적 과정에 참여하고 적극적으로 기여할 것을 요구받는다. 학생들 간의 차이에 대한 관심은 문화적 발달의 특징으로 여겨진다.

'들어가며'에서 논의한 것처럼, 교육과정이란 단순히 지식의 내용을 기술한 것이 아니며, 전 교육과정을 아우르는 학습에 관한 관점에 의해 더욱 강하게 지지되고 있다. 예를 들어, 잉글랜드의 국가교육과정은 학생의 자아개념을 향상시키고 교육과정의 다양한 지식과 기술(간교육과정 지식과 기술)을 습득할 수 있도록 지도하는 것을 포함한다. 또한 메타인지와 교수-학습을 위한 언어의 중요성을 강조하며, 모든 학생이 학습에 참여할 수 있도록 보장하는 전략을 제안한다.

2. 어린이와 함께하는 철학 그리고 간교육과정 지식과 기술

교육과정에서의 교과목을 살펴보면 얼마나 다양한 탐구기술이 요구되는지를 확인할 수 있다. 교육과정에서 몇몇 교과 영역의 예를 들어 보자. 수학을 가르치기 위한 최근의 접근방법에서는 수학적 지식의 응용력을 강조하고 있다. 이는 원리를 깨닫고 자신의 사고과정을 설명하고 문제를 해결하기 위해 사용한 전략을 묘사할 수 있는 학생의 능력을 길러 주기 위한 것이다. 과학은 가설을 세우고, 체계적으로 과정을 추적해 나가는 능력을 요구한다. 역사교과와 관련해서는 역사적 증거를 검증하고 변화와 그 결과를 비교

검증할 수 있는 능력을 학생들에게 기대해 왔다. 지리에서 학생들은 인간의 활동이 환경에 미치는 영향을 평가하게 되고, 종교교육을 통해서는 서로 다른 종교적 믿음을 비교하며, 기술 과목을 배우면서는 어떤 설계가 어느 정도의 효과성을 나타내는지 판단한다. 이와 같은 내용이 다른 교과에서도 비슷하게 강조된다. 즉, 의문을 갖고, 계획하고, 조사하고, 문제를 해결하고, 평가하고, 논의하고, 합리적으로 원리를 파악하고 탐구하는 것을 강조하는 것이다. 이런 것들을 전이 가능한 기술이라고 부른다. 어린이와 함께하는 철학이 '간교육과정' 기술이라고 불리는 이런 것들을 가르치기에 얼마나 적합한가?

1) 언어사용과 의사소통

어린이와 함께하는 철학의 일차적인 매개물은 '말(언어)'이다. 학생들은 자신의 생각을 말하고, 의미와 뉘앙스를 탐색하고, 합리적으로 생각하고 대화에 참여하기 위한 구체적인 용어를 습득하면서 언어의 사용법을 배우게 된다. 학생들은 대화내용을 듣고 효과적으로 이해할 수 있게 된다. 집단 토의를 통해 어린이들은 다른 사람의 이야기를 이해하고, 반응하는 것을 학습한다. 뿐만 아니라 탐구를 위한 폭넓은 교재를 사용함으로써, 학생들은 비판적으로 사고하는 능력을 키우게 된다. 탐구의 구조는 논리적 논쟁을 형성하도록 해 주며, 이는 논증적 글쓰기를 가능하게 해 준다. 학생들은 생각과 의견을 표현하고 이를 다른 사람에게 설명하는 데 자신감을 갖게 된다.

2) '협동학습'으로 다른 사람과 함께 활동하기

철학적 탐구에서는 다른 사람의 관점을 존중하고, 다른 관점을 고려해 볼 수 있도록 해 주는 소집단 혹은 전 학급 토론에 참여한다. 학생들은 지식의 힘과 그 권위와 관련된 주제들을 직접 다루어 보게 된다. 그리고 자신의 의견을 표현하는 것은 물론 자신의 경험을 이야기해 보는 기회를 통해 통찰력과 판단력을 기르게 된다. 이 과정에서 학생들은 민주적 토론이 원활하게 진행되지 못하는 장애요인을 경험하고, 서로 다른 의견이나 갈등, 격한 감정, 상반된 이슈 등을 조정하는 기회를 경험한다.

3) 자신의 학습과 수행의 향상 혹은 '학습하기에 대한 학습'

탐구 과정과 내용의 평가는 어린이와 함께하는 철학의 과정을 통합하는 부분이다. 이 과정에서 학습의 언어, 메타인지 모두를 개발할 수 있다. 철학은 정신, 사고, 앎, 상상, 예상, 의식, 정신간의 상호작용 등을 직접 다루는 모든 종류의 질문을 자연스럽게 이끌어 낸다.

4) 문제해결

철학의 연습은 문제에 접근하는 방식을 가르칠 뿐만 아니라, 해결하고자 하는 새로운 질문이나 문제를 만들어 내고 창출할 수 있도록 해 준다. 특히 학생들은 이를 통해 개념을 명확히 하고, 특정 사례들을 비교하고 구별하며, 문제의 맥락적 특성을 구체화함으로써 문제의 특성을 확인할 수 있게 된다.

5) 정보처리

철학수업에서 학생들은 질문, 생각, 예시, 개념들을 분류하고, 순서짓고, 비교하고 대조하는 기회를 많이 갖는다. 특히, 아이디어를 조직하고 관계도를 그리고, 정보를 제시하고, 다양한 개념적 표상도구나 형식을 사용하는 법을 배운다.

6) 사고기술

철학은 총체적 사고기술이라는 견해에 대해 의문을 제기하고, 정보처리나 이해력과 같은 사고기술을 분리시키고자 한다.

학생이 생각하지 않기를 우리가 원한 적이 있는가? 생각하기를 하는 것이 잘못된 것일 때가 있는가? 사고하기는 인간 경험의 숨겨진 부분이다. 다음 장에서는 철학적 탐구에 참여하는 것은 사고의 여러 가지 측면들, 즉 열린 질문하기, 관계짓기, 다른 사람의 생각에 덧붙이기, 예시를 찾아보기 등과 같은 일반적인 사고기술을 강화시킨다는 증거를 제시할 것이다. 여기서 중요한 것은 어린이를 생각할 수 있는 사람으로 대해야 한다는 것이다.

서양 철학은 탐구력 개발, 비판적 사고와 합리적 사고, 창의적 사고의 중요성을 인식하고 있다. 탐구는 설명하기 위한 정보를 찾는 것 이상을 의미한다. 철학적 탐구에서 어린이들은 문제를 정의하고, 개념과 가치에 의문을 제기하는 것을 배운다. 또한 증거를 분석하고 평가하는 데 참여하며, 가설에 의문을 제기하고, 참과 거짓 그리고 사실과 의견을 구별하는 활동에 참여한다. 탐구를 위한 집단은 가설이 검증될 수 있는 구조를 제공해 준다. 아울러 이는 확산적 사고와 대안적 해석 및 해결책의 여지를 만들어 준다.

3. 모든 어린이의 참여 보장

여러 국가들의 인간 권리 보장과 정책개발의 연장선상에서 교육과정은 모든 학생들에게 교육적 성공의 기회를 보장해야 한다. 어린이와 함께하는 철학적 경험은 이해력 개발에 기여하는 자신의 사고력과 아이디어의 가치에 대해 자신감을 심어 줌으로써 모든 학생들의 성취에 긍정적 영향을 미친다. 이들의 일부 증거가 15장에서 제시된다.

영재들은 자신의 상상, 요약, 논리력을 사용할 기회를 즐기고, 다른 친구들과 즐겁게 공동작업을 수행하는 것을 배운다. 특별한 행동장애 혹은 학습장애가 있는 어린이는 철학적 탐구에서 협력하고 언어적 활동을 하면서 도움을 받을 수 있다. 읽기, 쓰기에 문제가 있는 어린이도 성취를 이룰 수 있다. 왜냐하면 주로 말을 통해 학습이 이루어지므로 이런 장애는 크게 문제되지 않기 때문이다. 따라서 모든 관점이 존중받으며, 논의의 주제 또한 다양하다. 어린이는 자아개념을 개발할 수 있고 아이디어를 시도할 수 있는 안정적 환경 때문에, 그리고 마음이 바뀌는 것이 과정의 일부로 기대되기 때문에 확신을 가지고 수업에 참여할 수 있게 된다.

4. 교육과정에서 철학의 계획

철학적 탐구는 교육과정의 다양한 교과 영역에서 적용될 수 있으며 영어, 사회, 시민교육, 윤리 등과 같은 과목에서 가장 적절하게 다루어질 수 있다. 하지만 이런 정규 교과목을 기본으로 한 접근방법을 사용한 교사도 이 같은 사고방식을 과학·수학과 같은 다른 교과 영역이나 운동장에서 일어나는 문제를 해결하는 쪽으로 점진적으로 전이시키는 것을 목격할 수 있다. 이는 학생들을 독립적 사고자 혹은 연구자로 발전시키는 접근방법이다.

1) 개인, 사회, 건강, 그리고 시민의식

교육과정의 이와 같은 측면은 일반적인 휴머니즘뿐 아니라 다양성과 차이를 이해하고 존중하는 법을 배움으로써 성인이 되었을 때 사회적 · 정치적 이슈에 반응할 수 있는 적극성과 신념을 가진 시민을 양성하는 데 목표를 둔다.

어린이와 함께하는 철학은 이런 학습을 전개하기에 가장 좋은 장면이다. 여기에는 의견을 공유하고, 자신의 관점을 설명하고, 모든 수업에서 차례를 바꾸며 토의하고, 다른 사람의 의견을 듣고, 선택하고, 일상생활에서 접하게 되는 도덕적 · 사회적 딜레마에 대해 생각해 보는 것들이 포함된다. 초등학교 고학년의 경우 자신의 의견을 말하고 글로 쓰고 자신의 관점을 설명하는 것이 가능하다. 다른 상황에서는 서로 다른 규칙이 요구된다는 것, 그리고 정신적 · 도덕적 · 사회적 이슈를 반영하고, 의사결정과정에 참여하고, 도덕적 · 사회적 딜레마를 고려하는 것을 배우게 된다.

교육과정의 이런 영역은 어린이의 권리를 가르치기에 가장 이상적인 장면이다. 이런 권리와 세상의 다른 곳에서 강조되는 예시들을 학습하는 것은 학교 일상에서 매일 경험하는 것들과 결합되어 이런 권리를 보다 이상적이고 의미 있게 다루어 볼 수 있도록 해준다. 도덕성 발달을 연구하는 학자들은 공공생활의 가장 중요한 첫 경험으로 학교의 중요성을 이야기한다(Warnock, 1996). 개인과 사회 교육이 대부분 해당 교과에서 다루어지지만, 학교는 학생과 교사가 도덕적 상대로 행동할 수 있고, '공정한 사회' 건설 및 생활에 대해 배울 수 있는 장소라는 콜버그(Kohlberg, 1981)의 견해를 검토해 볼 가치가 있다.

2) 철학적 대화를 통한 말하기와 글쓰기 능력의 향상

탐구 집단은 구성원의 생각과 질문을 세심하게 만들어진 장면에 집어넣을 수 있는 시간과 장소를 제공한다. 의구심과 불확실성을 표현하는 것, 이론을 시도해 보는 것, 일치와 불일치, 자신의 생각을 바꾸는 것 등은 모두 새로운 통찰을 추구하거나 보다 나은 판단을 내리는 과정에서 나타날 수 있는 정상적인 과정이다. 탐구해 나가는 데 서로 다른 여러 가지 방식이 있음을 알게 됨에 따라 어린이의 듣기 능력은 점차 향상되어 간다. 이는 말을 잘 하지 않는 학생들을 포함하여 참여자들에게 자신감을 제공해 줄 수 있는 접근법이다. 아이들은 쓰기에 대한 압력이나 어려움을 느끼지 않고 아이디어를 탐색해 볼 수 있는 기회를 특히 좋아한다. 헤인스(Haynes, 2003)는 어린이와 함께하는 철학이 영어 과목에서 다루어지며 구어와 문어 기술을 향상시킬 수 있는 방식에 대해 예를 들어가며 상세히 설명하였다.

탐구를 바탕으로 한 집단은 상당한 시간 동안 교실에 머물러 있었고, 학생들의 읽기 기술에서 향상을 가져왔다. 상당히 높은 수준에서 문장을 해체하고 심도 깊게 질문해 봄에 따라 읽기에 대한 학생의 자신감이 향상되었다고 교사들은 보고하였다. 이러한 탐구과정은 학생들이 개인적 혹은 집단적으로 의미와 중요성을 파악할 수 있도록 해 준다. 또한 학생들은 다양한 맥락에서 일어나는 주제들 간에 관계를 짓기 시작한다. 보편적인 인간으로서 갖는, '이야기'에 대한 이해가 싹트고 자라나기 시작한다. 어린이들은 독자로서 자신의 역량을 키우고, 인쇄된 글자를 이해할 뿐만 아니라 이에 대해 의문을 갖고 도전할 자신의 권리를 깨닫게 된다. 책자뿐 아니라 생생한 비디오 자료를 사용하는 것은 어린이에게 독자 역할 외에도 분별력 있고 의문을 제기할 수 있는 시청자 역할을 부여함으로써 폭넓은 미디어에 대한 이해력을 향상시킨다. 책 속의 삽화에 주목하는 것 또한 다른 방향에서 어린이의 시각적 이해력을 향상시키는 방법이다.

탐구는 소설적 맥락에 대한 어린이의 이해력을 증진시키고, 비소설 독해를 가능하게 하는 사고기술을 향상시킨다. 예측, 추론, 연역의 기술을 발달시킬 수 있는 기회를 제공해 준다. 심도 깊은 탐구 및 논의와 반성을 통해 어린이는 아이디어와 언어를 다루는 방식에서 저자의 스타일을 이해하게 된다. 구체적인 정의를 사용하고 명백한 논쟁을 해 나가도록 격려하는 것은 어린이들이 논술을 하는 데 도움을 준다. 문법을 가르치는 데 있어서, 철학적 탐구 시간에 사용한 교재에 대한 상세한 참고물은 저자가 특정 효과를 내기 위해 사용한 다양한 형태들, 그리고 표준과 비표준 간을 비교할 수 있는 학생들의 능력을 길러 준다. 또 개념에 초점을 맞춤으로써, 어린이들은 단어의 구체적이고 다양한 의미와 저자의 어휘 선택에 관심을 갖게 된다.

탐구과정에서 교사는 아이디어를 조직하고 기록하는 방식에 대해 학생들에게 안내해 줄 수 있다. 여기에는 브레인스토밍, 개념도 혹은 개념망, 찬성과 반대 항목 등등이 포함될 수 있다. 이는 아이디어를 조직하고, 사고를 계획하고 명료화시키며, 아이디어를 기록하는 데 글쓰기가 어떻게 사용될 수 있는지를 학생들에게 보여 줄 수 있다. 학생들은 이런 과정 속에서 공유를 경험한다.

5. 유아들과 함께하는 철학

유아기 교육과정은 유아의 개인적 · 사회적 · 정서적 발달, 학습에 대한 긍정적 기질, 사회적 기술, 주의력과 인내심을 길러 주는 데 초점이 맞추어져 있다. 유아기 교육의 핵심 원리는 부모와 친밀하게 활동하기, 그리고 모든 유아가 이미 알고 할 수 있는 것을 바탕으로 짜여진 교육과정을 강조한다. 유아가 주도적으로 활동할 수 있는 시간과 공간이 제공되어야 하고, 성인은 적절히 반응해야 하며 풍부하고 자극적인 경험을 제공할 것을 강조한다. 어린이와 함께하는 철학은 아이디어와 신념을 탐색하고 의미를 만들어 내는 데 참여하고 기여할 수 있는 모든 어린이의 능력을 인식하는 것을 기반으로 해야 한다. 뿐만 아니라 모든 연령의 어린이들을 존중하는 것을 기반으로 해야 한다.

어린이와 함께하는 철학의 실천가들은 유아들과의 철학적 토론을 자극하기 위해 그림책이나 애니메이션 비디오를 사용해 왔다. 이런 것들을 통해 유아들은 더욱 깊이 생각하고 대화와 탐색에 참여하게 된다. 각 집단의 특성과 요구에 맞추어 과정은 얼마든지 수정될 수 있다. 교사들은 유아의 철학활동을 지지해 줄 수 있는 조건을 만들어 낼 수 있다(Stanley with Bowkett, 2004). 이런 조건은 연령과 경험을 잘 반영한 것이어야 한다. 즉, 개방성, 인내심, 융통성; 사고를 일으키는 풍부하고 자극적인 출발점 제공; 철학과정의 창의적 운영; 유아가 탐색활동에서 질문하고, 활동을 주도하고, 탐색과정을 만들어 나가거나 표상할 수 있는 시간과 공간의 제공; 유아의 생각과 감정에 대한 깊은 관심 등이 여기에 속한다. 스탠리와 보킷(Stanley with Bowkett, 2004)은 일반적으로 잘 알려진 우화 속에서 간교육과정 주제를 선정함으로써 탐구활동을 발전시켜 나갈 수 있는 실질적인 방법을 제안하였다. 일상생활에서 일어나는 대화에 관한 보쉬(Bosch, 2005)의 일련의 일화들은 유아와 함께 시간을 보내는 것이 어른들로 하여금 일상적인 이야기들과 깊이 있는 철학적 이슈들 간의 관계성을 깨닫게 해 준다는 것을 보여 준다. 어른들이 겪게 되는 유일한 어려움은 유아와 함께하는 흥미로운 시간 속에서 어떻게 인식하고 움직여야 할지를 배우는 것이다.

제15장

철학이 어린이에게 미치는 효과

이 장에서는 학교가 열린 대화를 위한 시간과 공간을 제공해 주어야 할 필요성에 대해 살펴보고자 한다. 열린 대화를 위한 시간과 공간을 제공해 주는 것이 가치 있는 것인지 어떻게 알 수 있는가? 학급에서 철학을 다루어야 하는 이유는 무엇인가? 이들 활동이 어린이의 학습에 어떤 영향을 미치는가? 어떤 학생들이 어떤 영역에서 가장 도움을 받을 수 있는가? 이러한 질문과 관련하여 이 장에서는 (독자들의 이해를 돕기 위해) 몇 가지 검증된 결과를 제시하였다. 철학활동을 위한 시간을 따로 배정해야 한다고 주장하려면, 이런 활동이 긍정적인 효과를 낳는다는 결정적인 증거를 제시해야 한다. 하지만 철학적 탐구가 가치 있는가 그렇지 않은가에 대한 판단은 학교와 교육이 어린이에게 제공해야 하는 경험의 균형에 대한 신념에 기초하여 내려져야 한다. 교육과정에 철학을 포함시켜야 한다는 결정은 학교 전체의 보다 근본적인 변화의 필요성을 반영하는 것이다.

1. 학생들의 의견

철학적 탐구에 참여한 어린이를 관찰한 내용을 살펴보는 것은 많은 도움을 준다. 시간표에 특정 활동을 포함시킬 것인지에 대한 결정은 현 교육과정의 목표와 학교에서 우선시하는 것들을 고려하여 내려지게 된다. 하지만 무엇이 중요한지에 대한 어린이의 생각은 매우 현실적이고, 이와 같은 어린이의 관점은 우리들로 하여금 다른 시각에서 상황을 바라볼 수 있도록 해 준다.

학생들과 함께한 활동을 검토하는 과정에서 어린이들은 자신들이 말하고, 자신만의 관점을 형성하고, 자신의 경험을 생각해 보는 기회를 갖게 된 것을 중요하게 생각하고 있음을 알 수 있었다. 이 책의 앞부분에서 비웃음을 받지 않고 말하는 것의 중요성에 대한 어린이의 의견을 밝혀 놓은 바 있으며, 어린이가 자신의 생활에서 '철학의 규칙'을 적용하는 것에 대해 어떻게 이야기하는지를 볼 수 있었다. 교실에서의 학습이 다른 장면으로 전이되는 것은 교사들에게는 중대한 문제이므로, 이와 같은 사실은 매우 고무적이다. 철학적 탐구를 추구하는 데 있어서 어린이 자신의 질문과 경험에 잘 맞는 것이 이런 전이와 적용을 가능하게 해 준 것으로 생각된다. 많은 어린이들은 노트에 기록해야 한다는 부담감 없이 말하는 기회를 중요하게 생각한다. 이런 종류의 대화에 정규적으로 참여하는 것은 자기확신을 형성시키는 데 도움을 준다.

학생들은 다양한 방식으로 서로 이야기하는 것의 중요성을 강조한다. 어린이들은 다른 사람이 나의 이야기에 귀 기울여 줄 때 배려해 준다는 느낌, 혼자가 아니라는 느낌을 받는다고 이야기하였다. 다양한 의견과 추구하는 아이디어를 경청하고, 진실을 찾기 위한 논리를 구성하는 것의 기쁨에 대해 이야기하였다. 한 학생은 '전혀 다른 논쟁을 하는 것, 사실인지 그렇지 않는지를 찾아내는 것, 모두 함께 토론하는 것'을 좋아했다고 이야기하였다. 또 다른 학생은 '모든 사람들이 서로 다른 의견을 갖고 있다. 질문들에 대해 어린이들은 각자 자신의 의견을 갖고 있었기 때문에 우리는 항상 논쟁을 하고 있었다.'고 이야기하였다. 리사는 '우리가 논쟁할 때 모든 사람들이 서로 다른 것을 이야기하고, 다른 사람의 의견에 동의하지 않고, 누군가가 거짓말이라고 하면 또 다른 사람이 그렇지 않다고 말하기 때문에 나는 논쟁하는 것을 좋아한다.'고 이야기하였다.

8세의 버키를 비롯한 몇몇 어린이들은 '사실이 아닌 것' 묘사하기의 즐거움에 대해 이야기하였다. 이와 같은 '별난 대화'는 이야기가 어떻게 전개될지 꾸며 보기와 같은 장면에서 일어날 수 있다. 이야기 꾸미기는 즐거움을 주는 한편 모험적이다. 어린이들은 철학활동이 끝난 지 한참 지났음에도 이런 대화에 대해 상세히 기억하고 있었다. 마술적 이야기, 환상적 이야기, 미래 혹은 오랜 과거 이야기, 상상적인 것, 생소하고 일상적이지 않은 것 등 모든 장르나 맥락들이 인기가 높았다.

유니콘(unicorn)이나 용은 실제 존재했거나 사실적인 것인가? 외계인을 만난다면 어떤 모습일 것 같은가? 인간이 냉동된 지 몇 백 년 후에는 다시 살아날 수 있는가? 실제적인 것과 가상적인 것의 경계를 탐색하는 것은 풍부하고 기억에 남는 토론을 가능하게 한다. 이는 다른 종류의 학습이 일어날 수 있는 공간을 창출해 낸다.

탐구에 대한 평가과정에서 어린이는 자기 생각의 변화를 많이 언급하였다. 11살 제이미는 이에 대해 다음과 같이 이야기하였다. "일단 내가 말하지 않은 무엇인가를 누군가가 이야기하면, 그 생각이 내가 생각했던 것보다 더 좋은 것이어서 그다음에 나는 내 생각을 바꿀 수 있었어요." 자신의 생각을 바꾼다는 것은 우리들이 다른 사람에게 영향을 미칠 수 있고, 다른 사람으로부터 영향을 받을 수 있다는 것을 학생들에게 증명해 보일 수 있는 자원이자 과정이 된다. 토론 이전과 이후의 의견들을 기록해 놓는 것 또한 좋은 방법이다. 예를 들어, 중학교 학급에서 가난한 석공이 왕자가 된다는 내용의 일본 전래동화를 탐색하였다(McDermott, 1975). 이 전래동화를 함께 읽은 후, 학생들은 큰 종이에 석공이 좋은지 왕자가 좋은지를 기록하였다. 그다음에 소집단으로 모여 석공과 왕자의 삶의 좋은 점과 나쁜 점에 대해 토론하였다. 토론의 마지막에 이르자 학생들이 선호하는 주인공이 달라졌다. 왕자가 되는 것에 대한 호감이 전혀 다른 방향으로 바뀌는 결과를 보여 준 것이다. 대부분의 학생들은 어떤 입장이 더 좋은지 확신할 수 없다는 신중한 입장으로 바뀌었다.

외계인이 존재하는가 그렇지 않은가에 대한 논쟁 또한 놀라운 결과를 낳았다. 처음에 어린이들은 지능이 뛰어난 외계인으로부터 받을 수 있는 위협에 대해 집중적으로 이야기하였다. 하지만 얼마 뒤, 이 우주에서 우리들만이 외롭게 존재하고 있다는 생각을 갖게 되면서, 외계인이 살고 있는 곳에 우리가 미처 생각하지 못하는 좋은 면이 있을 수 있다는 생각을 갖게 되었다.

동의하거나 동의하지 않은, 그리고 지지하는 이론을 생각해 보는 기회는 사고과정에 대해 생각해 보도록 해 주고 정신에 대한 풍부한 은유를 만들어 내게 한다. 다음은 10세인 저스틴의 이야기다.

> 철학은 내가 생각하고 있는 것에 대해 생각할 수 있도록 내 머릿속에서 여러 가지 것들을 다루어 보는 데 도움을 준다. '외계인이 있다고 믿습니까, 믿지 않습니까?' 와 같은 질문이 있다면……

그것의 존재를 믿지 않는다면, 그것에 관해 더 이야기를 해 보도록 하는 질문을 받게 되고, 그렇게 되면 마음이 바뀌게 된다.

학생들이 주로 이야기하는 또 다른 특징으로는 의문점들을 탐색해 보는 자유, 다른 사람의 이야기를 듣기 수월하게 해 주는 조용하고 안정된 분위기를 들 수 있다. 학생들은 자신만의 생각을 하는 것의 기쁨에 대해 이야기하거나, 또 일부는 자기통제력이 향상되었음을 이야기하였다.

런던 동부에 위치한 한 초등학교 학생들이 철학하기에 관하여 한 이야기들은 교육에서 자유의 역할은 사고과정에 양식을 제공하는 것과 같음을 보여 주었다.

이 학교 학생들은 최근에 개최된 한 컨퍼런스에서 120여 명의 교사를 대상으로 철학 탐구에 대한 그들의 생각을 이야기하였다. '철학이 없었다면, 학교는 어떻게 되었을까?'와 같은 질문에 대해 한 남학생은 다음과 같이 답하였다. "그것은 아마 흑백 필름과 같을 것이다. 철학은 세부적인 것과 색채를 필름에 덧씌우는 것이다." 학교에서의 경험에 대해 이렇게 놀라운 은유적 설명을 한 이 남학생은 다음과 같이 말을 이었다. "학교에서 대부분의 선생님은 학습계획을 수립하는데, 철학에서는 학생들이 학습계획을 수립할 수도 있고 때로는 학습계획이 필요치 않을 수도 있다."

이 집단에 속해 있는 한 여학생은 철학은 공부가 아니라, 생각을 표현하는 시간이라고 이야기하였다. 한 학생은 의견과 감정을 제시하는 것과 관련된 안도감에 대해 이야기하였고, 다른 학생은 철학하기의 잠재적 효과에 대해 언급하였다. 이 학생은 철학은 어느 곳에서나 일상생활의 일부로서 수행될 수 있는 것으로 묘사하였다. 제이슨은 사고와 감정을 표현할 뿐 아니라 그것의 효과와 결과를 생각할 기회를 가졌기 때문에 철학시간이 아니었다면, 훨씬 더 강한 감정적 혼란을 겪었을지 모른다고 이야기하였다. 철학은 그가 학교에 다니는 것을 가능하게 해 주었으며 제이슨은 자신의 인생에서 철학이 차지하는 위치를 다음과 같이 묘사하였다. "당신은 집에서 생활하고 학교에서도 생활한다. 철학은 집과 학교 사이 어딘가에 존재하는 것이다."

이 어린 학생들의 태도와 사려 깊음은 매우 인상적이다. 이 학생들은 단순히 원고를 읽은 것이 아니라, 자신이 말하고자 하는 것에 대해 생각을 갖고 이야기한 것이다. 청중으로부터 질문을 받은 후에는 유머, 개방성, 능숙한 기량을 갖추고 대답하였다. 그리고 집단으로 함께 활동하는 방식이 가진 수월성에 대해서도 이야기하였다(Haynes, 2007).

2. 초등학교에서의 연구와 평가

한 사립초등학교에서도 학생의 자신감과 언어기술에서 긍정적인 효과가 나타났다고 보고하였다. 대다수의 학생이 다국어 학생이며, 모국어가 아닌 외국어로 영어를 배운 또 다른 런던 소재 학교에서 철학을 1년 정도 배운 결과 학생들의 듣기, 말하기, 질문하기, 이해하기 능력은 놀라울 정도로 향상되었다. 또한 학기 말에 치러진 영어, 수학, 과학 시험에서도 현저한 향상을 보였다(Shine Trust Report in SAPERE, 2006).

어린이와 함께하는 철학 프로젝트에 대한 사례연구가 잉글랜드 북부지역에 위치한 한 초등학교의 학급에서 10~12세 학생들을 대상으로 수행되었으며, 철학적 탐구를 수행하지 않은 또 다른 학급의 학생들과 비교했을 때 학생들의 말하기와 듣기 능력, 사회적 기술이 향상되었다고 보고하였다(Excellence in Cities Action Zone Case Study in SAPERE, 2006).

시골지역의 어느 작은 학교에서 몇 년 동안 철학적 탐구를 수행한 교사는 학생들에게 많은 변화가 일어났다고 보고하였다. 4~7학년 학급교사들은 토론과정에서 다양한 아이디어가 만들어지고 다른 사람의 아이디어에 반응하여 아이디어를 만들어 내는 능력이 향상되었음을 보고하였다.

학생들은 이야기를 들을 때마다, 더 많은 질문을 하게 되고, 이야기 속 주인공의 행동 동기에 대해 더 많은 관심을 표현하였다. 혼자서 책을 볼 때, 교사는 그림과 문장과의 상호작용의 증거들을 목격하였다. 철학 탐구시간에 소개한 언어를 다른 수업시간에 사용하는 어린이들이 많이 생겨났다.

교사는 7~9세의 저학년 학급을 담당하는 교사는 학생의 사회적 기술 수준의 변화를 주로 발견한다. 학급 내 학생 간에 협동하는 수준이 향상되었으며 집단 활동에서 보다 효과적으로 협력하고 다른 사람과 협상하는 능력이 향상되었음을 보고하였다. 학생들은 보다 자신감 있고, 준비성을 갖춘 것으로 보이며, 자신의 아이디어를 분명히 말하고, 자신의 감정과 의견을 표현할 수 있게 되었다.

앞에서 학생과 교사들이 보고한 많은 성과는 캐럴 맥기네스(Carol McGuinness, 1999: 2)가 이야기한 다음과 같은 관점을 지지해 준다.

> 보다 나은 사고력과 이해력을 개발하는 것은 특정 기술과 전략을 습득하는 것과 마찬가지로 좋은 사고를 하기 위한 기질을 만들어 내는 것이다. 이런 이유 때문에 교실은 지식의 특성에 대해 열린 태도를 보여야 하며, 질문하기, 예측하기, 이의 제기하기, 의심하기, 사고하기에 대해 이야기하는 것을 참을성 있게 지속할 뿐만 아니라 적극적으로 추구하는 교육적 환경이 되도록 해야 한다.

영국뿐만 아니라 영어를 사용하는 모든 국가에서 철학적 탐구에 대한 정기적 실천을 통해 어린이의 전체적인 영어사용 능력이 향상되었음을 보고하는 증거들이 있다. 교사들은 학습을 위해 언어를 자유롭게 사용하도록 허용하는 폭넓은 교육과정의 중요성을 인식할 것이다.

말하기와 듣기 능력의 향상은 학교 전체에서 철학을 수행했던 학교들의 보고서를 통해 확인할 수 있다(Ofsted, 1997, 1998). 와핑 퍼스트 스쿨(Wapping First School, 1997)에 대한 옵스테드(Ofsted) 보고서는 다음과 같이 결론짓고 있다.

> 말하기와 듣기에서 성취 수준은 우수했으며, 학생들은 좋은 성과를 만들어 냈다. 많은 어린이들은 말하기의 수준이 낮은 상태에서 유치원에 들어간다. 핵심 1단계가 끝날 때쯤에 어린이들은 자신감을 갖고 말하고, 질문에 답할 수 있으며, 토론에서 서로의 이야기에 귀를 기울이게 되었다. 핵심 2단계가 끝났을 때, 어린이들은 토론에 참여할 수 있는 적절한 어휘를 사용할 수 있으며, 기회가 주어지면 토론에 적극적으로 참여하였다. 그리고 철학수업에서 특정 주제에 대해 토론하고, 집중하여 다른 사람의 아이디어나 의견을 듣고, 질문하는 등의 행동을 보여 주었다.

웨일스의 한 지방교육청에 소속된 초등학교를 대상으로 수행된 연구에서 어린이들의 듣기와 토론기술이 향상되었음을 확인할 수 있었다. 즉, 다이페드(Dyfed) 지방교육청 연구에 따르면, "프로젝트 팀의 관찰을 통해서 5~6세 어린이들은 프로젝트가 진행되어 감에 따라 듣기 능력이 향상되었고, 거의 1시간 가까이 다른 사람의 의견에 주의를 기울이고 관심을 보일 수 있게 되었다."(Dyfed Local Education Authority, 1994) 그리고 위의 연구에서는 학생의 읽기, 사고하기, 자아존중감이 향상된 것으로 보고하였다. 초등학교 읽기수행 향상 프로젝트(The Improving Reading Standards)(Dyfed LED, 1994)에서는 두 가지 교수방법을 평가한다. 하나는 카린 머리스(Karin Murris, 1992)의 사고기술 프로그램이고, 다른 하나는 사고기술을 읽기 기술로 전환시키 위해 고안된 '읽기 활동'이다.

읽기에서 철학을 수행한 학생들은 그렇지 않은 학생들보다 통계적으로 유의한 수준은 아니지만 읽기 능력에서 향상을 보였다(학생의 연령과 프로젝트가 수행된 기간을 고려할 때, 이것은 그다지 놀라운 것은 아니다). 많은 학생들은 자신들의 아이디어를 더 잘 생각해 낼 수 있게 되었으며, 이런 활동이 읽기와 쓰기를 수행하는 데 도움을 주었다고 보고하였다. 교사들은 사고기술 접근방법이 책에 대한 관심을 향상시키고, 읽기 기술을 향상시킨 것으로 보고 있었다.

철학수업뿐 아니라 교육과정의 다른 교과에서 철학을 도입한 결과, 사고하기와 이해하기에서 더 많은 아이디어를 갖게 해 주었다. 한 교사는 자녀들이 가정에서 더 많이 생각하고 질문한다는 부모들의 피드백을 보고하였다. 또 문제 상황에 부딪히면 문제에 대한 즉각적인 결과 이상을 파악하고 문제에 관한 한 가지 이상의 측면과 관련된 이슈들을 볼 수 있게 되었다.

이 연구는 자신들의 아이디어가 수용되는 토론에 참여한 결과 학생의 자아존중감이 향상되었다는 중요한 성과를 확인할 수 있게 해 주었다. 보고서는 다음과 같이 기술하고 있다.

> 토론과정에 대한 어린이의 열정, 높은 참여도, 아이디어의 양과 질의 향상은 생각하는 자로서 자신에 대한 자신감이 향상된 증거다. 자아존중감의 향상은 처음에는 참여하기를 꺼려 하고 주의를 집중하지 못했던 학생들에게서 가장 두드러지게 나타났다. 이들은 프로그램이 끝날 즈음에는 확신을 가지고 토론에 참여하였으

며, 토론에 적극적으로 기여하였다.

(Dyfed LED, 1994)

본 프로젝트에 대한 다이페드 지방교육청 보고서는 머리스(Murris, 1992)에 의해 개발된 접근법에 기초한 사고기술 활동으로부터 도움을 받은 5명의 장애학생의 사례를 보고하고 있다. 이들을 대상으로 한 탐구의 출발점으로 그림책이 사용되었다. 이 장애학생들은 교사들에 의해 자주 언급되었는데, 초반에 잘 울고, 가만있지 못하거나 아주 수동적이고 참여하지 않으려 했던 어린이들이 점차 밝아지고, 외향적으로 변했으며, 주어진 과제에 집중하는 적극적 참여자가 되었다고 보고하였다.

립타이(Liptai)(in SAPERE, 2006)는 잉글랜드 레스터(Leicester) 시의 저소득 계층 지역에서 철학을 도입하여 어린이의 구어능력 발달에 초점을 맞춘 연구 프로젝트를 수행하였다. 이 프로젝트에 참여한 학교 두 곳은 무료급식을 받는 학생의 비율(저소득층을 확인할 수 있는 수치)이 전국 평균 비율보다 높았다. 또한 특수교육을 필요로 한다고 확인된 학생의 수도 전국 평균보다 높았다. 많은 학생들이 행동적 · 정서적 문제를 갖고 있었으며, 사회적 환경에 의한 중경도의 학습장애를 보이고 있었다. 립타이는 철학수업을 진행하는 과정에서 학생들을 면밀히 추적하였고, 긴 문장으로 보다 복잡하고 섬세하게 아이디어를 표현하는 말하기 능력이 향상되었음을 보고하였다. 또한 다른 사람의 아이디어에 반응하고 서로의 아이디어를 명료화하고 수정하는 데 도움을 주는 능력의 향상을 통해 듣기 능력 역시 향상된 것으로 나타났다. 그 밖에 학생들의 질문하기, 이해하기, 일반적 사고기술에서도 향상이 있었음을 보고하였다.

이런 결과는 캐럴 맥기네스(Carol McGuinness, 1999)가 어린이와 함께하는 철학의 장점에 대해 밝혀 놓은 이야기에서도 확인된다. 서로 다른 사고기술 접근의 요약문에서는 다음과 같이 기술하고 있다.

> 이 접근법은 사회, 도덕교육과 같은 교육과정의 여러 교과목에서 사용될 수 있다. 이들 교과목에서는 철학에서 강조하는 '의문을 제기하기'가 중요하게 다루어질 수 있다. 표준화된 성취도검사보다는 다른 차원, 즉 토론과 논쟁 기술의 수준, 질문을 만들어 내는 능력, 자아존중감과 같은 차원에서 더 긍정적인 효과를 확인해 낼 수 있다.

협동적 철학 탐구에 대한 최근 영국의 연구에서 가장 의미 있고 중요한 연구 중 하나가 스코틀랜드 중앙에 위치한 작은 마을에서 수행되었다. '성공을 위한 학습'이라고 불리는 교육정책의 일환으로 클라크매넌셔(Clackmannanshire)에 위치한 모든 초등학교에서 철학수업을 전개하였다. 클라크매넌셔 프로젝트에 직접 참여한 심리학자 트릭키(Trickey)와 던디(Dundee) 대학교 심리학과 토핑(Topping) 교수는 7~16세의 어린이들이 참여하여 30년 동안 진행된 철학수업에 대한 연구결과물을 검토하였다. 연구는 미국, 캐나다, 영국에서 수행되었다. 이 연구의 일부는 방법적 측면에서 비판의 여지가 있지만, 대체적으로 긍정적인 결과를 보고하고 있으며, 철학수업이 지속적으로 긍정적 효과를 발휘하고 있음이 확인되었다.

이전 연구의 긍정적인 결과에 힘입어, 그리고 클레그혼과 보데(Cleghorn & Baudet, 2002)의 '철학으로 사고하기' 프로그램을 사용하여, 클라크매넌서 연구는 매주 협동적 철학 탐구수업을 진행하는 것이 인지능력, 비판력과 이해력, 사회정서 발달을 가져오는지 검증하는 데 목표를 두고 수행되었다. 이 연구에서는 모든 학교의 10~12세 학생과 교사를 포함시키고, 처음부터 표준화된 검사와 학급토론에 대한 비디오 분석, 설문조사 등을 포함한 엄격한 평가를 실시하였다. 표준화된 검사는 인지능력과 학업적 자아개념을 평가하기 위해 사용되었다. 프로젝트에 참여한 모든 학생은 지능점수에서 평균 6점 정도 향상을 보였으며, 학습자로서의 자아개념이 향상되었다. 통제학급과 비교했을 때, 학급토론에서 정기적인 철학적 탐구에 참여한 학생들은 근거를 가지고 자기 의견을 제시하고, 근거를 가지고 다른 학생의 의견에 동의하거나 반대하는 행동들이 증가하였다. 교사들은 열린 질문을 더 많이 던지며, 교사에게 말하는 학생의 비율 또한 증가하였다(Trickey in SAPERE, 2006).

웨일스, 스코틀랜드, 잉글랜드의 도심지역, 도시주변 혹은 시내 중심지역에서도 철학수업이 학생의 능력이나 배경에 상관없이 학생의 학업적 성취나 사회성 향상을 가져온다는 연구결과들이 보고되었다. 연구들은 학교 풍토, 학생의 사회적 · 도덕적 발달, 독립적 사고, 사용하는 학습기술이나 전략의 향상을 보고하였다. 이런 결과들을 통해 우리가 확인할 수 있는 것은, 철학 토론을 학교 시간표상에 정기적으로 포함시키는 학교는 교육과정상의 모든 교과목의 학습과정에서 스스로 사고하고 탐구하는 것에 기반한 접근법을 추구한다는 것이다. 교육과정과 교수법에서의 변화는 학교라는 장소가 학생들이 생각을 자유롭게 표현할 수 있고, 학교생활에 적극적으로 참여하고, 풍요로운 곳이 되어야 한다는 뿌리 깊은 욕망을 반영한다. 이런 변화는 교사와 학생 모두에게 흥분되고 희망적인 가능성을 활짝 열어 주고 있다.

참고문헌

Abbey, N. (2007) *Developing 21st Century Teaching and Learning: Dialogic Literacy*. Available at: http://www.newhorizons.org/strategies/literacy/abbey.htm.

Abbs, P. (1994) *The Educational Imperative: A Defence of Socratic and Aesthetic Learning*. London: Falmer.

Adey, P. & Shayer, M. (1994) *Really Raising Standards: Cognitive Intervention and Academic Achievement*. London: Routledge.

Advisory Group on Citizenship chaired by Professor Bernard Crick (1998) *Education for Citizenship and the Teaching of Democracy in Schools*. London: DfEE and QCA.

Alexander, R. J. (2003) *Culture and Pedagogy: International Comparisons in Primary Education*. Oxford: Blackwell.

Alexander, R. J. (2005) *Towards Dialogic Teaching: Rethinking Classroom Talk*. York: Dialogos.

Archard, D. (1993) *Children: Right and Childhood*. Abingdon and New York: Routledge.

Bachelard, G. (1971) *The Poetics of Reverie: Childhood, Language and the Cosmos*. Boston, MA: Beacon Press.

Ball, S. (1994) Address to the Annual Standing Conference for Studies in

Education held at the RSA, London.

Blagg, N., Ballinger, M. & Gardner, R. (1988) *Somerset Thinking Skills Course*. Oxford: Basil Blackwell.

Bohm, D. (1996) *On Dialogue*. Edited by Lee Nichol. London: Routledge.

Bonnett, M. (1994) *Children's Thinking: Promoting Understanding in the Primary School*. London: Cassell.

Bonnett, M. (1995) 'Teaching thinking and the sanctity of content', *Journal of Philosophy of Education* 29(3): 295–309.

Bosch, E. (2005) *Education and Everyday Life: Short stories with Long Endings, Philosophy for Children*. Moorabin, Victoria, Australia: Hawker Brownlow Education.

Boyle, J. (2001) 'You can count me out', *Observer Review*, 14 January.

Bradman, T. (1990) *Michael*. Illustrated by Tony Ross. London: Andersen Press.

Bruner, J. (1996) *The Culture of Education*. Boston, MA: Harvard University Press.

Cam, P. (1995) *Thinking Together: Philosophical Inquiry for the Classroom*. Sydney: Primary English Teaching Association and Hale and Iremonger.

Clackmannanshire Council Education and Community Services (2000) *Learning to Succeed*. http://www.clacksweb.org.uk/document/197.pdf.

Clark, A. (2004) *Listening as a Way of Life: Why and How We Listen to Young Children*. National Children's Bureau. Available at: http://www.ncb.org.uk.

Clark, A. & Moss, P. (2001) *Listening to Young Children: The Mosaic*

Approach. London: Routledge.

Clark, A., McQuail, S. & Moss. P. (2003) 'Exploring the field of listening to and involving young children', *Research Report 445.* London: DfES.

Claxton, G. (1997) *Hare Brain, Tortoise Mind.* London: Fourth Estate.

Claxton, G. (1999) *Wise up.* London: Bloomsbury.

Cleary, T. (1993) *Lao Tze in the Essential Tao.* San Francisco: Harper.

Cleghorn, P. & Baudet, S. (2002) *Thinking through Philosophy.* Blackburn, Lancs: Educational Printing Services Ltd.

Coffield, F., Moseley, D., Hall, E. & Ecclestone, K. (2004) 'Should we be using learning styles? What research has to say to practice'. Available at: https://www.lsneducation.org.uk.

Corradi Fiumara, G. (1990) *The Other Side of Language: A Philosophy of Listening.* London: Routledge.

Corradi Fiumara, G. (1995) *The Metaphoric Process: Connections between Language and Life.* London: Routledge.

Corradi Fiumara, G. (2001) *The Mind's Affective Life: a Psychoanalytic and Philosophical Inquiry.* London and New York: Routledge.

Cousins, J. (1999) *Listening to Four Year Olds: How they can Help us Plan their Education and Care.* London: National Early Years Network.

De Botton, A. (2000) *The Consolations of Philosophy.* London: Hamish Hamilton.

Department for Education and Employment and Qualifications and Curriculum Authority (1999) *The National Curriculum Handbook for Primary Teachers in England: Key Stages 1 and 2.* London: DfEE and QCA.

Department for Education and Employment and Qualifications and Curriculum Authority (2000) *The Foundation Stage Curriculum.* London: DfEE and QCA.

Department for Education and Skills (DfES) (2001) *Learning to Listen: Core Principles for the Involvement of Children and Young People.* DfES: Children and Young People's Unit, Ref No CYPUCP1, November 2001. www.dfee.gov.uk/cypu.

Dewey, J. (1963) *Experience and Education.* New York: Collier Macmillan.

Dewey, J. (1966) *Democracy and Education: An Introduction to the Philosophy of Education.* New York: Free Press.

Donaldson, M. (1978) *Children's Minds.* London: Fontana.

Donaldson, M. (1992) *Human Minds: An Exploration.* London: Penguin.

Dyfed Local Education Authority (1994) *The Improving Reading Standards in Primary Schools Project Report.* Carmarthen: Dyfed LEA.

Edwards, C., Gandini, L., & Forman, G. (1998) *The Hundred Languages of Children: The Reggio Emilia Approach — Advanced Reflections.* London: Ablex.

Egan, K. (1988). *Teaching as Storytelling: An Alternative Approach to Teaching and the Curriculum.* London ONT: University of Western Ontario.

Egan, K. (1991) *Primary Understanding: Education in Early Childhood.* London: Routledge.

Egan, K. (1999) *Children's Minds, Talking Rabbits and Clockwork Oranges: Essays on Education.* Foreword by Elliott W. Eisner. New York and London: Teachers College Press.

Feyerabend, P. (1994) *Killing Time.* Chicago: University of Chicago Press.

Fisher, R. (1990) *Teaching Children to Think.* Hemel Hempstead: Simon & Schuster.

Fisher, R. (1995) *Teaching Children to Learn.* London: Stanley Thornes.

Fisher, R. (1996) *Stories for Thinking.* Oxford: Nash Pollock.

Fisher, R. (1997) *Games for Thinking.* Oxford: Nash Pollock.

Fisher, R. (1998) *Teaching Thinking: Philosophical Enquiry in the Classroom.* London: Cassell.

Flekkoy, M. G. & Kaufman, N. H. (1997) *Rights and Responsibilities in Family and Society.* London: Jessica Kingsley Publishers.

Fontana, D. & Slack, I. (1997) *Teaching Meditation to Children.* Shaftesbury: Element.

Friquegnon, M. L. (1997) 'What is a Child' , *Thinking* 13 (1): 12–16.

Gaarder, J. (1997) *Hello! Is Anybody There?* Illustrated by Sally Gardner. London: Orion.

Gardner, H. (1999) *Intelligence Reframed. Multiple Intelligences for the Twenty–first Century.* New York: Basic.

Gardner, S. (1995) 'Inquiry is no mere conversation' , *Analytic Teaching* 16 (2): 41–47.

Glover, J. (1999) Interview in *The Guardian*, 13 October.

Glover, J. (2001) *Humanity: A Moral History of the Twentieth Century.* London: Pimlico.

Habermas, J. (1990) *Moral Consciousness and Communicative Action.* Cambridge: Polity.

Haynes, J. (2000) 'Take a deep breath' , *Teaching Thinking* 2 : 26–28.

Haynes, J. (2003) 'Philosophically speaking' , *Teaching Thinking* 12 : 28–

33.

Haynes, J. (2005) 'The costs of thinking', *Teaching Thinking and Creativity,* Autumn, 17: 32–37.

Haynes, J. (2007) 'Freedom and the Urge to Think in Philosophy with Children', *Gifted Education International* 22 (2/3), pp. 229–238.

Haynes, J. & Murris, K. (2000) 'Listening, juggling and travelling in philosophical space', *Critical and Creative Thinking: Australasian Journal of Philosophy for Children* 8 (1): 23–32.

Heidegger, M. (1966) *Discourse on Thinking.* New York: Harper and Row.

Heidegger, M. (1971) 'Building Dwelling Thinking' in *Poetry, Language, Thought,* translated by Albert Hofstadter. New York: Harper Colophon Books.

Heidegger, M. & Krell, D. F. (eds) (1993) *Martin Heidegger: Basic Writings.* London: Routledge.

Heine, H. (1983) *The Most Wonderful Egg in the World.* New York: Macmillan, Aladdin Books.

Higonnet, A. (1998) *Pictures of Innocence: The History and Crisis of Ideal Childhood.* London: Thames and Hudson.

Holden, C. & Clough, N. (eds) (1998) *Children as Citizens: Education for Participation.* London: Jessica Kingsley.

Hughes, J. (1995) 'The Philosopher's child', *Thinking: Journal of Philosophy for Children* 10 (1): 38–44.

Hutchins, P. (1987) *Changes, Changes.* New York: Macmillan, Aladdin Books.

Jackson, A. (1999) *The Books of Life.* London: Gollancz.

James, A. & Prout, A. (eds) (1997) *Constructing and Reconstructing Childhood: Contemporary Issues in the Sociological Study of Childhood. Second edition.* London and Washington DC: Falmer Press.

John, M. (2003) *Children's Rights and Power: Charging Up for a New Century.* London: Jessica Kingsley Publishers.

Keats, E. J. (1977) *Whistle with Willie.* Harmondsworth: Puffin.

Kellogg, S. (1973) *The Island of the Skog.* New York: Penguin, Pied Piper.

Kelly, A. V. (1995) *Education and Democracy: Principles and Practices.* London: Paul Chapman.

Kennedy, D. (1992) 'Why Philosophy for Children now?' *Thinking: Journal of Philosophy for Children* 10 (3): 2–6.

Kennedy, D. (1999) 'Philosophy for children and the reconstruction of philosophy'. Paper submitted to the Conference of the Society of Consultant Philosophers, Wadham College, Oxford.

Kennedy, D. (2006) *The Well of Being: Childhood, Subjectivity and Education.* New York: SUNY Seried, Early Childhood Education: Inquiries and Insights.

Kohan, W. O. (2002) 'Education, philosophy and childhood: the need to think an encounter', Thinking 16 (1): 4–11.

Kohlberg, L. (1981) *Essays on Moral Development: The Philosophy of Moral Development* (Vol. I). San Francisco: Harper and Row.

Lakoff, G. & Johnson, M. (1980) *Metaphors We Live By.* Chicago: University of Chicago Press.

Lakoff, G. & Johnson, M. (1999) *Philosophy in the Flesh: The Embodied Mind and its Challenge to Western Thought.* London: Harper

Collins.

Lancaster, P. & Broadbent, V. (2003) *Listening to Young Children.* Buckingham: Open University Press.

Lao Tzu (1963) *Tao Te Ching,* translated by D. C. Lau. London: Penguin.

Law, S. (2000) *The Philosophy Files.* London: Orion.

Levin, D. M. (1989) *The Listening Self: Personal Growth, Social Change and the Closure of Metaphysics.* London: Routledge.

Lipman, M. (1981) *Pixie.* Montclair NJ: New Jersey Institute for the Advancement of Philosophy for Children.

Lipman, M. (1985) *Lisa.* Montclair NJ: New Jersey Institute for the Advancement of Philosophy for Children.

Lipman, M. (1991) *Thinking in Education.* Cambridge: Cambridge University Press.

Lipman, M. (ed.) (1993) *Thinking, Children and Education.* Dubuque IA: Kendall/Hunt.

Lipman, M. (1997) 'Philosophical discussion: plans and exercises', *Critical and Creative Thinking* 5 (1): 1–17.

Lyle S. (2007) 'Talking to learn: the voices of children aged 9–11, engaged in role play'. *Language and Education* 16, 4: 303–317.

McDermott, G. (1975) *The Stonecutter.* Harmondsworth: Puffin.

McEwan, I. (1994) *The Daydreamer.* Illustrated by Anthony Browne. London: Random House Red Fox.

McGuinness, C. (1999) *From Thinking Skills to Thinking Classrooms.* DfEE Research Report 115. London: Department for Education and Employment.

McKee, D. (1980) *Not Now, Bernard.* London: Random House Red Fox.

McKee, D. (1991) 'The sad story of Veronica who played the violin' on video: *Not Now, Bernard and other Stories* by David McKee. London: Abbey Broadcast Communications.

Magee, B. (1998) *The Story of Philosophy*. London: Dorling Kindersley.

Mason, J. H. (1996) *Personal Enquiry: Moving from Concern towards Research*. Mathematics Education Monograph R: MA in Education, ME822. Buckingham: Open University Press.

Matthews, G. B. (1980) *Philosophy and the Young Child*. Boston MA: Harvard University Press.

Matthews, G. B. (1984) *Dialogues with Children*. Boston MA: Harvard University Press.

Meek, J. (1999) 'Into the garden of good and evil' , *The Guardian* 13 October.

Midgley, M. (1995) *Wisdom, Information and Wonder: What is Knowledge for?* London: Routledge.

Mills, C. & Mills, D. (1998) *Dispatches: The Early Years*. London: Channel 4 Television.

Mortimore, P. (ed.) (1999) *Understanding Pedagogy and its Impact on Learning*. London: Paul Chapman.

Mosley, J. (2000) *Quality Circle Time in Action* (video and booklet). Wisbech: LDA.

Murris, K. (1992) *Teaching Philosophy with Picture Books*. London: Infonet.

Murris, K. (1997) *Metaphors of the Child's Mind: Teaching Philosophy to Young Children*. Ph.D. thesis, University of Hull.

Murris, K. & Haynes, J. (2000) *Storywise: Thinking through Stories*.

Available at http://www.dialogueworks.co.uk.

Nussbaum, M. C. (2001) *Upheavals of Thought: The Intelligence of Emotions.* New York: Cambridge University Press.

Nutbrown, C. (ed.) (1996) *Respectful Educators, Capable Learners: Children' s Rights and Early Education.* London: Paul Chapman.

Ofsted (1997) *Inspection Report: Wapping First School.* Norwich: Ofsted.

Ofsted (1998) *Inspection Report: Tuckswood First School.* Norwich: Ofsted.

Pinney, R. (1983) *Creative Listening.* London: A to Z Printers & Publishers.

Quinn, V. (1997) *Critical Thinking in Young Minds.* London: David Fulton.

Rosenow, E. (1993) 'Plato, Dewey and the problem of the teacher' s authority' , *Journal of Philosophy of Education* 27 (2): 209–221.

SAPERE (2006) P4C Report for the Innovations Unit, January, 2006. SAPERE. Available at http://www.sapere.org.uk.

Sendak, M. (1992) *Where the Wild Things Are.* London: Harper Collins Picture Lions.

Splitter, L. & Sharp, A. M. (1995) *Teaching for Better Thinking.* Melbourne: Australian Council for Educational Research.

Sprod, T. (2001) *Philosophical Discussion in Moral Education: The Community of Ethical Inquiry.* London and New York: Routledge.

Stanley, S. with Bowkett, S. (2004) *But Why? Developing Philosophical Thinking in the Classroom.* Stafford: Network Educational Press.

Stevens, A. (1999) 'The millennium phenomenon and apocalyptic thinking' . Lecture at the annual Ways with Words festival, Dartington Hall.

Sutcliffe, R. & Williams, S. (2000) *The Philosophy Club: An Adventure in Thinking.* Newport, Pembs: Dialogueworks.

Trickey, S. & Topping, K. J. (2004) 'Philosophy for Children: A Systematic Review', Research Papers in Education, 19 (3), pp. 363–378.

Tripp, D. (1993) *Critical Incidents in Teaching: Developing Professional Judgement.* London: Routledge.

Tubbs, N. (2005) 'Philosophy of the teacher', *Journal of Philosophy of Education* 39 (2), Special Issue, May.

Ungerer, T. (1961) *The Three Robbers.* London: Methuen.

UNICEF (1995) *The Convention on the Rights of the Child.* London: UK Committee for UNICEF.

Wagner, J. (1977) *John Brown, Rose and the Midnight Cat.* Illustrated by Ron Brooks. Harmondsworth: Viking Kestrel.

Warnock, M. (1996) 'Moral Values', in Halstead, M. J. & Taylor, M. J. (eds), *Values in Education and Education in Values,* pp. 45–53. London: Falmer.

Weikart, D., Rogers, L., Adcock, C. & McLelland, D. (1971) *The Cognitively Orientated Curriculum: A Framework for Pre-school Teachers,* Urbana IL: University of Illinois Press.

White, J. (2004) 'Howard Gardner: the myth of multiple intelligences'. Lecture given at the Institute of Education, London, 17th November.

Winnicott, D. (1971) *Playing and Reality.* London: Tavistock.

Woods, P. (1995) *Creative Teachers in Primary Schools.* Buckingham: Open University Press.

Woods, P. & Jeffrey, B. (1996) *Teachable Moments: The Art of Teaching*

in Primary Schools. Buckingham: Open University Press.
United Nations Children's Fund (UNICEF) www.unicef.org/teachers/learners/what_cre.htm.
Zeldin, T. (1998) *Conversation*. London: Harvill.

찾아보기

〈인명〉

〈내용〉

저자 소개

조안나 헤인스(Joanna Haynes)는 영국 서남부 최대 규모의 국립대학교인 플리머스(Plymouth) 대학교 교육학부의 강사이자 레이머튼(Lamerton) 초등학교 교사로 재직 중이다. 만 5세 유아부터 12세 아동의 철학적 탐구과정에 대해 다루고 있는 이 책 외에도 『그림책, 교육목표와 철학(*Picturebooks, Pedagogy and Philosophy*)』 『참여와 포함의 관점(*Perspectives on Participation and Inclusion*)』 『현명한 이야기(*Storywise*)』 등의 저서를 집필하였다.

역자 소개

이경민 동의대학교 유아교육과 교수
한석실 영동대학교 유아교육과 교수
이정화 부경대학교 유아교육과 교수
조부월 신구대학교 유아교육과 교수

어린이 철학자
-철학적 탐구와 대화를 통한 학습-
Children as Philosophers (2nd ed.)

2012년 3월 10일 1판 1쇄 인쇄
2012년 3월 15일 1판 1쇄 발행

지은이 • Joanna Haynes
옮긴이 • 이경민 · 한석실 · 이정화 · 조부월
펴낸이 • 김진환
펴낸곳 • ㈜학지사
121-837 서울특별시 마포구 서교동 352-29 마인드월드빌딩 5층
대표전화 • 02)330-5114 팩스 • 02)324-2345
등록번호 • 제313-2006-000265호

홈페이지 • http://www.hakjisa.co.kr
커뮤니티 • http://cafe.naver.com/hakjisa

ISBN 978-89-6330-694-0 93370

정가 14,000원